勃興する社会的企業と社会的経済

21世紀の社会・経済システムを展望するために
サードセクターから社会的企業へ

ティエリ・ジャンテ氏招聘
【東京・大阪・熊本】市民国際フォーラムの記録

共同企画／〔東京・大阪・熊本〕実行委員会

目次

ティエリ・ジャンテ氏略歴 ——— 5
T・ジャンテ氏講演用パワーポイントの和訳（石塚－栗本共訳）——— 6

I

「サード・セクター」から「社会的企業」へ
ジャンテ氏東京市民国際フォーラム
——— 17

《第1部》 挨拶と記念講演 ………………………………………… 18
 開会挨拶 鈴木 不二一（連合総合生活開発研究所）………… 18
 歓迎挨拶 富沢 賢治（聖学院大学教授）………………… 19
 歓迎挨拶 堀内 光子（ＩＬＯ駐日代表）………………… 22
 記念講演 勃興する社会的企業と社会的経済の発展
      ティエリ・ジャンテ氏 ………………………………… 24

《第2部》 東京パネルディスカッション ………………………… 44
日本における社会的企業の実践と社会的経済発展の諸課題
 モデレーター 栗本 昭（生協総合研究所）
 パネリスト 藤木 千草（ワーカーズ・コレクティブ ネットワーク ジャパン WNJ 代表）
      山岸 秀雄（ＮＰＯサポートセンター理事長）
      鈴木 英幸（労働金庫協会専務理事）
      高橋 均（日本労働組合総連合会副事務局長）

II

連帯する社会的事業をつくりだそう！
Ｔ・ジャンテ氏招聘フォーラム in 大阪
——— 73

《第1部》 実践者によるディスカッション ……………………… 74
 開会挨拶   柏井 宏之（市民セクター政策機構）
 コーディネーター 津田 直則（桃山学院大学経済学部教授）
 パネラー   斎藤 縣三（ＮＰＯ法人共同連事務局長）
      山田 實（ＮＰＯ法人釜ヶ崎支援機構理事長）
      藤井 絢子（滋賀県環境生協理事長）
      法橋 聡（近畿労働金庫地域共生推進センター長）

Contents

《第2部》 ジャンテ氏講演＆セッション ……………………………… 104

記念講演　社会的経済の概要
　　　　　　ティエリ・ジャンテ氏 ……………………………… 106
　　　　　　　　　　　招請経過　柏井　宏之
　　　　　　　　　　　まとめ　　津田　直則

III

欧州における社会的経済の発展から何を学ぶか
熊本学園大学水俣学研究センター
――― 129 ―――

挨拶と記念講 ……………………………………………………… 130

　開会挨拶　　宮北隆志（水俣学現地研究センター長） ………… 130
　歓迎挨拶　　花田昌宣（熊本学園大学） ………………………… 132

　記念講演　欧州における社会的経済の発展から何を学ぶか
　　　　　　ティエリ・ジャンテ氏 ……………………………… 134

IV

なぜ、T・ジャンテ氏を招請して、シンポジウムを開催するか
　　「社会的企業」による「サード・セクター」の革新、
　　そして「連帯」に基づく経済システムの構築を目指して
　　　　　　　　企画委員　粕谷　信次（法政大学経済学部教授）
――― 161 ―――

V

呼びかけ人の期待
――― 249 ―――

　堀内　光子（ILO駐日代表） ……………………………………… 250
　富沢　賢治（聖学院大学） ………………………………………… 251
　津田　直則（桃山学院大学） ……………………………………… 252
　鈴木不二一（連合総合生活開発研究所） ………………………… 253

斎藤　縣三（共同連）……………………………………………… 254
山岸　秀雄（NPOサポートセンター）…………………………… 255
栗本　昭（生協総合研究所）……………………………………… 256
佐藤　芳久（生活経済政策研究所）……………………………… 257
田中　夏子（都留文科大学）……………………………………… 258
佐藤　紘毅（市民セクター政策機構）…………………………… 259
本阿弥早苗（21世紀コープ研究センター）……………………… 260
菊地　謙（協同総合研究所）……………………………………… 261
柏井　宏之（市民セクター政策機構）…………………………… 262

資料編
―263―

1 ＊「社会的企業」研究会のあゆみ　264
　＊社会的企業研究会《呼びかけ人・賛同人》―順不同―　265
　＊《協賛金協力の団体・個人一覧》―順不同―　266

2 ＊T・ジャンテ氏招聘フォーラム in 大阪実行委員会のあゆみ　266
　＊「共生型経済」　267
　＊今後の予定　267
　＊地域共生型経済促進フォーラム〈会則〉　268

〈あとがき〉────270

※各氏の所属団体・役職名は、市民国際フォーラム開催時点のを記載しています。

ティエリ・ジャンテ氏略歴

職歴

　1973年から1981年10月まで、信用協同組合グループの副事務局長、事務局長を歴任。その後1981年10月から1985年6月まで、社会的経済担当省庁間主幹代理。1985年6月から1986年5月まで、首相から委任されて「社会的経済によるフランスの近代化」についての報告書を作成。1986年から1992年10月、互助保険組合グループの事務局長。欧州協同組合・互助組合保険協会の執行委員もつとめる。1992年10月以来、GEIE（ヨーロッパの7つの共済組合あるいは保険組合および3つの準会員のグループ）の事務局長。また、1987年からMutavie（生命保険）、1995年からEuresa生命の副社長。さらに、ポルトガルの保険会社（Sagres S.A.）、ポーランドの保険会社（Tuw）、フランスの生命保険会社（La Mondiale）の重役会メンバーでもある。

活動家歴

　1999年から2004年まで、フランス経済・社会評議会のメンバー（生産活動セクションの副代表）。2000年から2004年まで社会的経済青年指導者・活動家センター（CJDES）の代表。現在は、マシフ財団［雇用創出、排除との戦い、市民権の発展］および欧州社会的経済諸財団連合の理事。フランス振興財団の設立に参加。何年にもわたり、共済組合・協同組合・アソシエーション間連携国民委員会の欧州グループ［CNLAMCA：後のCEGES］の活動をリードしてきた。モンブラン会議（社会的経済のための国際会議）の共同主催者のひとり。

主な著書

『社会的経済』（ヴェルディェ R. Verdierとの共著）、1983年、
『共同的個人』、1984年、『社会的経済によるフランスの近代化』、1986年、
『直接民主主義／近代民主主義』、1991年、『欧州を覆う協同組合・共済組合・アソシ
　　　エーションの協同主義事業にかんする報告書』、1993年、
『活動する社会的経済：社会的経済諸問委員会への報告書』、1995年、
『欧州の社会的経済』（フランス語版・イタリア語版、2000年：ポルトガル語版、2002年：
　　　スペイン語版、2002年および2004年）
『21世紀をむかえる社会的経済』、2002年、
『フランスにおける社会的経済』（2006年刊行）

T・ジャンテ氏講演用パワーポイントの和訳（石塚－栗本共訳）

L'Economie Sociale européenne
ヨーロッパの社会的経済

Thierry JEANTET
ティエリィ・ジャンテ
Japon - du 25 au 30 novembre 2005

Extraits des livres « Economie Sociale, entre efficacité et solidarité »
(Document Française, France, janvier 2006) et « L'Economie Sociale
européenne » (éditions CIEM, France, 2001)

目 次　Sommaire

- Ⅰ．ヨーロッパの社会的経済の歴史
- Ⅱ．社会的経済の発展
- Ⅲ．社会的に排除された人々を統合する道具としての社会的経済
- Ⅳ．民主主義の再生の道具としての社会的経済
- Ⅴ．優れた実践例

Ⅰ．ヨーロッパの社会的経済の歴史
Ⅱ．社会的経済の発展
Ⅲ．社会的に排除された人々を統合する道具としての社会的経済
Ⅳ．民主主義の再生の道具としての社会的経済
Ⅴ．優れた実践例

Ⅰ．ヨーロッパの社会的経済の歴史

社会的経済の誕生の意味：

- 環境不安定や事故が頻繁となった(自然災害や疾病に直面して連帯が必要になった)
- 同一労働が生まれその諸規則が生まれた(農業にも分業が発生)

=> 新しい形での連帯、安全、リスクの分配、そして新しい形での「抵抗」

Ⅰ．ヨーロッパの社会的経済の歴史

1. **社会的経済の運動の道筋**
2. 先駆者たちの流れ
3. 物書きのユートピア主義者から実践的ユートピア主義者へ

Ⅰ．1．社会的経済の運動の道筋

- 13世紀：前史としての起源（コミュニティ・地域共同体、信徒会、団体、同業組合）
- 1791年：ル・シャプリエ法は労働者の団結を禁止した。

　　　　⬇

- こうした禁止にもかかわらず、共済組合、疾病保険団体、生産協同組合が19世紀初頭以来発展した

I. 1. 社会的経済の運動の道筋

- 1840年 産業革命：農業社会から機械的工業生産の社会への移行

- => 新しい原理によって、人間を疎外する経済をまともな中心的位置に置き換える

- => 生まれつつある資本主義の有害な影響面に対する戦いのために社会的経済は発展した

I. 1. 社会的経済の運動の道筋

1884：ル・シャプリエ法の廃止。結社と労働組合の結成の自由。

1901：非営利組織・アソシエーション法

I. ヨーロッパの社会的経済の歴史

1. 社会的経済の運動の道筋
2. **先駆者たちの流れ**
3. 物書きのユートピア主義者から実践的ユートピア主義者へ

I. 2. 先駆者たち (1848-1900)

<u>宗教系先駆者たちと非宗教系先駆者たち</u>

- キリスト教系先駆者たち：労働者の「庇護者」としてのカトリック理念。人物としてデ・ムーラン、ル・プレイ、プロテスタント系としてニーム学派。

- 非宗教系先駆者たち：オウエン、プルードン、デュルケイム、レオン・ブルジョア、ルイ・ブラン、カベーなど。

I. 2. 先駆者たち (1848-1900)

政治的潮流
- 自由主義、リベラリズム
- 急進主義、ラジカリズム
- 社会主義、ソーシャリズム
- 共産主義、コミュニズム

I. ヨーロッパの社会的経済の歴史

1. 社会的経済の運動の道筋
2. 先駆者たちの流れ
3. **物書きのユートピア主義者から実践的ユートピア主義者へ**

I. 3. 理論的ユートピア主義者から実践的ユートピア主義者へ

アソシエーション、含む非営利組織

社会的経済の現代的組織の《るつぼ》(労働者アソシエーションはSCOP【フランスの労働者協同組合】を生み、共済組合、保険共済などを生み出した)。

共済組合

1790頃には、職人や労働者、また社会問題を憂慮する社会事業家などが それぞれ相互保険組織を設立した。その数約50。

I. 3. 理論的ユートピア主義者から実践的ユートピア主義者へ

農業協同組合

- ジュラ地方やフランシュ・コンテ地方のチーズ協同組合、13世紀、最初の酪農製品の販売協同組合;
- ヒエルリンクの酪農協同組合(デンマーク)、1882:穀物市場においてイギリスと競争した.
- 農業サンジカ(フランス), 1880:農業協同組合の前身

I. 3. 理論的ユートピア主義者から実践的ユートピア主義者へ

生産労働者協同組合

フーリエやサンシモンに影響を受け、企業における資本への労働者参加を主張した。
=> ギーズのファミリステール、のちに労働者協同組合 (J-B.ゴダン)

- 労働者福祉の保障、コミュニティ共同の精神 (住宅、余暇・教育などの共同サービス、医療共済、年金制度など)
- 1880年に労働者協同組合に改組される。

しかしながら、さらに次のようなものもあった。労働作業所【アトリエ】(他人に譲渡できない、また勝手に引き出しが"できない資本によって作られた生産協同組合)、金融エキリスト教アソシエーション (1834)、連合労働者組合、アルビ硝子生産協同組合など。

I. 3. 理論的ユートピア主義者から実践的ユートピア主義者へ

生協

- 《ロッチデール公正開拓者組合》(1844, イギリス)
  目的:生活改善、消費者の不十分な権利を守る、一部の小売商店の不正計量や混ぜもの販売をやめさせる。
  食品販売協同組合の設立、さらに、家族の生活条件や社会条件の改善のための相互扶助のシステムづくり (生活必需品小売店、住宅建設、保険会社など)

- ニーム学派 (19世紀末、フランス)
  フランスで最初の生協(参加的民主主義、市場価格での販売).
  1885:フランス生協連合会の設立。

I. 3. 理論的ユートピア主義者から実践的ユートピア主義者へ

信用協同組合

- 農村信用協同組合 (ドイツ、1864)
  F. G.ライファイゼン (1818-1888)
  目的:貧乏人でも貸し付けが受けられるように、また貸し付け銀行に対する相互保証を与え、高利利子から逃れる。
  非労分配積立金、利子配当禁止、経営管理者の機能は無報酬、活動地域の制限
  Lドゥラン (フランス)の指導のもと1893年に地方金庫、労働者金庫が設立される。

- 庶民銀行 (ドイツ)
  シュルツェ・デリッチュ (1808-1895)
  組合資本への報酬、利潤の制限配当、経営管理者への報酬、短期貸し付け

  ルツァティ (イタリア)の影響

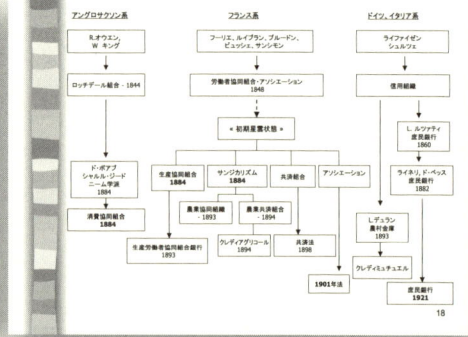

I. ヨーロッパの社会的経済の歴史

1901年法【アソシエーション法】は、社会的経済の制度化の始まりであった。次の点をもたらした。

- 共通の原則の確立
- 異なるいろいろな組織の接近
- 公権力によるセクターの認知

概要　Sommaire

I. ヨーロッパの社会的経済の歴史

II. 社会的経済の発展

III. 社会的に排除された人々を社会的に統合する道具として
IV. 民主主義の再生の道具として
V. 優れた実践例

II. 社会的経済の発展

1. **社会的経済の諸原則の定式化**
2. 理念、概念の比較
3. 制度についての再認識
4. 現代の社会的経済の重要性

II. 1. 社会的経済の諸原則の定式化

社会的経済は、理論と実践を通じて一連の原則を生み出した。その特徴とは：

- 協同による自由なイニシアティブ
  農民、労働者、公務員、消費者、市民たちによる…

- 民主主義
  権限は資本所有と切り離される。
  各メンバーは資本持ち分(出資金)の額にかかわらず、1票のみを持つ。

- 剰余金の公正な分配
  剰余金の分配は、個人の持ち分額に比例しない (共済組合やアソシエーションには厳密適用、協同組合には適正適用)。 アソシエーション、共済組合、生協には割戻金を分配されることがある。

II. 1. 社会的経済の諸原則の定式化

- 不分割自己資本 (全部または一部)
  不分割自己資本はアソシエーションや共済組合に適用される。協同組合の場合も不分割積立金がある。それは組織に「永続性」を付与する。

- 連帯
  内部的連帯(メンバー同士)と外部的連帯(新しいメンバーに開かれた、協同組織間の協同、部門間の協同など)

- 個人の自己実現
  個人、さらに家族や社会が開花することを目指す。それは教育や住宅へのアクセス、医療や文化を享受できることによってである。

- 国家からまた行政から自立していること。

II. 社会的経済の発展

1. 諸原則の形成
2. **理念・概念の比較**
3. 制度についての再認識
4. 現代の社会的経済の重要性

II．2．社会的経済の理論・概念の比較

サードセクター

- ジャック・ドロール（フランス，1979）
  - とりわけ協同組合制度を重視。
  - サードセクターは、公的セクターにも民間営利セクターにも充足できなかったニーズを実現するための民主的な新しい企業形態を作り出すための実験的分野であると考えた。

- ジェレミー・リフキン（アメリカ，1996）
  - 基本的にアソシエーション・セクターを重視。
  - サードセクターは、財の移転によって資金調達を行い、市場セクターと対峙すると考えた。
  - 民間生産セクターの影響を規制し補正する役を果たすのであり、国家の役割を補完する。

II．2．社会的経済の理念・概念の比較

サードセクター

- E.アルシャンボー（フランス，1996）
  - リフキンの考えに近い。
  - サードセクターとNPO（非営利）セクターを結びつける。一方、アソシエーションと財団は、共済組合や協同組合とは別の枠組みとして切り離す。

- アラン・リピエッツ（フランス，2001）
  - サードセクターを「市場セクターと公共セクターの混合」と定義する。その使命は「社会的エコロジー的有用性」であり、「コミュニティ的特徴」があるとする。
  - それは完全に社会的経済の領域にある。

II．2．社会的経済の理念・概念の比較

連帯経済

- 利用者との関係に基礎を置き、市場資源および非市場資源（寄付、補助金）、非貨幣資源（慈善行為）を結合する取り組みをさす。
- 連帯経済は「制度化された」社会的経済に対立したが（ラビル、1994）、1990年代末には「生成する」社会的経済と呼ばれた（ドラペリ、フーレル）。連帯経済の大半はアソシエーション形式で設立されている。

社会的企業セクター

- 複数の目的、多様な当事者（マルチステークホルダー）、多様な活用資源という3つの性格を持つ企業。
- 社会的経済の部分集合であり、（公益の追求において）アソシエーションに近く、（経済活動において）協同組合に近い場合がある。

II．2．社会的経済の理念・概念の比較

第四の経済

- ロジェ・シュー（1997）によれば、アソシエーション経済の大部分をカバーするものであり、サービスの相互交換と互酬性、教育と情報、社会的つながりと社会化に基づくものである。

- 疎外の原因となる市場化に反対する。

- 企業の財政支援や補助金を受け、ボランティアや慈善も受ける。公認アソシエーションによって推進される。

II．2．社会的経済の理念・概念の比較

社会的市場経済（« Soziale Marktwirtschaft，ドイツ »）

- フランツ・オッペンハイマーによる考え、さらにL.エアハルト（1960年代のドイツ経済相）による修正。
- 市場のルールと労働者や市民としての個人の社会的保護の均衡の確立を目指す政策
- 5つの原則：
  - 私的所有が支配的な所有形態である。
  - 金融財政秩序は、価格の貨幣的安定に基づかなければならない。
  - 競争は、無秩序であってはならないし、破壊的であってもならないし、独占や寡占に委ねられてはならない。
  - 国家と州が社会秩序の責任を負う。
  - 企業における共同管理は、社会的対話を通じて、また経営者と従業員との協定に基づいて保障される。

II．2．社会的経済の理念・概念の比較

共同の目的 => 新しい「黄金のトライアングル」の発見
- 第四の経済：«生産・工業・商業»のトライアングルから、«能力・相互サービス・社会的ニーズ»のトライアングルへ移行。
- 連帯経済：«互酬・市場・再分配»のトライアングルの強調。
- サードセクターは、（市場セクターや公的セクターの）二つのセクターに対してみずからの可能性を示す必要がある、とリフキンは言っている。

多様性
- リピエッツやラビルによれば、資源ミックスである。
- 従来の生産セクターを通じて「第三」セクターと「第四」セクターの共同財源調達を行う。

II. 社会的経済の発展

1. 諸原則の形成
2. 理念、概念の比較
3. **制度上の認知**
4. 現代の社会的経済の重要性

II. 3. 社会的経済の制度上の認知

各国レベル：
社会的経済が完全に制度的分野として公権力に認められている国はフランス、スウェーデン、ベルギー、イタリア、スペインであり、またその他の地域では カナダ・ケベック、アフリカの一部の国などがある。

ヨーロッパレベル、EU委員会による認知 (1980年代初め以降)：
- 社会的経済は第23総局 担当 (現在は企業総局に改組)。
- ヨーロッパ協同組合・共済組合・アソシエーション・財団諸問会議の設立 (現在は、常設委員会となっている)。

特別事例：
- ドイツでは、社会的経済は «オルターナティブ・セクター»と呼ばれる。
- イギリスでは、社会的経済は« ニュー・セクター »と呼ばれる。

II. 3. 社会的経済の制度上の認知

CEP-CMAF は社会的経済の性格を7つにまとめている
(2002年宣言より)：
- « 人間や社会的目的を資本よりも優先させる。
- 自由加入。
- メンバーによる民主的管理。
- メンバーであるユーザーのニーズを満足させることと、公益を結合させる。
- 連帯原則、責任原則の擁護と適用。
- 経営の自立性と公権力からの独立。
- 剰余金の大半をメンバーのニーズと公益のニーズを満たすために活用すること。

II. 社会的経済の発展

1. 諸原則の形成
2. 理念、概念の比較
3. 制度についての再認識
4. **現代の社会的経済の重要性**

II. 4. 現代の社会的経済の重要性

世界の社会的経済

協同組合 (ICA国際協同組合同盟による)
- 30億人が関与 (世界100ヵ国)、
- 8億人の組合員、
- 1億人の職員・従業員

医療共済組合 (AIMによる)
- イスラエルでは500万人の加入者。南アフリカでは700万人、アルジェリアでは1,200万人、アルゼンチンでは130万人が加入している。

協同組合銀行
- 8,300万人がクレジットユニオンの組合員 (アメリカ)、
- 145万人が小規模信用協同組合の組合員 (ブラジル)、
- 3,730万人がヨーロッパで協同組合銀行の組合員。

II. 4. 現代の社会的経済の重要性

EUの社会的経済は、1990年代末においては、次のような数字である。：

1,500万人の組合員、
2億4,800万人の共済組合などへの加入者 (人口は 3億6,000万人)、
ヨーロッパ企業の8%、
従業員は900万人。

特に重要な活動分野：

1億3,000万人の協同組合銀行の顧客、
300万人の農業共同組合の組合員、
7,800万人の医療共済の組合員 (ヨーロッパ15ヵ国)、
保険共済市場の23.7%を占有 (ACMEによる)。

概要 Sommaire

Ⅰ．ヨーロッパの社会的経済の歴史
Ⅱ．社会的経済の発展
Ⅲ．社会的に排除された人々を統合する道具としての社会的経済
Ⅳ．民主主義の再生の道具としての社会的経済
Ⅴ．優れた実践例

Ⅲ．社会的に排除された人々を統合する道具としての社会的経済

1. 労働の危機
2. 社会的経済による社会性の回復
3. 社会的に緊急なことがらと社会扶助の間

Ⅲ．1．労働の危機

危機の原因

生産部門の社会的経済は、伝統的部門から（建設業、印刷業、小規模機械工業など）、さらには農業や漁業からも生まれている。
ヨーロッパでは1975年から1985年にかけてその傾向は確認された（たとえばイタリア）。
その創設者はしばしば《良き労働者》である。彼等は《労働者》的な計画を立て、《労働の価値》を重視する。

⇓

《手作りの社会的経済》

Ⅲ．1．労働の危機

労働現場で持続的自動化が方法とノウハウに基づいて実施される。
近代化が農業部門と工業部門に打撃を与える。
一部の労働形態は終了しつつある。

生産部門の社会的経済は、技術や金融の変化によって打撃を受けている人びとに寄り添い、新しい生産部門に参入し投資することが求められている。

Ⅲ．1．労働の危機

社会的経済にとっての新しい挑戦

1. 雇用の創出と雇用に付随するものへの取り組みを促進する
二つの目的：

- 低賃金雇用（アメリカ、イギリスなどに顕著）に陥らないように資格不足の従業員を孤立から救い出し、また、教育訓練や有用な製品やサービスの提供を支援することによって労働者の再組織化を促進する。
  ⇒ 北欧やイタリアでの社会的協同組合の実践、また労働挿入アソシエーション、経済活動を通じての労働挿入組織（SIAE）などが例。
- 小生産者をその孤立から救い出し、都市や農村の地域社会で活動できるように、管理方法やマーケティングを身につけさせる。
  ⇒ 小職人協同組合、小商人協同組合などが例。

Ⅲ．1．労働の危機

2. 新しいイノベーションの出現を促進する

新しい知、新しいノウハウ、新しい情報技術を動員して、《手作りの社会的経済》から《情報化の社会的経済》に転換すること。

- 大学、研究センターなどと連携して、ハイテク分野や出現しつつある部門（たとえば、新しい対人サービス分野など）で「イノベーション」のシステムを組織化。展開すること。
- 《イノベーション企業の孵化器》作りをして、企業の「部門を超えたネットワーク」を作る。

III. 1. 労働の危機

3. 統合的な成長を促進する

21世紀の社会的経済は、次の要素の調和を目指す勢力を結集して、資本主義自由経済を乗り越えなければならない。

- 社会的要請
- 市民的価値
- 経済的イノベーション
- 技術的イノベーション
- 財政的イノベーション

III. 社会的排除（排除された人々）の社会的統合の道具としての社会的経済

1. 労働の危機
2. **社会的経済による社会性の回復**
3. 社会的に緊急なことがらと社会扶助の間

III. 2. 社会的経済による社会性の回復

単なる社会給付という社会的沈黙から逃れる

社会的経済は、社会的に排除された人々や社会的に孤立した人々に「発言力」を取り戻し、新しいネットワーク関係を彼等がつくれるように支援する。それはしばしば協同の道（農村のアソシエーション、都市のアソシエーション、失業した工場労働者のアソシエーション）を通じて実現される。職業訓練アソシエーションも次々に「登場」しつつある。
社会的経済は受け入れと情報の場（社会的企業、労働挿入NPOなど）、権利へのアクセス（権利センターなど）、基本的なニーズの財やサービスへのアクセス（医療共済、住宅協同組合など）を提供する。

III. 2. 社会的経済による社会性の回復

社会的源泉としての社会的経済

アソシエーション、女性協同組合、社会的協同組合、タイムバンク、医療共済、住宅協同組合などは次のことを生み出す。

- 新しいミクロの社会的統合と社会的媒介組織、
- 新しい社会的空間と活動市民、
- 個人または諸個人のグループと地方自治体および政府との間での新しい«社会契約»。
- 市場セクターと非市場セクターの間で、また貨幣セクターと非貨幣セクターの間の新しい架け橋。すなわち社会的経済はこれらのセクター間の交換を組織できる唯一のものである。

III. 社会的排除者の社会的統合の道具としての社会的経済

1. 労働の危機
2. 社会的経済による社会性の回復
3. **社会的に緊急なことがらと社会扶助の間**

III. 3. 社会的に緊急なことがらと社会扶助の間

社会的経済の使命：

- => 社会的経済の役割とは、勝ち誇った資本主義の«移行期の»被害を修復することを運命付けられた«良心»の«良き活動»の経済であるのか？
- => 社会的経済とは、単に慈善や、よくて、直接的連帯を組織するにすぎないものなのか？

実際、社会的経済は、資本主義のもたらす有害な結果に対抗して、効果的な回答をもたらしている。

- 社会的経済は、人々が道端に放置されないように社会的に緊急なことがらへの回答を提案する。
- 社会的経済は、社会的排除、社会的遺棄、不平等に反対して活動する。
- 社会的経済は、«社会的とどろき»の新しい拡声器を提供する。

III. 3. 社会的に緊急なことがらと社会扶助の間

しかし、社会的経済の使命は、国家と地方自治体の役割に置き換わることではない：

> 社会的経済は、医療、年金、教育などに関する公的な社会保障制度の解体から《利益を得る》ことを拒否する。

=> 社会的経済は、それとは反対に、社会的安定の新しい協同の軸を組織する。低価格での社会的供給、新たな仕事に対する社会的規制、新技術を含むイノベーションへのアクセスを維持する。

III. 3. 社会的に緊急なことがらと社会扶助の間

《福祉国家》から《福祉市民》へ？

=> 社会的経済は、国家が各人に出発のための社会的資本を与え、各人の長い人生において《やり直し》のために必要な鍵を提供する《社会的均衡の契約》の出現に貢献できるか？。

=> 社会的経済は、新しい《社会保障》を作ることができるのか？、1つの活動から別の活動への橋渡しをし、社会におけるアクターとなるための手段への永続的なアクセスを人々にもたらすことができるのか？

Sommaire

Ⅰ．ヨーロッパの社会的経済の歴史
Ⅱ．社会的経済の発展
Ⅲ．社会的に排除された人々を統合する道具としての社会的経済
Ⅳ．民主主義の再生の道具としての社会的経済
Ⅴ．優れた実践例

Ⅳ. 民主主義の再生の道具としての社会的経済

1. 労働組合との関係
2. 地方自治体との関係
3. 社会的経済：それは民主主義のビタミン

Ⅳ. 1. 労働組合との関係

共通のまたは収斂した関心事

- 個人の尊重、人間性の開花の追求．
- 経済の民主化の追求．
- 社会性の優位性（活動、雇用、公共財や公共サービスへのアクセスを通じて個人を社会に挿入する）．
- アクターの育成など．

Ⅳ. 1. 労働組合との関係

社会的《共同体》空間を作り出す同一の意思

- 経済的転換や技術発展、失業、社会的排除などに対応した連帯
  => 労働組合と社会的アソシエーションとの連合
- 公的社会保障制度の弱体化に対応した連帯
  => 労働組合と事故共済・医療共済との連合。労働組合と社会的住宅の協同組合・アソシエーションとの連合
- 参加型、民主的、非資本主義目的をもった新しい企業形態の創設
  => 労働組合と社会的経済企業との連合

IV. 1. 労働組合との関係

勤労者のために状況を«ひっくり返そう»とする同一の意思

戦略的連合は、あたりまえのことではないが、しかし、労働組合と社会的経済が、金融分野で投資するために必要である。：

- 労働者自身による資産形成を通じて各種勤労者所得（勤労者貯蓄、年金）の再結集を促進する。
- 預金者が自らの貯蓄を活用できるようにすること（利回り中心の民間年金基金の運用方法に対抗して）。
- したがって、貯蓄の金融管理の民主化。
- 労働組合と社会的経済が共同管理する民主的で社会的責任のある貯蓄基金の創設。

IV. 1. 労働組合との関係

新しい活動分野にはつぎのようなものがある：

- 新しい活動分野の開発
  => 対人サービス、在宅サービス
- 社会的責任投資の出現
  => 勤労者貯蓄、連帯貯蓄
- 雇用
  => 勤労者による企業創設、または勤労者による企業の取得
- 勤労者の教育、専門化
  => 恒常的教育訓練サービス（全国レベル、地方レベル）、そこに協同的雇用を反映させること。
- 地域的な定着化

IV. 民主主義の再生の道具としての社会的経済

1. 労働組合との関係
2. 地方自治体との関係
3. 社会的経済：それは民主主義のビタミン

IV. 2.地方自治体との関係

共通の目的

- 「社会と環境の再結合」（社会・文化・スポーツのアソシエーション、労働再挿入企業とアソシエーション、家族団体、父母経営保育所、社会的協同組合、環境Nアソシエーション、環境協同組合など）。
- 「地域プロジェクトのための地域の貯蓄の収集」：（小規模協同組合金庫、オルタナティブ金融機関、協同組合銀行、共済組合、地方保証基金など）。
- «地方から離れることができない»企業（生産協同組合、サービス協同組合）の設立、企業の«ベビーシッター»となる協同組合の設立。

IV. 2.地方自治体との関係

共通の目的

- 近隣での取引の維持（小売協同組合、職人協同組合など）。
- 「社会的ツーリズム」活動の創設（アソシエーション、労働組合、地方自治体とのパートナーシップ）。
- 農業と農産加工の維持と再編成（農業生産協同組合、農業資材利用協同組合、酪農協同組合、食肉協同組合など）。

IV. 2.地方自治体との関係

どのように？

- コミュニティの社会的有用性の使命をアソシエーションに与えること。
- 協同組合の設立を支援すること（土地の貸与、社会的課税の一時免除など）。
- 地方自治体と社会的経済企業との間で混合した社会的経済を創設すること。
- アソシエーション、共済組合、協同組合企業、起業的・社会的組織、地方自治体が集まる発展の軸を作ること。
- 市民の新しいニーズを探ること（在宅支援、新技術へのアクセス）、この出現しつつある分野のアソシエーション、協同組合を支援すること。

Ⅳ. 3. 社会的経済、それは民主主義のビタミン

中央・東ヨーロッパの事例

- アソシエーションと財団の《爆発》(とりわけポーランド)は、《新しい》共和国に市民的な次元をもたらすことに貢献している。
- 協同組合銀行、農業協同組合、生協は「独占」を失い、きびしい競争にさらされているが、グループの再編と内部民主主義に依拠して市場での回復をめざしている。
- 《全面的資本主義》が社会的に深刻な危機と経済的失敗をもたらしたことを認めて、中央・東ヨーロッパの各国政府は、社会的経済が、新しい社会的経済的均衡を見出す手段であるとの認識を深めつつある。

Sommaire

Ⅰ. ヨーロッパの社会的経済の歴史
Ⅱ. 社会的経済の発展
Ⅲ. 社会的に排除された人々を統合する道具としての社会的経済
Ⅳ. 民主主義の再生の道具としての社会的経済

Ⅴ. 優れた実践例

Ⅴ. 良い実践

企業の社会的責任

- 評価と品質保証の手段の多様性.
- フランスでは、勤労者貯蓄労働組合間委員会の設立。
- 社会的評価機関.

Ⅴ. 良い実践

取り組みの最先端：社会的バランスシート

この道具には3つの源泉がある。：

- イタリアのウニポール保険協同組合の「社会的バランスシート」。
- イギリスの協同組合銀行とCIS保険協同組合の「社会的報告」と「社会的責任統合プログラム」を伴った「社会的バランスシート」。
- フランスの社会的経済若手幹部センターの「社会的バランスシート」。

社会的バランスシートは、「生態系、人間、社会の環境と最大限に一致するように企業の活動方法を再定義し、企業の活動のあり方を見直すこと」を可能にする。

Ⅴ. 良い実践

社会的バランスシートの目的

- 《経営管理》志向.
- 企業の活動主体やパートナーを参加させようとする意思.
- 企業の透明性の強化.

取り組みの特徴

- プラグマチック (テスト、区分けされた実践的手段).
- 質と量(《評価基準》のチェックリストへの回答による).
- 単純な仲間内評価から検証された評価へ(たとえば、外部組織による評価).

I

「サード・セクター」から「社会的企業」へ
ジャンテ氏東京市民国際フォーラム

　経済のグローバル化が進展する中、「市場の声」にのみ忠実であろうとする荒ぶる資本主義の貪欲さが、ともすると「社会の声」をかき消すような状況が生まれています。「市場の声」が「社会の声」を無視して一人歩きするのをどうやって防ぐのか。これは、近代産業文明がはじまって以来、われわれに課せられた宿命的な課題です。もともと社会の中に埋め込まれていた経済活動を、再び社会の中に埋め戻していくさまざまな試み、社会的経済の構築をめざすさまざまな運動が営々と営まれてきました。いま、ヨーロッパでは「社会的企業」と総括される新しい動きが勃興し、社会的経済のさまざまな担い手たちの連携が、徐々に「新しい現実」を形成しつつあります。

　日本においても、NPOセクター、協同組合・共済セクター、市民と各種市民組織、それに労働組合セクターなど、社会的経済をめざすさまざまな主体が運動を進めてきました。ヨーロッパに劣らない独自の発展もあります。けれども、これまでは、こうしたさまざまな運動主体が、お互いに交流し、理解を深めあい、問題意識の共有をはかり、事業と運動の協同・連携をはかる機会は、かならずしも十分ではありませんでした。

　そこで、今回、私たちは、欧州社会的経済団体連合理事T・ジャンテ氏を招聘し、来る11月27日、東京で講演と国際フォーラムを広く共同開催することになりました。T・ジャンテ氏は、ヨーロッパにおける社会的経済の第一線のコーディネイターであり、2004年にフランスで開催された「社会的経済モンブラン会議」（社会的経済のための国際会議）の共同主催者のひとりです。これまでに、社会的経済に関わるさまざまな実践家グループ、研究者たちを一つの輪につなぐ上で、大きな役割を果たしてこられました。今回の国際フォーラムでは、ジャンテ氏との対話を通じて、「社会的企業」の理論的理解と今後の実践的運動課題についての認識を深め、21世紀の日本における社会的経済の発展を展望したいと考えます。

　このフォーラムでの議論を、ぜひ今後の各運動体・事業体間の交流・連携の活発化につなげていきたいと考えますので、NPOセクター、協同組合・共済セクター、市民と各種市民組織、それに労働組合セクターの実践家の方々、社会的企業に関心を寄せる多くの方々に、討論の輪に加わっていただくことを期待します。

```
1．日　時　　2005年11月27日（日）13:00～17:35　（開場12:30）
2．テーマ　　「21世紀の社会・経済システムを展望するために
　　　　　　　　──〈サード・セクター〉から〈社会的企業〉へ」
3．場　所　　東京・青山　国連大学・ウタントホール
```

《第1部》
挨拶と記念講演

- 開会挨拶　鈴木不二一（連合総合生活開発研究所）
- 歓迎挨拶　富沢　賢治（聖学院大学教授）
- 歓迎挨拶　堀内　光子（ILO駐日代表）

■ 開会挨拶

鈴木　ただいまより「市民国際フォーラム　21世紀の社会経済システムを展望するために－サードセクターから社会的企業へ」というテーマでのフォーラムを開催いたします。私は本日の司会役を勤めさせていただきます連合総研の鈴木と申します。どうぞよろしくお願いいたします。

　簡単に本日の議事の流れについて御説明を申し上げます。資料袋の中に本日のレジュメを印刷しました資料が入っています。その表紙に本日のプログラムがございまして、御覧いただければお分かりになるような流れですので逐一はご説明いたしませんが、ご挨拶をいただいたのちに前半は記念講演と基調報告の部でございます。休憩時間を挟みまして、後半はパネルディスカッションで前段に講演、報告でいただきました内容についてパネリストの方々を中心にご議論いただき深めていただくという内容になっております。

　本日非常に中身の濃い議論を短い時間の中に詰め込んでおります。皆様方のご質問、ご意見をお受けする時間が十分に取れませんので、前段のジャンテさんの講演の後に30分程Q&Aの時間を設けております。ここで会場の方々からのご質問、ご意見を是非お受けしたいと思いますが、後段のパネルディスカッションではその時間がご用意できておりません。「質問用紙」というもの

がお手元の資料袋に入っていると思いますが、これに前段の粕谷先生のご講演、後段のパネルディスカッションのパネリストの方々のレジュメが資料の中に入っておりますので、あらかじめどの方にどういう質問かをこの質問用紙に記入しておいていただき、休憩時間になりましたら受付の「質問箱」に入れていただければと思います。それを急きょ集約いたしまして後段のパネルディスカッションの中に反映させていきたい、このような運営を考えております。

鈴木不二一氏

　以上で本日の流れについての御説明は終わらせていただきまして、さっそく本題に入らせていただきたいと思います。
　それでは開会にあたり私どもこの「市民国際フォーラム」を、日本における社会的経済を目指すさまざまな団体、個人が集まって研究会をつくり実行委員会を組織し今日に至った訳ですけれども、その経過と趣旨につきまして聖学院大学の富沢賢治先生からご挨拶させていただきます。それでは富沢先生にご挨拶をお願いします。

■ 歓迎挨拶

　富沢　日本の社会は非常に特殊な社会だと思いますね。第一に、今日のサブタイトルにもある「サードセクター」の言葉の説明からしておかないと混乱が生じるということです。つまり日本で言う第三セクターは、その意味で外国で使うと全然意味が通じません。確認するために今日、本屋へ行って『現代用語の基礎知識』2006年版の目次を引いてみると「第三セクター」が見つからなくてびっくりしたのですが、恐らくもっとゆっくり見ればどこかには出てきたのかもしれませんが、無いと言うのにはびっくりしました。それで今度は『広辞苑』を見たのですが、これには載っていまして次のように説明していました。「国や地方公共団体と民間企業との共同出資で設立される事業体」という

富沢賢治氏

のです。つまり、第一セクターである公共部門と第二セクターである民間の営利セクターとの共同で設立される事業体、というような説明でした。つまり第一セクターと第二セクターが合体したものが第三セクター。これが日本での用語法ですね。これは外国ではそういう使い方はしません。第一セクターは国や地方自治体などの公共部門、第二セクターは民間の営利組織、株式会社など。これに対して第三セクターとは民間の「非営利」の組織、部門という使い方をします。今日のサブタイトルにある「第三セクター」も国際的な用語法による言葉の意味です。

　日本でなぜそうなってしまったかというと、田中角栄さんが『日本列島改造論』というベストセラーを書きましたが、その前に経済企画庁の調査官がアメリカに行ったところ、アメリカでは第三セクターの組織がすごい活躍している。つまり民間の非営利組織が社会を支えているという調査報告書を書いたのですが、それが日本に第三セクターという用語が入ってきた最初だという説明をどこかで読んだことがありますが、その言葉が一人歩きして、田中角栄さんは日本列島を改造するために高度経済成長をもっと鉄道を敷いたりダムや港を作ったりで、お金が足りないから民間の企業と行政部門とが共同出資でやるというのを第三セクターと言ったのです。

　これに対してアメリカの事例を出しましたが、民間の非営利組織が社会の重要な部分を担って、市民が主体の社会をつくりつつある、こういうことですね。そこで日本でも市民が主体となって組織を作って、行政部門、民間の営利部門とともに三つのセクターで連携を取りながら良い社会をつくっていきたいという願いを持っております。

　したがって今日のフォーラムはその第三セクターを拡大強化していくことを国際的レベルで活躍しているジャンテさんをお招きして、その強烈なパワーでもって、日本でも部門組織の連帯・連携をはかっていくきっかけにしたいと思います。そういう意味で今日はいろいろな協同組合の研究所、NPOのセン

ター、労働組合の研究所も加わって、しかも個人が手弁当で会を重ねて今日に至ったわけで、横の連携が出来つつあるのは大変嬉しいことだと思います。

さらに大阪、熊本でもこの会をやりますが、大阪の連帯は凄まじい勢いでして、八月の末に共同事務局の柏井さんが大阪へ行って「こういうことをやろう」と言ってこの三ヶ月以内ですごい広がりができています。NPO法人共同連、近畿労働金庫、NPO法人釜ヶ崎支援機構、滋賀県環境生協、NPO法人日本スローワーク協会、協同労働の協同組合法制定を目指す関西市民会議、ワーカーズ・コレクティブ近畿連絡会、NPO法人コミュニティ・サポートセンター神戸、NPO法人おおさか元気ネットワーク、NPO法人きょうとNPOセンター、大阪労働者福祉財団、近畿勤労者互助会、全労済大阪府本部、大阪ボランティア協会、連合大阪、大阪労働者福祉協議会、自治労大阪府本部、さらに後援として国際労働機関（ILO）、大阪府、大阪市。行政と民間非営利組織のつながりがこういう形でほんの三ヶ月以内で連携が広まりつつある、大変嬉しいことだと思います。

本日のフォーラムをきっかけにしてさらに国際的意味での民間非営利組織の部門が広まり強まっていくことを願って開会の挨拶とさせていただきます。ありがとうございました。

鈴木　富沢先生ありがとうございました。
　実は私ども本日の市民フォーラム実行委員会は「社会的企業研究会」という研究会の名前を冠しております。最初は「ヨーロッパにおける社会的企業の理論と実践にどう学ぶか」に触発されていろいろ議論いたしまして、これは是非ヨーロッパからどなたかをお呼びして市民国際フォーラムを日本で開きたい、そういう企画を考え、同時に研究会を重ねて本日に至った訳ですが、この間、この社会的企業の実践に関わる諸課題に関しましてはILOの取り組みと密接な関連がございます。
　ということで私どもの研究会を終始暖かい目で見守っていただいてきましたのが、本日おいでいただいておりますILO駐日代表の堀内光子さんでございます。本日この立派な会場でこのフォーラムを開催することができましたのも堀内さんにいろいろと便宜をはかっていただいたという経過がございます。と

いうことで堀内さんから一言ご挨拶をいただきたいと思いますが、ご登壇ください。

■ 歓迎挨拶

堀内光子氏

　堀内　堀内でございます。今日は御盛会おめでとうございます。
　これを企画し実行された企画委員会のお力はすばらしいものだと思っております。時間が無い様ですので、なぜILOが支援しているのかを申し上げたいと思います。
　先ほどもお話がございました通り、現在、世界的な流れの中でグローバル化というのが非常に大きな問題でございまして、グローバル化の現在の方向を変えなければいけない。そして変えるキーになるのはILOが目指しているデーセントワーク、「人間らしい労働」だと思っております。
　現在のグローバル化の中に社会的な原則を取り込まなければいけないと考えておりまして、その意味で今日、世界の第一人者でいらっしゃいますジャンテさんがご講演なさることを大変嬉しく思いますが、その社会的企業がこのグローバル化の流れ中で社会的公正をつくり出す一つの有力な手段だと考えているからです。先程からお話にございましたように、そういう社会的手段に取り組むためには一つの機関や組織だけでは無理でして、ここにお集りの皆様方が日頃おやりになっているような連帯が必要だと考えております。
　ILOが1969年にノーベル平和賞を受賞いたしましたが、そのときの受賞記念の講演でも、時のILOの事務局長は今後の世界に向けて連帯の必要性を訴えておりますし、1995年に行われました「社会サミット」は社会正義を世界的な課題に押し上げたきっかけとなったサミットでございましたけど、そこでも国連、当時の事務局長は連帯の重要性をうたっております。そういう意味で

今日のフォーラムが皆様方の連帯を強化するきっかけになることを期待いたしまして御挨拶を終わらせていただきたいと思います。

　鈴木　どうもありがとうございます。なお堀内さんからはこのフォーラムに関しまして熱いメッセージをいただきまして、お手元のバックグラウンドペーパーの第二部に「呼び掛け人の期待」という短いエッセイがありますが、冒頭に堀内さんからの一文を掲載させていただいております。合わせて御紹介させていただきます。

　それでは記念講演・基調報告の部に入らせていただきます。まず最初に、欧州社会的経済団体連合理事のティエリ・ジャンテさんから「ヨーロッパの社会的経済」というテーマでの御講演をいただきます。ジャンテさんはヨーロッパにおける社会的経済の第一線の理論家であると同時にこの運動の第一線の指導者でもある方でございます。略歴、活動歴等プロフィールにつきましてはお手元の青い冊子の表紙に記載してございますので、どうか御覧ください。それからこの記念講演の部では同時通訳で講演、質疑を進行いたします。チャンネル1が日本語、チャンネル2がフランス語になっております。それではジャンテさん、どうぞ……。

記念講演

勃興する社会的企業と社会的経済の発展

講師　ティエリ・ジャンテ氏

　ジャンテ　（拍手）どうもありがとうございます。最初にフランス語でお話することをお詫び申し上げます。特に、今回大学の同僚の方々、研究者の方々、そして日本の社会的経済のアクターである方達に御礼を申し上げたいと思います。今日ここにお招きくださり、東京と大阪、熊本を訪ねることが出来るのは皆様のおかげです。私にとりまして大きな幸運です。主催者の方々に対して心から感謝をしたいと思います。私も今日のシンポジウムで日本について多くのことを学べると期待しております。今日、東京は大変良いお天気です。暖かく春のような気がします。

●ヨーロッパの社会的経済の歴史

　まず簡単にヨーロッパの社会的経済の歴史についてお話ししたいと思います。しかしこの点については短くお話するつもりです。いくつかのことだけ強調したいことがあります。パワーポイントの4ページをご覧ください。ヨーロッパの社会的経済は非常に古い歴史を持っています。そのルーツはある一つの意志の中に見つけることができます。それは個人が気候の不安定など自然災

害、事故や病気に対して「連帯を持とう」という気持ちから生まれてきたものであります。また同時に同じ職業を実践しているということから生まれる「関係を調整しよう」という意志から生まれてきました。ヨーロッパにおいては中世からすでに社会的経済の要素が表れてくるのです。もちろんずっと後になって社会的な経済の形式が定まってきます。こうして永く波瀾に満ちた道のりをたどった後に形式を取るのです。

●理論的ユートピア主義者から実践的ユートピア主義者へ

15ページ、本当の意味で社会的経済というものが形成されましたのは1848年代です。それが爆発的になり、ご存じのように、男女とも社会に参加するために労働組合、アソシエーション、労働者生産協同組合ができるようになりました。特に、ユートピア思想がロバート・オウエンという先駆者によってもたらされ、理論的なユートピアから段々実践的なユートピアに変遷してきたわけです。

新しい社会的経済の中で協同組合というものがつくられるようになりました。特にファミリステールという共同住宅のようなものがフランスのギーズで作られ、給与所得者に対する住宅、余暇、教育等いろいろな共同サービス、そして年金制度が確立され、1880年代に労働者協同組合に改組されてきたわけです。ヨーロッパ全体ではその時代にはいろいろシンボル的なものがありまして、特にアルビ市で作られたガラス生産協同組合などがあります。1844年、イギリスのロッチデールで公正パイオニア組合が設立され、消費者のニーズに合わせて純良な品質の商品を低価格で供給するために食品の販売をはじめ、生活状況の改善のための相互扶助システムづくりに取り組みました。さらに農民や商工業者の高利貸しからの独立をすすめるために信用協同組合が設立されました。特にドイツにおいて農村信用協同組合が1864年に設立され、フランスにおいても信用組合が形成されてまいりました。同じ時代にドイツのシュルツェによって庶民銀行が作られるようになり、イタリアも影響を受けるようになりました。これらは重要な信用組合制度の始まりであったわけです。

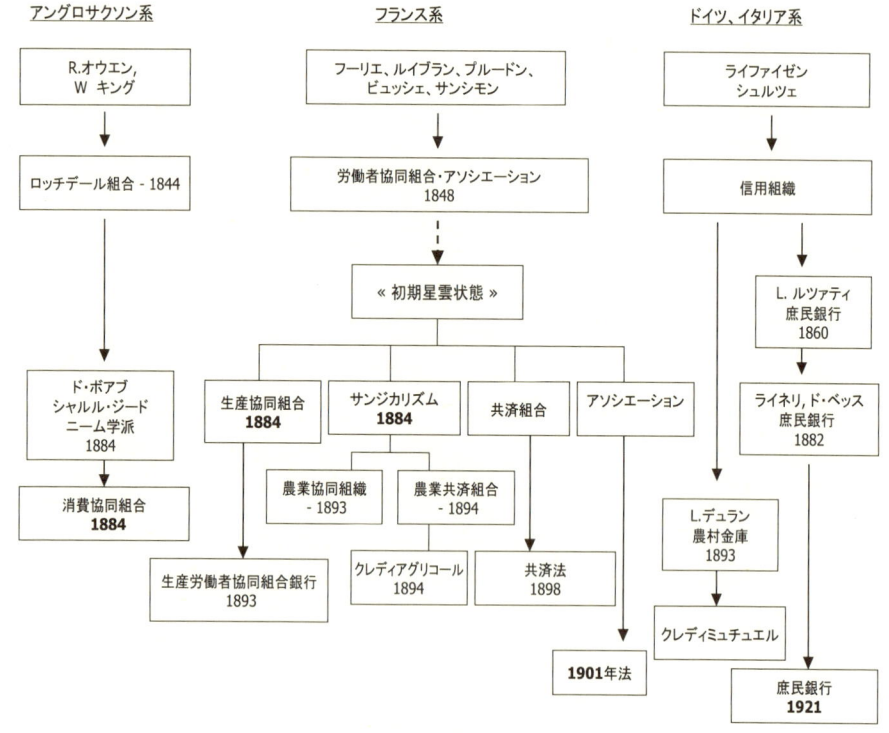

●ヨーロッパにおける3つの流れ

　18ページを御覧いただければお分かりになると思いますがこの表をよく御覧ください。非常に重要なことなのですが、ヨーロッパで構築された三つの源がここに描かれています。

　左側のイギリスの流れはロッチデールパイオニア組合を源流とする生協の流れです。真中のフランスの流れは、プルードンなどを通じて生産協同組合、農業協同組合をつくるに至りました。右側ドイツ、イタリアの流れは信用協同組合の流れで、農村金庫、庶民銀行として発展してまいりました。それぞれが同じような動きをしてきたわけで、協同組合、共済、アソシエーションは社会的経済を形成してきました。このようなヨーロッパの歴史と同じように日本、カナダ、アメリカ合衆国も、似通った歴史があるように思われます。

●社会的経済の制度化の始まり

19ページで申し上げたいのは、フランスにおきましてはアソシエーション法というものが1901年に成立し、それによって社会的経済の制度化が始まったわけです。すなわち、共通の原則が確立され、様々な組織が接近し、公的権力が認知していったというわけです。もちろんヨーロッパの社会的経済の母となるベースがいろいろありましたが、どれも似通っていると言えるでしょう。

そこで22ページと23ページの「原則の定式化」に言及したいと思います。社会的経済は他の大陸でも実践されているわけですが、基本的な一連の原則があります。第1に農民、労働者、公務員、消費者、市民等が協同して自由に自分達の取り組みをしていったこと、二つ目は民主主義、資本所有の大小にかかわらず1票をもつということです。そして第三にその剰余金に関しては、公正な分配が行われるということです。四つ目の原則は自己資本が分割できないという点であります。アソシエーションや共済組合の自己資本は分割できませんし、協同組合では一部しか分割できません。出資金は分けることができても準備金の一部は分けることができないのです。そのために社会的経済の事業は世代間にまたがり、永続可能性を持つことができたのです。これは非常に近代的な特徴です。5番目の原則は連帯です。それはメンバー間の内部の連帯もありますし、また外に向かって新しいメンバーとの連帯もあります。組織間の協力や支持者を増やすことによって連帯します。6番目は個人を促進するという点です。7番目は国家やあらゆる種類の公共団体から自立をするという重要な原則です。

●社会的経済の理論・概念の比較

次に社会的経済のいとこともいうべき、サードセクターや連帯経済の概念と比較をしたいと思います。25ページの「他の概念との比較」で、まずサードセクターと比較したいと思います。サードセクターとは何でしょうか。かつての欧州共同体委員長のジャック・ドロールは教育者であった時、サードセクターを定義しました。それは、公的なあるいは資本主義的な民間のセクターで

は満足できないニーズに応えるための民主的な企業形態を創出する実験領域だというのです。また、アメリカのジェレミー・リフキンは公的セクターあるいは資本主義的な民間セクターの傍らに、商業とは関わらないセクターが必要であると考えるのです。他のセクターから資金を調達するが、独立した別のセクターがあると考えました。したがってドロールの考えるサードセクターとは少し違っています。

「連帯経済」という概念がフランスで生まれました。フランス人は複雑化するのが好きです。それは、利用者との関係に基礎を置き、そして市場的、非市場的、非貨幣的な資源を組み合わせなければならないと考えたのです。連帯経済を支持する者たちは、社会的経済を作りなおすことを考えていたのです。つまり何百万人もの会員を持って商業的にも非常に重要になっている共済や協同組合銀行等はもともとの連帯モデル、民主的なモデルから遠ざかってしまっているという批判をしたのです。これは既成の社会的経済に対する一種の批判的なビジョンでありました。その後、連帯経済の考え方は少し後退しました。なぜなら結局のところ連帯経済は出現しつつある新しい社会的経済にほかならないということが分かったのです。

もう一つ、「社会的企業セクター」という似た考え方があります。ここでは組織のステータスは重要ではありません。連帯経済においては主としてアソシエーションというステータスが重視されていました。ところが社会的企業セクターにおいてはどのような形の企業でも良いのです。株式会社でも社会的な使命を持てばそれは社会的企業となるのです。そして社会的な有益性という使命を持つことが必要です。目的は多元的でなければなりません。また、地方自治体、ボランティア、資本をもたらす人々など、当事者は多様でなければなりません。マルチステークホルダーです。こうした社会的企業セクターという考え方と社会的経済の考え方の違いが問題になってきました。なぜならアソシエーション、共済、協同組合などステータスが自分達の誠実さを保障しているのに対し、社会的企業の中に株式会社が入るということは批判されました。なぜなら最初は社会的な使命を持っていても後には資本に対する利潤を追求することになるのではないかという考え方が出てきたのです。したがって社会的企業の支持者と純粋な社会的経済の支持者の間に論争が始まりました。

そして四つ目の考え方が加わります。それは第四の経済であります。しかしこれはサードセクターに似ています。

さらに今欧州で行われている議論にも関わってきますので「社会的市場経済」の概念について少しお話しします。これは60年代にドイツで出現した概念で、市場ルールと労働者や市民の社会的保護の間における均衡の確立をめざす政策です。かつての西ドイツの首相であったエアハルトによって考えられたことです。もちろん支配的な所有権は伝統的な私的所有権のままですが、金融財政秩序が国家の安定をもたらすべきだと考えます。そして競争は野蛮なものでも破壊的なものであってもならないし、独占や寡占であってもならないという考え方をします。社会秩序は国家と州を基盤とします。そして経営者と従業員の共同決定が保障されなければなりません。この概念が後には社会的経済という考え方と出会うことになります。このように私たちは変化の時代にあります。そして議論の時代にあるのです。

●現在の社会的経済の重要性

次に32、33ページでは社会的経済が少しずつ制度的な認知を得るようになってきたということを示しています。35、36ページは社会的経済の重要性を示しています。世界では約30億人が関与しており、また8億人の組合員がおり、1億人の従業員がいるわけです。医療共済組合に目を向けてみますと、例えばイスラエルには約500万人の加入者がおり、南アフリカでは700万人が加入しています。いろいろな問題を抱えているアルジェリアでは1,200万人の加入者をかかえています。そして協同組合銀行は非常に大きな数字です。アメリカ合衆国のクレジットユニオンの組合員が8,300万人、ブラジルでは生まれたばかりの小規模の信用協同組合の組合員が145万人、そしてヨーロッパの協同組合銀行（15ヵ国）に約3,700万人の組合員を抱えております。

ヨーロッパにおきましては、中央ヨーロッパが増えてきて、90年代末には約1,500万人の組合員、2億4,800万人の加入者がおります。それはヨーロッパ企業の約8％、GDPの10〜12％に当たると考えられます。このような数字でお分かりのように、私の申し上げたいのは社会的経済の規模ということでありま

す。

●労働の危機

　39ページを御覧ください。労働の危機の問題です。いろいろな危機の原因がありますが、ここで強調したいのは、社会的経済がいろいろなプレッシャーを受けていることです。まず生産部門の社会的経済は、建設・印刷・小規模機械工業、農業、漁業などの伝統的な部門において生産者、職人などが必要とする組織を作ってきました。その時代は手作りの社会的経済の時代であったことを強調したいと思います。次に近代的なテクノロジーの形態、オートメーションが出現し、失業者が出て、仕事の質を変えてくるということに至りました。そこでヨーロッパの社会的経済は雇用を創出するという新しい挑戦を受けています。

　雇用の創出は、労働者を孤立から救い出し、教育訓練や製品・サービスの提供を支援することによって再組織化を促進することです。イタリアや北欧の社会的協同組合、そして労働挿入組織の実践が出てきました。また、孤立している零細企業や小生産者を支援する。例えば職人協同組合や商人協同組合です。

　また、新しい革新的な企業をつくることによって伝統的な手工業的な社会的経済から離れ、情報化の社会的経済に転換することが重要です。例えば力量のあるエンジニアが新しく企業を起こし、イノベーションのシステムを作っていくこと、インキュベーターのようなものを生成するということ、ベビーシッターのサービス企業を設立すること、それらが部門を越えて続けられています。さらに、21世紀の社会的経済は、社会的要請、市民的価値に根ざした経済的イノベーション、技術的イノベーション、財政的イノベーションを結合して、伝統的な資本主義を乗り越えなければなりません。

●社会的経済による社会性の回復

　今、社会的なものが社会的経済の舞台の前面に戻ってきたことをお話したいと思います。45ページにあるように、社会的に排除された人びと、孤立した人びとが社会的な沈黙から脱出し、発言力を取り戻し、新しいネットワーク

関係を彼等が創れるように支援することが社会的経済の役割です。農村のアソシエーション、そして都市の各地区にアソシエーションをつくることがすすんでいます。最近フランスの郊外でさまざまな事件がありましたが、これはヨーロッパの他の地域にも当てはまります。また、社会的経済は大量に解雇されたかつての工場労働者達に社会的な挿入や労働復帰のためのアソシエーションを通じて発言力を与えるという使命を持っているのです。さらに受け入れと情報提供の場をつくります。さらに、社会的経済は権利に対するアクセスをもたらすものでなければなりません。権利センターもつくられています。また、必要不可欠な財とサービスへのアクセスも保証しなければなりません。これは医療共済や住宅協同組合の役割です。

46ページにある社会的源泉としての社会的経済は様々なイニシアティブをとっています。伝統的なアソシエーションもあれば女性の協同組合もあります。また社会的な協同組織があり、時間貯蓄銀行(タイムバンク)、医療共済その他があります。それらのイニシアティブは人々を立ち直させ、現在の緊急のニーズに応えるという役割を演じています。

●社会的に緊急なことがらと社会扶助の間

48ページです。社会的経済の使命は勝ち誇った資本主義の害悪を修復することを運命つけられた善意の経済や慈善ではなく、効果的な回答をもたらすものでなければならないのです。また、社会的経済は国家や自治体から責任を取り外すためにあるものではなく、むしろ社会的安定のための協同の軸を組織するものだと思います。

ヨーロッパにおける現在の福祉国家の危機を考えますと、福祉国家から福祉市民へと移っていかなければならないと考えます。しかし社会的経済だけで活動することはできません。皆さん方が良い例だと思います。この中には協同組合の方もいらっしゃいますし労働組合の方もいらっしゃいます。これは重要なことです。こうやって社会的経済のアクター達は社会的な課題に取り組んでいると同時に、新しい経済をつくりだそうとしています。今までも農業、金融、保険部門で成功をおさめてきました。グローバリゼーションに立ち向かおうと

している今、連携が必要となっています。世界中で味方をつくらなければなりません。

●労働組合との関係

53ページですが、労働組合と社会的経済は共通の関心事を持っているということです。双方が個人の尊重や人間性の開化を追求しています。そして経済の民主化を重視しています。そして経済的なものよりも社会的なものを優先し、アクターを育成することを重視しているのです。

54ページですが、労組と社会的経済は共に「社会的共同体」を創設することを共通の意思として持っていると思います。社会的経済と労組が連帯することによって失業した人々を孤立から救い出し、現在の公的社会保障制度の衰退に応えることができます。そのためには労組と事故共済、医療共済が共同することが必要ですし、労組と社会住宅のアソシエーションが連合することが必要です。さらにグローバル化や競争に対して応えることができる、新しいタイプの参加型の民主的な企業をつくらなければいけません。資本主義的な目的を持たない企業をつくるのです。こうして労組と提携することによって社会的経済の企業を生み出すことができます。同じように、現状を逆転させようとする意図を持っていることが共通点です。革命的なやり方でなく実践的なやり方で状況を逆転させるのです。経済システムとしては唯一の資本主義制度だけが存在しているわけではないということを訴えなければなりません。新たな協働の活動領域がでてきます。推進するべき新しい活動分野には、人に対するサービス、社会的責任投資、雇用、勤労者の教育、地域的な定着化があります。

●地方社会との関係

58ページには地方社会との関係に触れています。共通の目的は、地域にしっかり根ざした企業が新しい活動をその地域にもたらし、より良く地域と結びつくことです。さらに地域社会の近隣における取引、小売協同組合、職人協同組合の重視、新たな社会的ツーリズムの創設、また農業と農産品加工の維持と

拡大です。このような共通の目的をすすめるためには、土地を貸与し、地方税を減免し、経済的な軸をつくることであるとか、いろいろな方法が考えられます。

●民主主義のビタミンとしての社会的経済

社会的経済は一種のビタミンの役を果たすものではないでしょうか。例えば中央ヨーロッパを考えてみますと、1930年来アソシエーション的なものが全くなかったのが今では生まれてきました。とりわけ、ポーランドではアソシエーションが爆発的に生まれているところです。自由主義の波にさらされていますが、社会的経済が新しい均衡を見出す手段であるとの認識が広がっています。

●良い実践－社会的バランスシート

社会的経済は、いったいどのような基本原則に則っているのでしょうか。競争原理から受け入れざるを得ないこともあるでしょう。例えば規則を受け入れ、色々なことに門戸を開き、あるいは模倣や妥協もはかられるでしょう。また協同組合や共済がなかなか難しい時期を迎えているということもあります。伝統的な資本主義的な企業の中には、知的でダイナミックなものがあって、はっきりと社会的経済の領域に乗り出してくる企業があります。社会的経済がただ強いだけでは重要ではありません。経済的なダイナミズムを持つことも必要でしょう。

また同時に、社会的経済の原則の適用を活性化する必要があります。一方では労働者、また一方では消費者が、企業が何を生産しているかだけではなく、どのように生産しているのかを見るようにならなければなりません。企業が労働者、サービスや製品を納入する業者、そして消費者をどのように扱っているのかを考える必要があります。フランスでは若い社会的経済の主体、アソシエーションが出来上がりました。そしてそこから社会的なバランスシートと私が呼ぶものを作るようになりました。伝統的に年次財務報告書を作る傍らで、新しい道具を作らなければいけないと考えたのです。

私たちと同時に考えた人々がいます。今から9年前にイタリアのウニポール協同組合保険のものがあります。英国における協同組合銀行の社会的報告もあります。そしてそれらすべての経験を通してもう一度企業活動のあり方を見直し、また自然の環境と最大限に一致するように企業の活動のあり方を再定義することが必要です。

社会的バランスシートの目的は何でしょうか。まず経営管理をすすめるうえでのツールとなるということですが、またそれぞれのアクターまたはパートナーをどのように参加させていくか、さらに企業をどのように透明化するかということです。そして社会的バランスシートは非常にプラグマチックなものです。また、量的および質的な評価として、社会的な態度はどのようなものであるかとか、環境に対してはどう対応しているか、それらを評価している評価基準があるわけです。仲間内の評価から外部機関による検証された評価になっていくわけです。

ヨーロッパの社会的経済は、2004年のモンブランの国際会議を開催しましたが、ここに世界各国から社会的経済の企業家や起業家が、日本からも女性が参加されました。サミットというものをつくり、それがなるべく社会から黙視できないような状態にしていこうとしました。また、協同組合であろうと共済という形を取ろうと、社会的な影響力をもつ近代的な企業になっても社会的経済の原則を遵守し、19世紀、20世紀における経験を継受しながら新しい近代性に挑戦し、原則を適用しながら財務の面でも効率が高いことを示したのです。

そうでないとすれば、ヨーロッパ市場の30％が、現在、協同組合金融機関によって組織されていることを説明できないでしょう。共済が何億人もの人々を保護しているのかを説明できなくなります。同じように、効率的でなかったとしたらなぜ農業協同組合、漁業協同組合が世界中全ての国々において食品の主要な部分を生産していることも説明できなくなってしまいます。社会的経済が証明できたことは、元々の原則を活用しながら、新しい適応の仕方を考えることで、人間を尊重しながら社会的な効率を組み合わせることができるということを示したのです。

最後に申し上げたいのは、社会的経済は日本であれ、カナダであれ、アフリカであれ、インドあるいはヨーロッパであれ、必ずより良い回答を持たなけれ

ばならないのです。未来においては現在国連開発計画（UNDP）が行っている人間的な開発というプログラムに対して回答を見つけなければならないのです。ご静聴ありがとうございました。

〈質疑応答〉

　鈴木　ありがとうございました。社会的経済の200年以上にわたる歴史。そして現在起きている多様な動き。将来に向けての展望。社会的経済の過去・現代・未来にわたる希有壮大なお話を短時間で簡潔にお話いただいたと思います。

　それでは30分程度の時間ですけれども質議の時間を設けて、せっかくの機会ですので会場の皆様からご質問、ご意見をお受けして本日のフォーラムの目的でありますジャンテさんとの対話を進めて参りたいと思います。

　なお、その前にパワーポイントのスライドが途中滞りましたこと、ご迷惑をお掛けしました。パワーポイントのページ数とお手元の資料のページ数が違っておりますが、パワーポイントの本文がその通りの順序でお手元の資料に載っていると御理解ください。

　それでは挙手の上、ご質問ご意見をお願いします。なお発言の前に、所属とお名前を言ってから発言してください。記録の整理の都合上お願い致します。お一人3分間、なるべく多くの方々から受けたいと思いますので御協力お願いいたします。

　質問1　広島県生協連合会の岡村と申します。社会的企業がヨーロッパの中で誕生して成長する段階、そして現段階において、例えば消費生活協同組合が初期の段階の時どう思ったのか、あるいは現段階においてどのように思っているのか、その理由があれば具体的に聞かせてもらえればありがたいと思います。よろしくお願いします。

　鈴木　もうお二方くらいからお伺いして、まとめてお答えいただきたいと思います。

質問 2　法政の大学院の大沢と申します。私は今横浜で行われている「横浜トリエンナーレ」の方もサポーターをしているのですが、こちらの方の説明、日本文の 11 ページあたりの文化的 NPO とかスポーツの NPO があるのですけど、特にアーティストの方から見ると、失業ではないですが労働に関してはあまりペイしていないようなところも結構問題になっていますので、その辺の連携ということに興味がありますので、具体的な例がありましたら、どのような形でどのような活気のあるものになっているのかというのを説明していただけると有り難いと思います。

　質問 3　法政大学の山岡と申します。日本 NPO センターの副代表理事もしております。今日のお話の中で最後の方に「企業の責任」とありましたが、ISO でも国際的な CSR の基準を作るという動きがあって、大企業における社会化ということがこの数年いわれてますが、この社会的企業のムーブメントと CSR 企業の社会的責任に関するムーブメントとはどこかで関係があるのか、または出来つつあるのかをコメントいただければと思います。

　鈴木　ではここで一旦切らせていただきます。ジャンテさんよろしいでしょうか。

　ジャンテ　まず消費者の協同組合は、普通制度化された社会的経済に属していますが、その中にはもちろん医療共済や共済銀行なども入ってきます。それらはなぜ一方では連帯経済という概念が出現したのか、また社会的企業という概念が出現したかをよく理解できなかったのです。
　簡単に連帯経済についてお話します。なぜ再び社会的経済の原則をつくり直すことが必要だと信じさせないと、社会的経済が生きられなかったかということをお話したいと思います。はっきり申し上げますと、このような共済、アソシエーション、協同組合などで成功して発展するものは、社会的経済の企業であり続けることができるので、連帯という面でモデルから離れる必要がありませんでした。この一点は非常に重要です。
　二点目は社会的企業自体についてです。そこで曖昧な点があってはならない

のです。本当の意味で、社会的な企業がありますが、それは社会的な有益性を持つ企業です。それは地方の小さな企業であることが多い。株式会社の形式を取ることもあります。そしてそれらの企業は各地のニーズ、ローカルニーズに応えます。例えば老人のために家庭におけるサービスを組織するといったようにです。そして共済や協同組合は、そのような株式会社が社会的なアプローチをするということに対して不信感を持ちます。そうした社会的な状況ではいられなくなってしまって、結局は株式会社本来の目的に戻るのではないかと疑っているのです。

　そこで、三つ目の質問、山岡さんの質問とも関係してくるのですが、伝統的な企業が社会的な責任を実践していると言っている企業について、お話したいと思います。

　明らかなことは伝統的な企業、株式会社、有限会社、いわゆる資本主義の会社は社会的な挑戦を意識しています。つまり多大な圧力が消費者からかかっていることを意識しています。また大きな非政府組織の環境団体から圧力がかかってきます。確かに社会的な環境的な新しい原則をつくらなければならなかったのです。それを自己に適用するようになりました。ナイキの話を知ってらっしゃると思います。つまり下請けを使ってスポーツシューズを作っていましたが、本社のある本国ではなく、他の国で子どもたちを雇っていたという話です。そうした生産に対して非政府組織から圧力がかかったために、生産方法を変える必要が出てきました。国際的な石油会社についても同じです。多くの石油会社がいくつかの石油の開発を諦めなければなりませんでした。これは環境保護団体からの圧力によるものです。

　ご存じだと思いますが、多くの食料品あるいは衣料品のチェーンが自分達の活動を変えなければならなくなったことがあります。これは消費者アソシエーションの圧力がかかったからです。そこに社会的責任の原則を適応するようになったからです。こうした動きに対して反対をする人はいません。

　しかし社会的経済、アソシエーション、共済、協同組合が応えることは、社会的な関心や市民的な関心に時々応えるという形ではいけないと言っているのです。むしろグローバルなやり方でその証明はマンチェスターにある協同組合銀行が行っています。例えば英国の保険協同組合が行っていますが、スウェー

デンの保険協同組合もそうです。むしろ企業の活動がゼロから最後に至るまで社会的経済の原則を適用しているものでなければならないと言っています。時々守るだけではいけないと言うのです。そして資本的な企業が努力をすることは非常に嬉しいことです。しかし環境に対する市民的な責任、社会的責任、すべて社会的経済の基本原則に入っていますから、どのような活動においてもそれが出てこなければならないのです。スウェーデンの保険協同組合の場合、倫理的な批判があります。火事が起きてエコロジーの規則に従った職人に建て直しをさせたら、その際には保険料を下げるべきであると言っているのです。こうしたことは国際市場においても同じです。このように社会的なクライテリアを持っています。

2番目の質問、学生の方だと思いますが、例えばアーティストやスポーツの協同組合についてお話しします。ヨーロッパの多くのスポーツ組織はアソシエーションになっています。ラクビー、テニス、サッカーにしても総てのスポーツの分野でアソシエーションができています。

文化にしては3つか4つ例をあげたいとい思います。最近フランスのトゥールーズの交響楽団は公的資金の助成を受けて機能していましたが、破綻しそうになりました。アソシエーションとなり、その後労働者協同組合という形になったのです。また、ヨーロッパでは若きアーティストのネットワークができています。これは一つのアソシエーションであって、若いアーティスト達がヨーロッパ全体で活動できるように助けをしています。またダンサーにしても演劇にしてもヨーロッパでは各地にすでに多くのアソシエーションが存在しています。

それでは次の質問をしていただきましょうか。

鈴木 非常に豊富な実例を交えながらご質問に答えながら、先程のご講演を深める形でお答えいただいていると思います。それではご質問ご意見をいただきたいと思います。どうぞ。

ジャンテ お願いいたします。皆様と討論するために日本に来ましたので、質問を活発にお願いいたします。ご批判も受け付けます。

鈴木 要請がありましたので是非。今日はジャンテさんと対話するフォーラムですので、どういうことでも結構ですので。

質問4 佐藤慶幸と申します。私はもう大学教官を定年になりまして自由の身で研究をしていますけれども、20年位前に『アソシエーションの社会学』という本を書きました。その時にアソシエーションというのは、アメリカにいきましたが、基本的にはボランタリーアソシエーションでした。フランスでのアソシアシオンの概念は社会的経済を構成する協同組合、共済組合、そしてアソシエーションとなっていまして、そのアソシアシオンの概念とアメリカ的なNPOの概念が非常に曖昧で、日本でもはっきりした定義はないと思うのですけど、少なくともフランスでアソシエーション法というのが1901年に成立しましたけれども、そのアソシアシオンの概念というものをジャンテ先生はどのように概念規定しているのかをお聞きしたい。

　もう一点は市場経済のグローバリゼーションというのは先進国においては貧富の格差を拡大していきます。これは日本でもだんだんそういう傾向は出てきまして、二極化構図が表れてきています。例えば中流階級と下流階層。自分は下流社会に属しているという若者が増えてきています。そういう人達に社会的経済は手を差し伸べて行くはずですね。そうするとその人達の生活を保護したり維持していく方向を考えるのでしょうけれども、その人達はおそらくそれ以上に浮上はしない、つまり依然としてこの資本主義のグローバリゼーションの中で二極化構造がどんどん進んでいって社会的経済で一人前に生活できる、つまり下流階層が中流階級になり得るような可能性と言うものは社会的経済の中にあり得るのか、僕は非常に悲観的に考えるのです。そういうことについて御意見を伺いたいと思います。

鈴木 ありがとうございました。はい、どうぞ。

質問5 パラマウントワーカーズコープの岸本といいます。二点あります。一点目は8ページの「オートメーション化から仕事のノウハウに見直しがせまる」と言われているのですが、基本的に社会システムが大量生産・大量消費か

ら、そうではなくハンドメイド的な生産システムに移りつつあるということで少し具体的なお話をお聞きしたいのですけど。例えば私は靴屋ですから革の問題で一番ポイントになっているのが、フランスのディプイなどがクロムなめしをしていて環境問題で問題なのですが、イタリア等は二週間かけて天然なめしをしていまして、こういう点で今後の世界の循環を考えたときに、全体にこういう方向に行くのかどうかということをお聞きしたい。

二点目はつい最近起こった若者の行動についてなのですが、我々はすぐ1970年代の五月革命の体制批判を思い出すのですが、今回の若者の行動はジャンテさんの言われている9ページの「社会的沈黙からの若者の脱出」の具体的な行動だったのかどうかという点をお聞きしたい。

鈴木 今のお二方からの御質問、いずれもかなり大きなテーマに関わる問題だと思います。ここでジャンテさんからお答えいただければと思います。

ジャンテ ありがとうございます。これら二つの問題、それぞれ二つの問題に分けて考えられると思います。それぞれ重要な質問をされました。最初の佐藤さんのご質問ですが、確かにおっしゃった通りです。フランスのアソシエーションという概念、性質からして社会的経済に属する概念、そしてアメリカの場合はジョンズホプキンズ財団等がつくったアソシエーションで、これは非営利組織NPOでありますが、その間には違いがあります。

フランスにおいて1901年の法律は非常に短いものです。数行の法律であります。この法律のおかげで個人は、営利目的を持たずに結社をすることができるようになりました。そこでは民主的な機能が保証されています。そしてどのような活動を行うことも出来ます。活動の内容を問われません。当初アソシエーションは活動領域を宗教、社会、文化に集中していました。少しずつアソシエーションは変化を遂げます。そしてもちろん多くのアソシエーションが社会的なセクターにありますが、教育、文化、スポーツ、それに労働市場への再編入の領域、環境といった新しい領域が出てきました。アソシエーションにとってはもともとの活動を発展させるために経済活動を必要としてきました。その際にも目的は非営利的な目的です。経済的なものは文化的社会的その他の

目的に対して完全に従属をしています。したがってアソシエーションの性質そのものはまったく変わっていません。アソシエーションの課税条件はずいぶん変わってきました。現在二次的であっても経済活動を行っているとアソシエーションも企業と同じような課税をされます。これはヨーロッパではこうした新しいアソシエーションが経済活動をするということに反対していた企業が圧力をかけたからであります。そこでフランス的ヨーロッパ的なアソシエーションは非常に自由な概念であるということが言えるでしょう。共済や協同組合と同じように自分達の足と同じ二本足で歩くことを探そうとしています。それは非商業的な領域でおいても商業的な領域においても貨幣的、非貨幣的な領域においても立ち上がろうとしているのです。

　ヨーロッパにおける社会的経済は、境界を絶対的なものとは考えません。つまり営利・非営利、貨幣・非貨幣、商業・非商業のセクターの間の境界を絶対的なものとは思わないのです。このように共済や協同組合は勝っています。組合員はそこでは購入を行います。自分を公的医療保険の足りないものを補完してもらうためです。また共済に属する薬局や病院も存在しています。したがって完全に商業領域の外で活動することはできないのです。ブリュッセルの欧州委員会はそのことを堪え難いと思っています。なぜなら資本主義的なビジョンを持っているからです。委員会はこうした共済を攻撃しました。そしてまだ戦いは終わっていません。こうやって商業領域にも入っていくことも恐れません。これがアソシエーションです。

　アメリカのNPOはまったく違います。ほとんどが慈善団体ですので、その役割は完全に非営利は当然ですが、非商業的な役割に閉じ込めてしまっています。そこでリプキン先生は優秀な先生でいらっしゃいますが、社会的経済について制限された概念しか持っていないのです。伝統的な民間セクターから資金調達をするという考え方をしてらっしゃいます。これも感じのいい考え方ではありますが、私達はそれでは耐えられません。グローバル化、二極化、つまり近代化にアクセスする層と下流層があるという二極化について、今若者の例を指摘なさいました。その点におきまして、二つ目の岸本さんの質問につながってくるかと思います。

　確かに二極化に対して、国によって相対的な二極化があると思いますが、若

者はそのために被害を受けています。ヨーロッパでは18才から25才までの若年失業者が増えています。そして50才以上の老年失業者も出ています。若者たちはますます失業という打撃を受けていると感じています。それは公立の学校を出ていないにしても、学校で十分に統合されなかった、あるいは面倒を見てもらえなかったという印象を持っています。したがって特に若い移民、第二世代、第三世代の場合にはその辺が非常に顕著です。両親、祖父母がアルジェリアあるいはトルコ、アフリカからやってきた、第二世代、第三世代の若者の移民です。

　68年の五月革命の際の状況とはまったく違います。この学生革命はヨーロッパでは希望がありました。現在は排除や悲惨に対して立ち上がっているのであって、まったく希望がありません。これは非常に少数派でありますが、少数派であることだけでもう許さない状況です。

　ところで日本、アメリカでは現実に起きたことより大袈裟に報道されているような気がして驚きましたけれども、それはもちろん十分に内容の深いものです。社会的経済は何かができるはずですし、昔から何かを行っています。若者自身がアソシエーションを使って集団になって活動しています。母親のアソシエーションもあります。農村や都市の地区の、そして労働挿入アソシエーションもあります。若者が仕事を見つけるためのアソシエーションです。それは公的資金が必要になってくるでしょう。こうしたアソシエーションに助成金を出して若者たちに職業訓練を施すために公的な資金が必要になってくるでしょう。若者たちが本当に学校に行くように手伝わなくてはならないのです。つまり社会的な空気をつくって彼等が学校に行きたいと思わせることも重要になってくるでしょう。もちろん義務教育を越えた段階でもです。また学校を卒業して何らかの活動をしたいと考える人、しかし孤立はしたくないと考える人のためのアソシエーションも必要です。これが活動のある協同組合の役割です。若者が協同組合の中に入って精神的な支え、資金的な支えを得て、自分自身で何らかの企業をつくる力が出来たとすると自立をする。あるいは、友人たちと共に別の協同組合、伝統的な企業をつくるという若者たちのアソシエーションもあるのです。こうしたイニシアティブは数々のものが可能でしょう。しかし問題はビジビリティがないという点です。

最後の岸本さんの質問にお答えしたいと思います。それは脱機械化、手工業化という話になるかと思います。しかしそれは全般的な運動ではありません。むしろ機械化の方が進んでいます。問題は全ての人が機械化のアクセスを持てるようにするという点にあると思うのです。とは言え高級製品や複雑な製品、靴などは手の掛かるものであって機械化の道をたどらないという可能性もあります。非常に難しい道です。

　フランスではこの機械化のために靴を作るメーカーがどんどん消えています。生きのびることができる企業は別のやり方で生産をすることができる企業です。機械化に頼らず質の高い高級な靴を作るような企業が生き延びる例があるのです。この際に協同組合という形は非常におもしろい形でしょう。そこでは手作りのやり方のノウハウを集めることが出来ます。そして社会的経済のもう一つ先にある挑戦は、若いエンジニア達が大学を出たときにお互いに連帯をし、新しい開発をする。近代的なやり方でできれば協同組合の形である。彼等の希望にそった形になるということを教えることが必要だと思います。そうした点で若者に対して情報提供を行うことが必要でしょう。

鈴木　続けたいのですが、プログラムの進行時間がオーバーしております。残念ながらここでジャンテさんに対する質議は切らせていただきます。

　なお、一番最後にもう一度ジャンテさんから総括的なコメントを頂く時間がございます。

ジャンテ　多くのことを教えていただきましてありがとうございました。今質問をいただいて多くの日本のことを学べた気がいたします。ありがとうございました。

《第2部》
東京パネルディスカッション

日本における社会的企業の実践と社会的経済発展の諸課題

- モデレーター　栗本　　昭（生協総合研究所）
- パネリスト　　藤木　千草（ワーカーズコレクティブネットワークジャパン代表）
　　　　　　　　山岸　秀雄（NPOサポートセンター理事長）
　　　　　　　　鈴木　英幸（労働金庫協会専務理事）
　　　　　　　　高橋　　均（日本労働組合総連合会副事務局長）

●日本の社会的企業・社会的経済の現状

栗本　今の基調報告（ジャンテ氏の報告）を受けて日本における社会的企業、あるいは社会的経済をどう発展させていくかという問題についてのパネル討論を開始したいと思います。壇上におりますのは、それぞれ全国組織の代表です。藤木さんは労働者協同組合であるワーカーズ・コレクティブの全国ネットワーク（W. N. J）の代表です。山岸さんはNPOの中間支援組織であるNPOサポートセンターの理事長です。ワーカーズ・コープやNPOは日本における社会的企業の典型的な形態ではないかと思います。そういった意味で「新しい社会的経済」の組織と言っていいと思いますが、一方、労働金庫や労働組合は古くからの「伝統的な社会的経済」の組織と言っていいと思います。全国労金協会の鈴木専務理事には、NPOに対する様々な融資や支援を行っている点をお話いただきたいと思います。高橋さんは日本を代表する労働組合のナショナルセンターである連合の代表として、労働組合として社会的企業あるいは社会的経済にどうこれから対処していこうとしているのか、ご報告いただきたいと思います。

　この4者はまったく性格も異なり制度的な枠組みも異なります。日本では、

協同組合にしても法律が十いくつあって、官庁ごとに、法律ごとに分断されています。協同組合は国際的に見ても大きな力を持っていると思いますが、その横の連携がなかなか取れていない。NPOは特定非営利活動促進法によって規制されていますが、他の公益法人や社会福祉法人などと比べて税制優遇は限られています。労働金庫と労働組合は比較的近い関係にありますが、協同組合やNPOとは連携が弱いのが実情です。開会挨拶の富沢先生の言葉にあった「タコつぼ状況」がなかなか克服されていないということです。

栗本昭氏

　今回この様々な背景の異なる団体が一緒に集って、日本における社会的企業なり社会的経済を今後どうしていくのか、日本の市民社会をつくっていく上で決定的に重要なこれらのアクターあるいはセクターの活力をいかに高めていくか、という共通の課題で同じテーブルについたこと自体が、新しいことであり意義があると思います。

　そこで、本日のパネル討論ではまず、2つのラウンドですすめていきたいと思います。最初のラウンドは現在の社会的企業あるいはその支援組織がどういう活動をしているのかという現状の紹介です。これを4方からそれぞれお話いただきたいと思います。そして第2ラウンドとしては、今後日本における社会的企業・社会的経済を発展させていくために、いかに相互の提携・連帯を強めていくのか、またいかに社会的企業・社会的経済が発展していくための基盤を整備していくのか、制度的な問題も含めてどうすすめていくかについてそれぞれ提起していただくということにしたいと思います。

　それでは、早速ですが社会的企業あるいはその支援組織の現状についてお話いただきたいと思います。ワーカーズ・コレクティブ・ネットワーク・ジャパンの藤木さんからお願いします。

●社会的企業としてのワーカーズ・コレクティブ

藤木 こんにちは。私は昨年、粕谷先生と一緒にモンブラン会議に参加してまいりました。帰ってきて、一番強く思ったのが、日本の中で社会的経済の連携が全くないので、これをどうやってつくっていったらいいのかということでした。そのきっかけとなる会議がこのように開けて、まず第一歩を踏み出せたかなと思っています。

　私からは実際に地域で出資して協同組合型の市民事業を展開しているワーカーズ・コレクティブについてご紹介します。WNJというのは、北海道・千葉・埼玉・東京、東京は家事介護のワーカーズはACTというところでまとまっているので2つあります。そして神奈川・近畿・福岡・熊本の都道府県ごとの連合組織が第1号会員となっています。この連合組織というのは、各ワーカーズコレクティブが加入・参加してつくっていますので、それぞれが自らつくった中間支援組織と言えます。その中間支援組織が集まってさらに全国組織をつくっているのがWNJです。ですから、そこに関わるメンバーはそれぞれ自分のワーカーズの仕事もしながら連合組織の仕事もし、全国的な連携の活動もしているという状態です。もちろん、各連合組織には専従の事務局がいるところもありますが、皆、現場を踏まえながら自ら助ける仕組みを自らやっている状況です。2年に1度、全国会議を開いております。

　全国で連携しながらすすめているのが、ワーカーズ・コレクティブ法をつくる活動やワーカーズ・コレクティブを増やしていく活動です。全国では2年に1回調査をしておりまして、最新のデータはまだ正確ではないんですが、第1号会員である北海道から熊本までの連合組織に加入しているワーカーズの数が406団体で、そこで働くメンバーは10005人、年間の総事業高は105億円となっています。一部集計の抜けているところがあり、もう少し増える可能性があります。これはWNJの1号会員に参画しているワーカーズの合計ですが、その他の生協などにもワーカーズ・コレクティブがありますので、全国で700団体以上がワーカーズ・コレクティブと名乗って、17000人余りが全国で展開していると思います。業種も生協から出発しているということがあり、地域や生活に密着した業種が多くなっています。家事介護関係・子育て支援関係・食

べ物・リサイクルなどレジメに書いてあるものがあり、生協の業務受託もあります。

　もう一つ、同じように地域で出資して地域で働くというところに、ワーカーズ・コープ（労働者協同組合）があります。加盟団体数は53団体・就労組合員数8791人・年間総事業高210億円で、団体数と総事業高を比べていただければ分かるように、一つひとつの団体が大きな事業を抱えていると思います。ワーカーズ・コレクティブは割に小さな組織で、地域で一つひとつがやっているという状況です。

藤木千草氏

　ワーカーズ・コレクティブやワーカーズ・コープ以外にやはりワーカーズ的にやっているところとして、最近では農協関係の女性の皆さんが、農産物を加工するなどのお店を作ったり、売るということで起業されていると聞いています。そういったものをすべてをあわせると、日本にかなりの数で「出資して全員が経営者として働く市民事業」が展開されていると言えます。

　いずれも1980年代に出発しているようです。ワーカーズ・コレクティブの第1号は1982年に神奈川で誕生しています。ワーカーズ・コープの方も1980年代から盛んということでした。以前、農協の女性部の方が始めたところに見学に行った際、その方たちもちょうど80年代でしたとおっしゃっていました。

●ワーカーズの社会関係資本と地域社会

　ワーカーズ・コレクティブの実態について詳しくご紹介します。どのように社会貢献しているかということを3つの視点でお話します。1つは地域のニーズに応えるモノやサービスを提供し、地域をより暮らしやすくする機能を担っていると言えます。例えば、介護保険制度が2000年に施行されましたが、その前から地域にニーズがあるんだから始めようということでワーカーズ・コレクティブが設立されています。86年に神奈川ですでに誕生しており、

東京のACTは92年に設立しておりますが、経済的な裏づけの無い中で、地域に必要だからやらなければということで事業化しているんですね。思い出してみると、その頃、依頼の電話が来るのを待っている人も事務的な作業をする人も、実際にサービスに行った人も、サービスを受けた方からいただくお金の分しかないわけですから、事業的に厳しい中でやっていらっしゃいました。別の団体の事務所の一角に机だけ置かせてもらって、始まっていたと思います。

　2000年に介護保険制度ができてからは裏付けもできて事業的に安定してきたかと思いますが、そういう制度がない時からやっているというのが、市民事業の強さでもあります。先ほど「比較的恵まれた人たちの奥さんがやっている」という説明がありましたが、実態として生活を背負わなくてもいい人が担ってきたということは事実ですが、それでも地域に貢献するものをつくりだすというところにひとつの意義があると思います。しかも、その姿勢は「自分がこういうサービスを受けたい」「こういう老後を送りたい」という気持ちでモノやサービスを提供しているということです。もう一つの例が子育て支援で「ひととき保育」をやっているワーカーズがあります。公的な保育所ではやらない、例えば理由を問わずに短時間預かるというサービスを提供するというように、細かなニーズに対応していきたいということで展開しております。また、添加物や農薬の少ない、なるべく無いような材料で安全なものでお弁当を作って届けるというところですね。環境に配慮して回収型のお弁当箱を使い、それを洗うのも合成洗剤ではなく石けんでと言う手間をかけている食のワーカーズもあります。高齢者配食をしているところは、安否確認もしてくるということです。このように地域のニーズに対応しながらサービスを提供しているというのが貢献の一つです。

　もう一つの視点は、そこで働く人自身の人生としてどうなのかという点ですが、やりがいのある働き場をつくりだしていると言えます。まず、先ほどのご指摘もありましたが専業主婦から事業者になっていくという部分ですね。先日も設立して1年目のワーカーズのメンバーと話をする機会がありました。比較的若いメンバーの方が、なぜワーカーズに入ったのかというと「自分の名前で活動できる場がほしかった」と言ったんですね。○○ちゃんのお母さん

とか誰々の奥さんではなく自分の名前で活動したい。私もそうだったなと思い出しました。それが単にサークルとかお楽しみの分野ではなく、地域貢献の事業をおこなうというところでの活躍の場が得られる点で、有効な方法としてワーカーズ・コレクティブがあると思います。しかも、経済的に一人で生活できるだけの収入を得る人は、だいぶ増えてきましたが、まだ少ないですけれども、自分がどれだけ収入を得たいかということで選び取っている部分もあります。多少の経済的自立についても寄与していると言えます。また何よりも社会的に自立していく場の提供になっています。地域で子育てや介護をする中で、見えてきた問題点を事業化し解決していくという充足感のある働き方ができるということですね。そういった内容のサービスがまた社会に喜ばれるという循環型のものをつくり出していると思います。もう一つは介護との両立の例ですが、ある方が自分のお母さんが介護を必要としている方なんですね。寝たきりで。今までだと、介護の必要な人がいる場合、私は働けないということで仕事をやめて家にいるということがあったかもしれませんが、その方はたすけあいワーカーズの事務局をしていて、自分は仕事に出かけていきます。「お母さん、行ってくるから」と。出かける時に逆にくるのが、その方のたすけあいワーカーズのメンバーで、ケアに入ってくるわけですね。このような仕組み、自分は働き続けられる、別な人がちゃんとケアにくるという仕組みを作り出しています。

　それから、障がいがあっても一緒に働くという場も提供しています。多摩市にある「風（ふう）」というワーカーズは、最初から知的障がいのある方たちと働く場をつくりたいというコンセプトでつくられました。そういうワーカーズはWNJの中ではまだ少ないと思いますが、そこまでいかなくても一緒に働くということでメンバーに受け入れているというワーカーズが、今回の調査で50団体以上ある事が、今回の調査でわかっています。今後、この部分は障がいのある方も一緒に働く場をつくるというイタリアの社会的協同組合B型のようにもっと増やしていきたいところです。それから、退職後の方の生きがいの場も提供しているということです。企業で働いていた方が、生協の配送のワーカーズに入られて、配達で人に会って話すのが本当に楽しいと語っていらっしゃるので、ちょっとびっくりしたんですが、そういう喜びを

感じている方もいます。家事・介護のワーカーズに入られてケアをしている男性もいます。このように個人の働き方としてもやりがいの場を提供していると言えます。

もうひとつは働くことだけではなくて、社会政策への提言・アドボカシー活動もしているということです。例えば、介護保険制度改革への提案を現場で働く中で見えてきたことをまとめて、厚生労働省に出したり、都や県に出すということもしています。循環型（リカレント型）社会や、持続可能な事業、ディーセントワーク（人間らしいやりがいのある働き方）の提唱と実践についてもワーカーズ・コレクティブは少しずつですがやっています。

栗本 ありがとうございました。続いて山岸さんからお話いただきます。NPO（Non Profit Organizations）は非営利組織と訳されていますが、ジャンテさんのお話でも、フランスのアソシアシオンとは若干違うということです。日本のいわゆるNPO法人の中でも、アドボカシー（政策提言）型のNPOと事業型NPOと言われているものがあると思います。後者が、我々が問題にしている社会的企業に比較的近いものかと思いますが、NPO全体の動き、最近の状況についてご報告いただきます。

● 1ヶ月500増えるNPOとその未来

山岸 私たちNPOサポートセンターは、17年前、1988年にNPOの運動を始めました。日本で最初の中間支援組織として93年に銀座にサポートセンターを設立し、96年に全国連絡会、北海道から鹿児島に至る中間支援組織の連合体の事務局を勤めるようになりました。ご存知のように、98年にNPO法が成立したわけですが、現在、NPOの数は23000団体で、2006年早々に26000団体になるところまできました。26000というのは社団法人・財団法人の合計を上回る数です。しかし、中身は多難な船出で、現状も苦しい中にあると思います。しかし、NPOをつくる最初の心配をしていた時と比べると、はるかに社会貢献的な活動をしていこうという市民の思いが、これだけ日本に埋もれていたということを発見して、私は感動しています。様々に課題をかかえ

る問題も、ある意味で楽観しながら、NPOの運動を始めた時の思いを何とか形にしていくということを今、日々考えているところです。

　最初に結論を申し上げますと、我々NPOは日本の企業や行政のセクターから一応歓迎されて、成立したものです。しかし、このNPOをどういう性格にもっていくかということ、誰がイニシアティブを持っていくかによって、これからの日本の社会再生のあり方が大きく変わっていくと思います。どんな歯車をつくって、行政と企業との間に歯車をはめ込んでいくか、非常に緊迫した考えを持ってやっています。NPOは、これから数もどんどん伸びて、今は1ヶ月に500団体くらい伸びております。10万団体くらい軽くいくだろうと思っていますが、中身の問題だと思います。日本のNPOは欧米のNPO・NGO法の制度から半世紀遅れていると言われますし、制度的には多分30年くらい遅れて法律が成立したと思います。ということは、それだけ日本の民主主義が遅れていたということですので、そこを明確に見据えた上で、私たちはこれからのNPOの運動に取り組んでいかなければならないと思っています。

　その時にこのサードセクターという立場に立って、古い言葉で言うと一致団結しながら早急に新しい連携をつくり、社会に定立させていくということが課題です。労働組合・生協・NPO、他の団体も入りますが、具体的な連携の仕方でその性格も変わっていくだろうと考えているところです。ここにいる高橋さんや鈴木さんとは十数年以上前からずっと話をしている仲です。皆さんは労働組合・NPO・生協は連携がないとおっしゃっているかもしれませんが、私はNPOの運動を始めた時に、真っ先に労働組合はNPOの最大の応援団であると熱いメッセージを送り、生協へもメッセージを流し、それぞれの持っている限界性やプラス面マイナス面を計りながら、どういう連携のあり方をしていくのかが大きな課題でした。

　労働組合は、社会問題を解決する勢力として最大の力を果たしてきたという

山岸秀雄氏

自負心もありますし、生協も当然、「我々こそが市民を代表する」という自負心があって、NPOをやや白い目で見ているというところがありました。しかし、最近はそういうこともなく、よい理解者としてお互いがあるのではと期待しています。

　NPOの定義的なことを誤解を恐れず申し上げると、NPOは社会的資源、すなわち、ただで手に入るお金、寄付金やボランティアの労働力を手に入れて、公共的なサービスをする事業体と考えています。生協や労働組合と違うのは、対象が不特定多数の人々に対してサービスするというところです。生協や労働組合が自分たちのメンバーだけにサービスしているかというと、そういうことではなくて、いろいろな社会的広がりを持ちながら努力をしている。その面では日本の労働組合は世界で珍しく社会性を持っていると思いますが、根本のところでは不特定多数の人にサービスするのがNPOの性格です。NPOの社会的役割は地域や社会の問題を解決するということと、社会システムを変革するという役割を持っています。それはこれまでの労働組合や生協が組織しなかったところも含めて、マーケットを拡げたと。市民セクターの縄張りを横に広げたという功績があったと思っています。しかし、本格的にやる成果を出すのはこれからだと思います。

● NPOは経済的課題も解決する

　現在、NPOの課題というのは、今日のテーマに沿って申し上げると、新しい位置づけにNPOは悩んでいます。例えば、市民事業という言い方、コミュニティビジネスという言い方、社会的企業という言い方、どういう言い方で我々NPOを定義したらいいかということについて、NPO自身も悩んでいます。そういう意味では労働組合も生協も同じかと思うのです。ひどいのはヤクザのつくるNPOもありますし、人権問題で活躍するNPOもあるし、事業型でけっこう儲けるNPOもあり、各大企業もNPOをつくっていますし、労働組合、生協もつくっている。これを一くくりにしてどうやってマーケットを語るのか、日々悩んでいるところです。

　NPOの課題は、第3のセクターとしてふさわしく自立運営していくという

ことです。行政や企業とパートナーシップは組みつつ自立していくという課題です。最大の課題は資金です。9割がた、日々金をどうしようかと思うのがNPOの最大の課題になっていると思います。一方で、社会的支援システムの貧困、歴史的にまだ浅いNGOやNPOのセクターを支える制度が貧困だと言えます。今、NPOはだいたい1000万円くらいの予算を使っているところがたぶん半分を超していると思っていますが、最近は行政依存型のNPOがやや多くなってきたというのが率直なところです。どうやって自立を図れるような資金を還流させてくるかが、我々の最大の課題になっています。NPOが仕事をつくっていくところで最大の試練は、行政との関係です。行政は我々の税金を持っていますが、対等でお互いの違いを認めて、時間を切ってパートナーシップ組んで仕事をしていく。しかし金を相手からもらって従属関係ができなかったという歴史は世界史上一度もなかったわけですが、これを制度的にルール的に本当に対等にもっていくというルール、システムをどうつくるか日々悩んでいるところです。

　このルール作りを考えていますが、指定管理者制度が始まってきて、来年の8月までに多くの公共物が民営化される中で、NPOは前へ出ようとしているわけですが、行政の無理解、対応の悪いのが実際です。それから国のNPOに対する予算が激減しています。今年になって3分の1から4分の1ぐらい減ったと考えています。そんな中で、我々は新しい社会連携をどうやって作っていくのか。行政や企業との協働のルール化・システム化、今、これに取り組んでいるわけです。企業はCSRという企業の社会的責任が言われてから、大分真剣味が増してきたなという感じがしますが、まだまだ本腰を入れるまでには距離があり、企業との連携はまだ難しいと思っています。欧米のようにNPOを支援する株式会社になるまでにはなかなか難しい現状にあると思っています。

　ですが、私は2つの企業、出版社と第一総合研究所というシンクタンクの経営者でもあります。いろいろ企業の世界も見ていますが、日本の企業は本当の意味での社会的貢献はまだまだ距離はあるんじゃないかと思います。そしてこれからNPOが持っている課題、つまり社会的課題を解決するということと、経済的な課題を同時に解決していくという使命の中で、今までの市民運動と違うのは、NPOはビジネスをやるということですね。大きな違いです。か

なりボランティア団体であるという意識がありますが、そんなことは全くありません。経済的な団体としても明確に位置づけているので、そこの誤解があると3つのセクターが事業をもって連携していくということが崩れていきます。NPOは雇用も生み出すし、経済的な価値も生み出していきます。例えばアメリカでは GDP7％弱、雇用も 7.8％の労働者が NPO で働いています。こういう社会に位置づけていくわけですから、明確に経済的な課題を持っているということを頭に入れていただきたいというのが私の望みです。

　サードセクターのポジションに立つ連携、すでにいろいろな努力はしております。あとで高橋さんが話されると思いますが、これから全国に約100箇所くらいの生活相談センターをつくり、NPOや市民と組みながら労働組合がもっと前へ出る。もっと地域に貢献するという大実験を始めるということが連合の大会でも決定されて、非常に期待しています。また生協においても私が理事を務めている NPO 支援センターちばでは、そこの物的な提供者になっていただいているのはパルシステム（首都圏コープ）グループのLコープがまず出てきて、そしてサポートセンターが出て、江戸川大学と組んでサポートセンターをつくるという新しい中間支援組織の作り方をしています。私たちは今までアメリカに20回ほど調査団を出しています。イギリスに5回、ドイツに1回、中国に2度ほどタイにも2度ほど、様々な形で日本の NPO をどういうふう位置付けて、あるいは市民セクターをどう位置づけて発展させるかという課題に向けて学んできました。なかなか難しいことがたくさんあります。しかし、だんだん日本の NPO はこうあるべきだということが見えてきたと思って期待しています。今日の討論が豊かになることを期待しています。

栗本　ありがとうございました。NPO は事業であるという明解な定義づけがありました。サードセクターにおける事業上の提携をどうすすめていくかはこの後の第2ラウンドでお話いただきたいと思います。それでは次に労働金庫の立場から、どのように NPO やサードセクターにアプローチしているかについて鈴木さんからお話いただきたいと思います。

●社会的経済としての労働金庫

鈴木 全国労働金庫協会の鈴木です。きくちゆみさんという市民運動家の方がいます。イラク戦争に突入するアメリカにあって、その直前にニューヨークタイムズの全面広告でイラク戦争反対のアピールを世界中のカンパを集めてやった方です。その方のホームページをご覧になっていただくと面白いのですが、ある会合で私が労金の関係者だということをご存じない中で、「日本には素晴らしい銀行がある。それは労働金庫だ。なぜかというと、ひとつは働く人のきれいなお金だけを集めて運営している。それから企業への融資、特に平和や環境にダメージを与えるような資金には一切貸していない。」と。実は事業資金は貸せないという仕組みなのですけど。「もうひとつはNPOへの支援、融資をやっている」と褒めていただいたのです。私はそれを聞いていて、そう言われるほどのことをしているのかなという大変忸怩たる思いがありました。よく考えてみると1940年代に日本の戦後経済が大変混乱している中にあって、働く人・労働者の生活支援と生活協同組合の事業資金を皆でつくりあげていこうということで出発したのが労働金庫です。今現在、14兆4000億円ほどの資金が集まっておりまして、融資も9兆4000億円ほどあります。事業自身はこの五十数年間に亘り、労働組合や生活協同組合の皆さん方のご支援・ご協力の中で大きく成長してきました。その中の特徴的なところが2つあります。1つは70年代に未曾有にわたる石油危機があり、物価が大変な勢いで上昇しました。20数％の上昇率が何年か続き、市場金利が非常に高くなりました。その頃、住宅を作る方々が当初、大変高い金利で設定されますから、当時は固定金利だけでしたから、将来にわたって大変高い金利を20年30年も払い続けなければいけない。これは生活をしている人たちのためにならないということで、変動金利を導入することを提起して、大蔵省とも随分かけあった結果、認められました。これはわが国の銀行にあって初めてそういう制度を労金が導入したわけなんです。その結果、その後物価上昇が落ち着き、市場金利が下がった時にはそれに合わせて金利をどんどん下げていくということができるようになったわけです。2つ目は90年代になってですが、中小企業に対する貸し渋りが起こってきました。りっぱに生産しているにも関わらず、資金が足りなくて倒産を余

儀なくされる企業、これは企業に対する直接の融資はできませんが、そこに働く人々の雇用を守るという点で、新しい資金の特別融資制度を設定しました。残念ながらあまり活用されることがなくて、とりあえずは98年にできたのですが3年間で2001年に終わりました。ところが最近、まだ記憶に新しいと思いますが、新潟県で中越地震が起こり、ここでもやはり中小企業の地場産業をやっている企業がどんどん倒産を余儀なくされる。これに対して緊急融資を特別にするというようなことが特徴的な点です。

鈴木英幸氏

●労働金庫とNPO

一方でNPOに対する融資が大変必要になってきました。山岸さんからお話があったように今、26000ですか、ついこの間まで1万ちょっとだと言っていましたが、このNPOの活動は実は労働金庫の理念や使命に則して言いますと、大変マッチする形態です。これに対して何とか融資ができないものかと、これも大蔵省や金融庁と難渋したのですが、NPOに対しては融資をして良いという承認を得て、2000年の4月から始まりました。群馬・東京・近畿などが中心になったのですが、今は全国でNPOに対する支援のローンは実行しております。かつて47都道府県すべてに労働金庫という地方労働金庫があったんですが、地域統合しまして13の労働金庫になっております。その全てが、NPOに対する事業サポートローンは実施しております。ただ、これがなかなか審査が難しくて、せっかくの相談や申込みをいただいたにも関わらず、お断りしてしまうケースがありまして、2000年から2004年までの合計をみますと、相談をいただいたところが681件ありました。そのうち実際にご融資できたのは156ということで、実行率が22.9％と低いのがこれから先の問題ですし、立ち上がり資金、要するにこれからNPOを立ち上げたいというときの起業、ベンチャーキャピタルに対しての融資がなかなか難しくてできておりませんで、課

題です。今までで、9億6200万円ほどの実行をさせていただいています。労金全体の融資残高から見ますとわずかな金額ですが、だいたい無担保で500万円というのが上限ですが、それで割ってみますとどれくらいのところでご利用いただいたかがお分かりいただけると思います。

　今後、NPO融資につきましてはいろいろな角度から、使い易いということが必要ですし、地方銀行や信用金庫あたりもNPOへの融資をやってきているところもありますので、そういった中で「さすが労金だ」と言われるような取り組みを積極的に行っていきたいと思います。47都道府県、どこでもそういう窓口は開いておりますからぜひご利用いただきたいと思います。

　最近のことですが、京都の近畿労金ときょうとNPOセンターが協働で、京都の労働福祉事業団体が1000万円の担保を提供をしていただいて、債務保証資金を出していただきました。融資が焦げ付いた場合はこれから棄損するわけですが、そういう地域の中でNPO・労働福祉団体・労金が提携してこういう制度をつくっています。

　最近、労働金庫にとって非常に困ったことがあります。それは非営利を原則とする労働金庫ですが、市場における金融機関の競争が激化しております。労金は事業資金は一般的な企業には出せませんから、住宅ローンに中心をおいた融資戦略と無担保の生活資金、教育とか自動車とか困った時の資金ですが、こうした市場競争が激しくなってきている中で、行政の指導が、非常に我々にとって厳しいものになってきております。つまり、きちとした収益を確保しなさい、と。指導そのものが悪いわけではないんですが、本当に困っている生活者の方や中小企業の方にとって、優しい金融指導行政なのかというと必ずしもそうではありません。例えば、リストラにあったり給与が大幅に引き下がったりした勤労者は、長期のローンを借りていますから、月々の返済を減らして期間を長くするというやりくりの相談があるんですが、それは「条件緩和制限にひっかかる」ということで、かなり厳しい指摘を受けたんです。これに対しては当該の労働金庫が主張しまして、こういうことをやることが労働金庫の使命だということで、認めてはいただいていますが、そういうことで、いわゆるグローバリゼーションという名のもとで本当の意味での福祉的な金融サービスが影響を受けているということです。

栗本 それでは最後に連合の高橋さんにご報告をお願いします。労働組合として自らどのような社会的な事業をやっているのか、あるいは社会的企業に対する支援やネットワーキングをすすめているのか、現状をご報告ください。

●連合のソーシャル・ユニオンへの挑戦

高橋 先ほどから古い古いと（笑）、最近は小泉さんから「悪の権化」とも言われていますが、連合労働運動がこれから何をしようとしているのか、特に地域労働運動をどういうふうにNPO団体などと連携しながらやっていくのか、この方向性を1つ申し上げたい。2つ目はもともと労働組合としてのいわば社会的企業というか、職業安定法第45条に基づく労働者供給事業ないしは派遣事業の実例について最初にご報告したいと思います。

先ほどもお話がありましたが、連合は「企業別組合の限界を突破し、支援を求める働くものすべてに貢献する社会運動をして、再出発する」と宣言をしております。いろいろ背景はありますが、日本の労働組合の組合員は今1031万人ですが、雇用労働者は5371万人ですから、割り算すると組織率19.2％です。つまり、80.8％の人は労働組合を持っていないという現状があるわけでして、このままでいくと労働組合が社会的影響力を発揮できないという、いわば崖っぷちに立たされているという状況です。80.8％の方たちにどう一緒になって運動を進めていくのかという視点なしに、労働運動の再生は不可能だと思っています。19.2％の方から組合費は頂戴しますが、これはまた極論で敢えて誤解を恐れずに申し上げると、19.2％の人には還元しません。それは80.8％の方に還元させてもらいます。「情けは人の為ならず」、「グルグル回って自分たちのためになるんだ」という理念・考え方で運動をすすめていきたい。となりますと、対象になるのは1500〜1600万とも言われるパートなどの方々、あるいは雇用労働者の約半分2550万人の100人未満の中小・地場企業で働いている方々に焦点を合わせて運動を進めていきたいと思っています。

どんなことができるのかということですが、今、連合約700万人おりまして、全国の47都道府県にそれぞれ地方連合会という拠点をもっています。その下に主要都市462箇所に地域協議会、「地協」と呼んでいますが、持ってい

ます。市町村の合併などでこれを300くらいに大くくりに再編して、そこにまちの中に自前の事務所と専従者を配置したいということを提案しています。いっぺんにできませんので、本部の財源、あるいは地方連合会の財源を地協にシフトさせるという意味で、向こう2年かけて100箇所、まず事務所をつくろう、専従者を配置しようと考えているところです。

そこでどんなことをするのかというと、地域における労働組合の交渉機能、賃金未払いとかあるいは残業代を払ってくれないとか、様々なことの交渉の機能に加えて、労働金庫や全労済や労働者福祉協議会や生活協同組合などの事業団体の協力を得た、共済・助け合いの機能を持ったらどうか。あるいは弁護士や税理士と連携した法律や税務相談、大手企業では例えば労働組合で顧問弁護士とかいろいろ持っているんですけれど、弁護士事務所は敷居が高く普通の人はなかなか相談できない。あるいは市議会議員などの力を借りたいわゆる市政相談ですね。そんなこともどんどんやっていきたいですね。

先ほど労働金庫の話の中では触れられませんでしたが、多重債務問題が今ものすごく大きな問題でジワーと拡がっております。我々は借金やサラ金はけしからんと教えられた世代ですが、あれだけテレビで宣伝されますと、学生さんなどに聞くと、「テレビでやってるじゃん」とちっとも悪いとは思っていない。で、どんどん多重債務問題が起きている。そういう問題も労働金庫と協力しながら解決していくことも大事です。

それから大量に退職年齢を迎える団塊世代の「拠り所機能」、私もそうなんですが昭和22～24年生まれの3年間で2007年問題として退職する人が約680万人いるわけです。こういった方々が、退職してから80歳まで20年間の175000時間をどう活き活きと生きるかとなると、そのための「拠り所機能」が必要でしょうし、NPOやボランティア団体などとの連携で市民の生活上の問題、様々な問題をワンストップでサービスできる。あそこに行くと問題解決の糸口が見つかるという、そういう場を作りたいと思っています。例えて言い

高橋均氏

ますと、地協の事務所がありますと、机が10個あって、労働組合の机・労金の机・全労済の机・退職者の机・NPOの机・ボランティアの机……様々なものがあって、そこへ行けば何か問題の解決の糸口が見つかるという場を提供したいと思っています。外の看板は何でもいいわけです。よろず相談所でも何でもいいんですが、中に入ってみるとどんなことでも相談できる。そこに連合がコーディネーターとして専従者を配置したいと考えているところです。この話は労働金庫や全労済やNPOの団体の方々と具体的にどういうふうにしていくのかを話し合いをしていきたいと思っているところです。

　レジメに「自前主義からの脱却」と書かせていただきましたが、労働組合は何でも自前でやろうとする癖がありまして、仕事がわからないのにわかったふりするようなところがありまして、それは「餅は餅屋」にお任せして、それぞれの団体にお任せして、そのネットワークを築いていこうと呼びかけをしています。労働組合の幹部の頭も切り替えないといけない。NPO団体とお付き合いをしようというときに、日本の場合、日本だけではありませんが、「今何をしようとしているか」ではなく、中心になってやっている人の出自を問うのですね。「あいつは昔……」とかですね。それがどうしたんだと私はよく言うんですが、これから実現したい事柄で連携する合理性を私たち自身が持たなければならないと痛感しています。そういう執行部の頭の切り替えをしつつ、地域協議会の強化を運動の柱のひとつとしてやっていきたいと思っているところです。

●労働組合がやる労働者供給事業

　残りの時間は、労働組合が本来やっていくべきである社会的企業としての労働者供給事業についてです。大枠で言えば、労働組合が派遣やるということなのですね。もともと労働基準法第6条に他人の就業に介入して利益を得てはならない、と。それを受けて職業安定法第44条で、すべての供給事業はだめですよ、ただし例外で45条で労働組合だけやってよろしい。これは昭和22年の職業安定法の立法の精神です。労働組合に期待をしたわけですが、この60年近く、労働者供給事業は日本では80組合、組合員数はおよそ1万人です。業

種で見ると 7 割が自動車の運転士で、例えば都の清掃の運転。それ以外にも介護、コンピューターのプログラマー、ミュージシャン、調理師、築地の中の荷物を運ぶ人も供給事業でおやりになっている。しかし、それでも組合員の数は 1 万人でほとんど変わっていません。日本の企業別労働組合はこの供給事業にほとんど関心を持たなかった。つまり、就労先と労働者を結びつける、仕事を一時的に結びつける、言ってみるとハローワークの仕事ですね。このことをほとんど労働組合はやってこなかったということです。

少しそれについて実験的にやってきたという事例を申し上げると、1 つはツアーコンダクター、旅行の添乗員ですね。添乗員の労働者供給事業は 1985 年、20 年前にスタートしました。85 年に供給事業をツアーコンダクターで始めたのですが、翌年の 86 年に労働者派遣法という法律ができます。従って、86 年以降は市場で供給事業と派遣事業が競合することになりました。今日は詳しくは申し上げませんが、労働者供給事業は派遣事業に比べますと、2 つの点で不利です。雇用労働保険の適用あるいは賃金の直接支払いができないことで、例えば労災事故が起きますと派遣事業の場合は、責任は派遣会社が取るけれども、供給事業はツアーを送り出している企業が負わなければならないということで、大変不利になることから、なかなかこの事業がうまく進展しませんでした。そこで、ツアーコンダクターの供給事業はフォーラムジャパンという名前で、全額を労働組合が出資する株式会社に転換、派遣会社にしました。現在、東京・大阪・名古屋に支店があり常時 1200 名のツアーコンダクターが仕事をしています。年間の取り扱い高が 45 億円くらいでしょうか。もう一つは、連合自らが出資をして職業紹介と派遣事業を始めました。2001 年から、連合が全額出資した派遣事業ですが、ワークネットというのを今やっています。これも現在のところ約 350 人くらいの派遣をやっておりまして、年間の事業高が 12～3 億円になるでしょうか。

この供給事業・派遣事業をやるにあたっても労働組合の幹部は真っ先に反対と言うんですね。それは供給事業がよく分からないということもありますが、武家の商法というんでしょうか、「そんなこと言ってもまた失敗してツケを組合員にまわすのか」という不安があったと思うのですが、幸いこの 2 つについては比較的順調に事業運営をしています。願わくはこれから 2007 年に退職を

していく団塊世代対策としても、あるいは業種によっては労働者供給事業を労働組合自らがおこなうことによって、個別企業にこびなくてもいいようなそういう運動展開ができるのではと思っているところです。これも合わせて実験というか運動として続けていけたらと思います。以上2点報告させていただきました。

栗本 高橋さん、ありがとうございました。それぞれの方から出された現状についてご質問もあるかもしれませんが、次の第2ラウンドに移らせていただきます。

●社会的企業・社会的経済をめぐって

栗本 お話を第二ラウンドに移らせていただきます。日本において市民社会組織がなかなか横の連携がとれていない、そのために見えにくいものになっているということが指摘されてきました。これは、1つのセクターとしての凝集力というか提携あるいは連帯のあり方が問われているということです。さらに、社会的企業・社会的経済のサードセクターとしての基盤が整っていない、とりわけ法律的、税制面での基盤が整っていないという問題があります。EUではかつて15ヶ国の時に社会的経済あるいはサードセクターが各国でどれだけ認知されているのか、特に公的な認知、マスコミやアカデミズムにおける認知、そういった比較をしました。世論でどれだけ知られているかということですね。その結果、フランスとスペインとベルギーが一番認知度が高いということが言われています。次いで徐々に認知されつつある国としてイギリスやスウェーデンがあげられ、認知度の低い国としてドイツ、オーストリア、オランダがあげられています。

翻って日本をみますと、サードセクターという言葉も全く違う意味で使われているということで、認知度はさらに低いのではないかと思っています。サードセクターあるいは社会的経済をこれから発展させていくには、基盤整備が必要ではないかと思います。社会的企業・社会的経済の制度やセクターの形成といった点につきまして、今後の課題をそれぞれの方から5分ずつ発言をいただ

きたいと思います。それでは藤木さんお願いします。

●必要な協同組合法制の整備

　藤木　先ほどご紹介したように、ワーカーズ・コレクティブは地域のニーズに応える事業をしているのですが、どこも事業基盤は脆弱です。社会的支援もあまりないという状況なので必要な社会基盤整備についていくつか挙げてあります。1つめはワーカーズ・コレクティブ法の制定です。出資して雇われずに地域貢献する事業体を規定する法律が日本にはまだないわけです。それをつくる活動を10年以上前からしています。実は今日もご出席いただいている石見尚さんをお招きして93年に第1回目のワーカーズ・コレクティブ全国会議が開かれました。その中で石見さんが「ワーカーズ・コレクティブ法が必要ですね。95年あたりが山場です」と述べられていたんですが、まだできていません。また、石見さんは「こういったワーカーズ・コレクティブの活動を英訳して世界にもどんどん発表しないといけませんね」ともおっしゃっているんですが、実はジャンテさんを中心に世界の社会的経済を紹介する本が1月に発行される予定ですが、その中にはワーカーズ・コレクティブを紹介する文も載っていますので、こちらの方は12年を経てようやく実現するということです。

　ワーカーズ法は出資できる・雇われないで働く・地域貢献をするというこの3つを規定することを目指しています。NPO法は地域貢献をするという部分

はいいんですが、出資ができないし雇用関係を結ぶ形になっています。一方、企業組合（中小企業等協同組合法）は出資できて一人1票という部分はいいんですが、地域貢献ということではないので、一般企業と同じように課税されます。NPO法ができてから、今はもう23000団体ということです。NPO法が無い時にはいろいろ活動していた団体はありますがひとつにまとまりにくかったし、どこで誰が何をしているかを把握するのが難しかったんですが、NPO法ができたことで全国で23000ありますよ、と。あなたもNPO法人、私もNPO法人ということで連携もしやすくなっていると思います。同じように、ワーカーズ・コレクティブ法ができることによって、もっと主体者が増えてお互い連携できるという動きを作っていきたいわけです。

　先ほど、粕谷先生のお話の中で、公益法人改革について少し触れられましたが、来年3月の国会に提案される予定で話が進んでおります。営利法人に対して非営利法人をまとめようという動きは歓迎ですし、私たちも拠出（出資）ができる非営利法人を規定してほしいと提案してその方向ですすんでいます。法人税の問題がありますが、それは後で触れます。非営利法人制度ができても、雇われずに働くという協同組合の精神の部分はまだ残るので、やはりワーカーズ・コレクティブ法はつくらないと、と考えています。これに関しては、同じ協同組合陣営の方たちの協力が今ひとつ得られない、何となく無関心、という雰囲気を私たちはずっと感じています。そこも改めて連携できたらと、今日はお願いしたいと思います。

　それから、国がそういう状況の中で、各行政で条例として定めていくこともひとつの手かと思います。大和市は先駆的に市民活動推進条例があり、それに伴って基金も規定されて市民事業を支援する条例ができています。そういったものを各地域でつくっていくということも必要です。市民事業との協働の市政づくりとしては、公募・公開審査・評価制度がつくられていくことも対策のひとつです。その辺はジャンテさんがよい実践例のなかで紹介されていましたが、そういったものをシステムとして社会の中に構築していくことが課題かと思います。

　労働基準法などの労働法の改革ですが、現在の法律は雇用の視点でつくられています。ワーカーズのように雇われずに働くというと、労災が適用されない

ことがあります。あるいは代表者は入れないということもあります。雇われていなくても労働者として働いているという実態がありますので、雇用ではなく就労の視点で一度見直して、改革できないかと考えています。

　法人税の優遇措置ですが、ワーカーズ・コレクティブで任意団体のまま事業をしているところは当然一般企業と同じように法人税を払います。企業組合もそうですね。ところが次の事業展開をしていくにはどうしても剰余を出していかなければなりませんし、それも自分たちが多くの収入を得るということではなく、新たな公共サービスを展開するための資金とするための剰余を自分たちの人件費を下げてでも出しているという状況があります。例えば、保育のワーカーズでしたらもう１つの保育サービスができる場所をつくろうということで資金を貯めていく。あるいはたすけあいワーカーズでしたら、新たにデイサービスをつくるために資金を貯めていく。そういう公共サービスを生み出すために出している剰余に対して、法人税で何割かが無くなるという状況が生じています。そういうことで法人税の非課税を提案したいと思います。また、一部の行政では助成金の仕組みもできていて、自分たちが指定するNPOへ所得税の一部がいくというところもありますが、もっと広まればと思います。

　あとは男女の賃金格差や年金制度などいろいろありますが、その辺も変えていく必要があります。

　最後に、社会的企業としてそれぞれの団体が自覚するところから始めないといけないと思います。私も昨年モンブラン会議に参加して、ワーカーズ・コレクティブは社会的企業のひとつだと初めてわかったんですが、地域で働いているワーカーズメンバーの一人ひとりがそれをわかっているかというと、今はそういう意識がないわけです。そこは、ワーカーズとしては広めていきたいですし、その他の協同組合・労働組合・労金・共済の方々、皆さんそれぞれが社会的企業である事を自覚して、そして連携して何かをつくりだしていくという風土をつくりたいですね。

　連合の高橋さんが「地域協議会で事務所と専従者を配置」し、コーディネーターをするとおっしゃいましたが、私たちも東京の生活クラブ運動グループで話し合っているんですが、「まちづくり広場」と呼んでいて地域のコーディ

ネーター役ですね。情報の受発信の拠点、「あんなものがほしい、こんなものがほしい、こんなことがやりたい」というものが集まってきて結び付けていく役割ですね。同じようなこういう構想がある場合、一緒に連携して地域でつくれないかなと感じました。そういった連携が一つひとつ進んでいくことで、社会的企業として日本の中でまとまっていって、グローバリズムに対抗できる力ができていくと考えます。

● 必要な中間支援組織と横の連携

栗本 ありがとうございました。次に山岸さんからお願いします。

山岸 私は学生の時は学生運動を、就職先ののNTT（電電公社）では労組活動をしました。その後は市民運動と関わりながら出版社の社長をやったり、第一総合研究所というシンクタンクの所長をやったり、今は大学の教師をしたりということをしています。私は大学の時、社会運動家として生きようということですでに人生を選んでおりますので、NPOを使って何とか社会運動の視点から、それから社会的企業という視点にも立って、どのくらいの力が発揮できるかが、私の最大の関心です。私はNPOの世界で評判が悪い時には「あいつ労働組合とつきあっているんだぜ」と言われることがあるんですね。暴力団と付き合っているみたいなことを言われて（笑）、でもお互い頑張っていきたいと思っています。

　NPOの真髄のところで申し上げると、提言型の運動、アドボカシーと言っていますが、市民が政策を作って提言していくというスタンスに立っていくというのが、NPOの根本的なところだろうと思っています。これをどんどん発揮することで、先ほど申し上げた対等な協働が行政とはなかなか難しい中を、ぐっと接近させていくということで、提言型の地域づくりをやっていこうというのが私たちの戦略です。それが、産官学民による地域プラットフォームの戦略です。これは3つのセクターにプラス大学をくっつけたと思っていただければいいわけですが、ご存知のように、これからは短大はほとんど日本から姿を消して、2～3割は数年で倒産していくという状況になってきて、大学に呼び

かけて大学と NPO が軸になった地域づくりをやろうということで、今、首都圏で 12 地域で 35 大学が参加して、運動をすすめております。一番大きいのは明治大学と NPO サポートセンターが取り組んでいるもの。千葉県では NPO 支援センターちばがエルコープという生協と我々 NPO サポートセンターと江戸川大学が参加しています。相模原市には 7 つの大学とサテライト大学が 6 つで 13 あります。町田市の大学とが連携しながら、行政と NPO とワーカーズ・コレクティブの We21 の人たちと一緒にやりながら、地域づくりをやっていくという戦略でやっています。そういうように 3 つのセクターだけではなくて、もっと多様で多分野で広域で総合的な連携をして問題解決にあたっていくというプラットフォーム（舞台・基盤）で、コーディネート力を NPO が果たしていく。それは NPO だけでは弱いので、これからはサードセクターという、今、NPO 支援センターちばがやっているように、生協と我々 NPO が一緒になってやっている形のように、サードセクターでこの視点に立ってやっていくということが、大きな社会的効果を生み出すのではないかと思っています。

　そのために労金の NPO に対する融資については私がだいぶコミットし労金や、所管の労働省に働きかけたりしてきました。ある意味では支援の立場から、協働、一緒に仕事をやっていくという立場に変えていく時機だと思います。しかし、それよりももっと基本的なところですね。サードセクターという立場にたって、一緒に仕事をやる。協働という立場で一緒に事業をどう起こしていくかがもっと大きな問題だろうと思います。わずかな資金援助で NPO の世界が変わるわけではないので、協働の事業をどうすすめるか、そこに立つということだと思います。そういう意味で新しい社会的企業を再構築していくことだと思います。

　サードセクター内の当面の基盤整備として、サードセクター全体で中間支援組織、総合的な中間支援組織をつくって協働で経営していくことです。今、このように話し合われていることを同じセンターの中で、最初は協議会かもしれませんが、ひとつのセンターをつくって協働の話をしていく、そういうセンターをぜひ作りたいと準備にかかっているところです。

　今サードセクターで最も遅れているのは人材育成の問題です。たぶん 40 歳以下で労働組合の役員をやりたいというのはたぶん出てこないでしょうし、労

働学校は1労組を除いてほとんどつぶれています。NPO もやはり人材不足です。非常に新しい若い人たちが来るんですが、各大学に NPO を教える専門の学科・学部ができていて、将来リーダーになるようなのが誰かいないかと常に教授の仲間に聞いているんですが、「いや、いない」と返ってくることが多いんですね。専門の学部・学科でもそういう状態です。これは、単に理論だけで学ぶのではなく、サードセクター全体の中間支援組織、そういうものを横につくって、大学院クラスの 10〜20 人くらいでしょうか、サードセクターの人たちが入っていって理論を学ぶ。政策をつくることと人材育成をする。大学院を出て、ましてやこういう問題でやって行く時に政策をつくれるかどうかは決定的な問題ですから、その政策をつくる人を支援するセンターをつくっていく。そこで研究やシンクタンク機能を果たしていく。サードセクターでもっとも重要なのは理事教育です。理事がどう自覚して社会的責任を果たすかが最も大きな課題だと思います。アメリカではそういうことが一番言われています。また、リーダーの育成、スタッフ一般の教育を含めて、NPO サポートセンターと大学院、法政大学大学院が 2006 年の 4 月から我々と組んだコースを設けることを決定してます。再来年に 6 大学の中のもう 2 つの大学院が我々と連携して進んでいくという、そこにサードセクターと一緒に仕組んでこれをやっていくということで、理論と実践を組み合わせた人材育成、政策ができる人間をつくっていくことがこれからの大きな問題じゃないかと思っております。理論と実践の連携を図りながら、新しい社会運動の拠点を創設していくという観点で緊急に取り組みたいと思います。

とにかく、我々の生命線は直ちに決定して直ちに行動に移すことなのに、どうも行政や企業より決断が遅いんですね。スピードアップで決断して実行に移していくというサードセクターの本来の役割をもっと果たしていくことじゃないかと思います。すでに雇用の問題では中高年の雇用のことで厚生労働省と組んで、われわれ NPO の中間支援組織がすでに 5 年くらいやっております。渋谷のヤングジョブスポットというフリーターの人たちの就業支援も、われわれ NPO サポートセンターが運営を請け負って活動しています。雇用などさまざまな社会問題の解決について、市民セクター・サードセクターが前へ出て行くという仕組みの中に一緒に入っていくということを提起したいと思います。

●労働金庫のミッションの再構築

栗本 ありがとうございました。たくさんの問題提起をいただきました。いつもながら山岸さんの行動力には感服します。続きまして鈴木さんから労働金庫がサードセクターや社会的企業を発展させるためにどういうことができるか、融資以外のことでご報告お願いします。

鈴木 2点ありますが、その前に先ほど高橋さんが多重債務のことを言われたのでちょっとコメントしておきます。多重債務問題は、皆さん、たくさんいろいろなケースをご存知と思いますし、マスコミでも報道されておりますが、今現在で約200万人くらいの多重債務の予備軍がいると言われています。それから、毎年20万人以上の人が自己破産に陥っています。それから自殺に追い込まれる方3万人のうち、経済的なお金のことでという方は約7割ぐらいいますから2万人くらい。いわゆる、大手のメガバンクや地方銀行も含めて、消費者金融といずれもどこかで提携をしているわけですよ。それが表にあまりわからないようにテレビや新聞などの宣伝で惑わされてしまう。誰も悪いことをしているとは思わないで、気軽に借りてしまう。結果としてこういう事態になってきて、現在15％以上29％ぐらいまでの高い金利で借りている額は、13兆円くらいあるでしょうか。そうしますと、税制改正と称して大増税がやってきますけれども3兆円といっています。この13兆円の高い金利の借り入れをやめれば、3兆円くらいの余分なお金を払わないで済むわけです。これを何とかしたいということで、労働金庫としては全国的に未然防止するということと、陥ってしまった人の救済と生活の再建に全力で取り組んでいることを申し上げておきます。

2点のうち1点は、員外融資制限が報告にもありましたが、そういう観点からしますと、今の労働組合と生協のメンバーで1000万人が労働金庫の間接構成員となっていますが、NPOの場合は、融資はできますが出資もできませんし会員としての利用権は含まれておりません。そういった意味で、労働金庫法の改正の中に、NPOを正式な会員として認知させてもっと幅広い利用をしてもらうということに取り組んでいます。もう少しのところまで来ているんです

が、何とかしたいのが1つです。

　2つは、NPOの事業はなかなか収益という面からは難しい点がたくさんあると思いますけれど、NPOをつくる、運営するという方々は非常に思いが強いけれども、財務的な経験が薄いと一般的には言えると思います。そこで、これからの課題ですが、先ほど地域の中にワンストップサービスを展開していくという中に、労働金庫をリタイヤする人たちがこれからどんどん増えてきます。2007年問題はそういう面でも大きな変化が起こるんですが、金融経験を持った人をぜひそういう中に積極的に提供していくというか、働いてもらって、財務相談・税務相談・経営支援や指導をぜひやっていきたいと思います。これは日経金融新聞ですが、長野で「NPO夢バンク」が立ち上がって、融資実行が今年8件、去年を大幅に上回っているということですが、この理事長は実は長野県労働金庫の専務理事をやった方です。そういった金融機関の経験を持って、NPOのいろいろな事業に積極的に関われると。フィナンシャルプランナーの資格を持っている人は労金にもたくさんおりまして、そういう人の知識と経験を全国で展開していきたいと考えています。

　いずれにしましても、一般の金融機関とどこがどう違うのかということで、労働金庫の五十数年の中で培ってきたこれまでの経験をもとに、もう一回その理念とミッションを再構築しないといけないと考えていますので、また皆さんのご意見をいただきたいと思います。

●日本の社会的企業・社会的経済の発展を

　栗本　ありがとうございました。それでは最後に高橋さんの方から、連合としてこれから地域労働運動を強めていくというご提起がありましたが、資源・人材・お金を持っている労働組合として、現在の様々な問題の解決に取り組むためにどういう方向、労働運動全体としての方向があるのか、その点について問題提起をお願いします。

　高橋　前から思っていることを5つ簡単に申し上げます。1つは、NPOを労働組合もこれからいろいろやろうとする時に、使い勝手の良い法人格を持つ、法制度について先ほど藤木さんがおっしゃいましたが、これはもう絶対

に必要だと感じています。労働者供給事業からなぜ株式会社に転換したかというと、供給事業はものすごく使い勝手が悪かったからです。とにかく、役所があれやれ、これやれ、3ヶ月に1度これもってこいあれもってこい……役所かお客かどっち向いて仕事するのだというぐらいめんどうくさい。企業組合にしてもなかなか難しい。使い勝手のいいのは株式会社だったという現状がありますので、是非、使い勝手のいい理念に沿った法人格を持てる制度が求められます。

　2つ目は、先ほど山岸さんが言われた人材の養成ですが、単に理念だけではなく事業としてのセンスというか、事業を行っていくノウハウも含めた人材をどれだけ作っていくかは、非常に重要だと思います。労働組合もそうですが、NPOの方もそうですが、「清く貧しく思い込み」というのがあって、ビジネスについてシビアな点がなかなかない。ここは、きちっと養成していく必要があると思っています。

　3つ目は、これも藤木さんがおっしゃった雇用と就労問題。労働基準法なり最低賃金法を含めて、労働法はすべて雇われることを前提に成り立っていますから、ここをどういうふうに変えていくのか非常に大きな課題だと思います。その中で難しいのは、アンペイドワークとペイドワークが、実は同じ仕事をめぐって、ボランタリーにおやりなる方と労働者としておやりになる場合に、必ずペイドワークの側から言うと、ゆとりのある人のアンペイドワークがそれで生活している労働者の賃金を引き下げるじゃないかという批判が必ずある。堀田先生が今度、有償ボランティアという概念を提起されています。これも最低賃金をめぐって云々という議論がありますから、この辺の整理をどうしていくか大変悩ましい問題があるなと思います。

　4つ目、事業を遂行していく上で本当に悩むのは、運転資金です。決算黒字で、100万円の運転資金ショートで倒産するという中小企業のおやじさんの気持ちがよくわかりました。労働金庫は事業資金の融資ができませんので、駆けずり回りましたら何とみずほ銀行が5000万貸してくれるというので、私はみずほ銀行の方に足向けて寝られないというくらい、ちょっと誇張していますが、それぐらい事業を行っていく上での運転資金はものすごく重い。そこをNPOも含めてどうしていくかが大事だと思います。

最後に5点目には、事業を遂行していく上での、社会的企業を動かしていく上での内部の事業遂行性と、中で働いている方々の民主的運営をどう両立させていくかが非常に悩ましい課題だと思います。事業ですから、商売というか、「いちいち働いている奴の言うことを聞いていられるか」ということでやった方が良いという、つまり儲けを優先すればそうなってしまう。しかし一方で内部の民主性を重視すると事業遂行がなかなかうまくいかないという、そういうジレンマをもともと社会的企業は抱えているのだと思います。一方に傾斜すればトップリーダーによる事業の私物化につながるし、もう一方に傾斜すると事業が雲散霧消してしまうという、そういうジレンマが常にあるわけでありまして、民主的なルールと理念に裏打ちされたトップリーダーの資質が大変重要だと思っております。このジレンマは永遠の課題ではないか思っておりまして、これは今後一緒に議論していきたいと思っています。

　栗本　高橋さん、ありがとうございました。パネリストのみなさんから、今後検討すべきたくさんのテーマを出していただいたと思います。大変短時間ではありましたが、パネル討論では当初予想したよりもたくさんの課題が出てきたのではないかと思います。このような話し合いの場を設けたのは、実は初めてでして、4月から研究会を続けてきましたが、今後ともこの研究会を続けながら今日出された課題についても共同で研究しながら解決策を見出していく。その過程でそれぞれの組織間の壁を少しでも下げていく。そのことで新しいリスクに対する新しいニーズに応えられるような社会的経済・サードセクターを作っていくという方向性は確認できたと思います。本日、まだ問題提起に止まったのが大半だと思いますが、今後研究会を続ける中でさらに深めていきたいと思います。本日はご清聴ありがとうございました。

II

連帯する社会的事業をつくりだそう！
T・ジャンテ氏招聘フォーラム in 大阪

　バブル崩壊後、「平成長期不況」に苦しむ日本の惨状は、戦後日本の経済・社会システムがすでに「制度疲労」に陥っていることを示しています。アメリカ型の荒ぶる市場主義の貪欲さが「社会の声」を無視して一人歩きする「危険社会」からは、社会的にも環境的にも持続可能な21世紀の社会づくりの展望は見えてきません。一方、ヨーロッパでは、2004年5月の世界会議などを経て、社会的経済のさまざまな担い手たちの連携が、徐々に「新しい現実」を形成しつつあります。これらは、協同組合、共済、アソシエーションやNPOなど「非営利・協同セクター」の全体を包括しながら、市場主義に対峙する人間主体の経済のあり方を示すものとして、その役割がますます注目されるところです。今回、私たちは、ヨーロッパにおける連帯経済の最も主要な推進者でもあるT・ジャンテ氏を招聘し、東京に続き、大阪においても本フォーラムを開催し、これまで、必ずしも相互の連携と協同が十分ではなかった日本のNPOセクター、協同組合・共済セクター、市民組織、労働組合セクターなどが課題の共有を図り、21世紀の社会デザインを模索する機会とします。多くの皆さんの参加をお待ちしています。

1. 日　時　　2005年11月28日（月）15:30〜20:30
2. テーマ　　「21世紀の社会的経済を展望するために
　　　　　　　――連帯する社会的事業をつくりだそう」
　　　　　　　第1部　実践者によるパネルディスカッション　15:30〜17:20
　　　　　　　第2部　T・ジャンテ氏講演とセッション　18:00〜20:30
3. 場　所　　エル・おおさか（11階　および　6階）

協力団体（順不同）
　　ＮＰＯ法人共同連、近畿労働金庫、ＮＰＯ法人釜ヶ崎支援機構、滋賀県環境生協、ＮＰＯ法人日本スローワーク協会、協働労働の協同組合法制定をめざす関西市民会議、ワーカーズコレクティブ近畿連絡会、ＮＰＯ法人コミュニティ・サポートセンター神戸、ＮＰＯ法人おおさか元気ネットワーク、ＮＰＯ法人きょうとＮＰＯセンター、(財)大阪労働者福祉財団、近畿勤労者互助会、全労済大阪府本部、(社福)大阪ボランティア協会

後　援
　　国際労働機関（ＩＬＯ）駐日代表部、大阪府、大阪市

《第1部》
実践者によるディスカッション

■開会挨拶　　　　柏井　　宏之（市民セクター政策機構）
■コーディネーター　津田　　直則（桃山学院大学経済学部教授）
■パネラー　　　　斎藤　　縣三（NPO法人共同連事務局長）
　　　　　　　　　山田　　　實（NPO法人釜ヶ崎支援機構理事長）
　　　　　　　　　藤井　　絢子（滋賀県環境生協理事長）
　　　　　　　　　法橋　　　聡（近畿労働金庫地域共生推進センター長）

柏井　東京でジャンテさんの招請の共同事務局を担当した、生活クラブグループの研究所、市民セクター政策機構の柏井と申します。

　04年度の春、ジャンテさんが中心になられました社会的経済モンブラン会議が行われました。私たちが東京で、国会の中で社会的経済促進プロジェクトを開いていたことが縁で、そのモンブラン会議に参加しようということになりました。その主要メンバーである法政大学の粕谷先生と、ワーカーズ・コレクティブ　ネットワーク　ジャパン、新しい協同組合運動ですが、なかなか法制化が実現できていないで苦労している藤木代表と金忠さんという二人の女性との三人が参加しました。それを契機に粕谷さんがジャンテさんから宿題をもらい、日本でもそういう動きにならないかということがありました。

　日本に帰った粕谷さんの呼びかけで、連合総研、生協総研、生活経済研、労金協会、非営利協同研究所、市民セクター政策機構、21世紀コープ研究センター、参加型システム研究所、あるいは協同総研、山岡さんのところの日本NPOセンター、山岸さんのところのNPOサポートセンター等が寄って、個人が連帯と責任をもちあって労働界・協同組合・NPOの枠を越えて社会的企業の研究を研究所間の協働でやっていこうと。そのうえで社会的経済、社会的企業として起こっている日本の運動を紹介しようということになりました。またヨーロッパから招請しようということになり、その結果、ジャンテさんに快諾

していただき、昨日東京でフォーラムが行われました。

　東京では200名を超える参加の下でフォーラムが成功裏に行われまして、特に講演は国連大学、ILOの駐日代表部が会場を積極的に提供いただくだけでなく、堀内光子代表自身が、市場化のなかでぼろぼろになっていく今の非正規雇用含め労働の状況に対して、もっと公正な環境、ディーセントワークをつくるという事柄をたいへん強調されたごあいさつをくださり、成功裏に終わりました。

　昨日の議論の中心は、ワンストップサービスの地域での地協づくりを提唱している連合の地協構想、あるいはNPOを支援している労金協会からの報告をあわせながら、新しい協同組合運動をやっている、ワーカーズコレクティブや労働者協同組合、あるいは高齢者生協、福祉生協も生まれていますが、そういう新しい流れとNPOがどのように手をつないで地域社会の中でやっていくかということでした。

　東京フォーラムだけではもったいないということで、これはぜひ実践的でいろんな力を持っている大阪の、特に阪神・淡路大震災以降、様々な実践者の協働が関西にあるということで、こちらに参り、8月の終わりか、障害者の社会事業所づくりを進める共同連の斉藤さん、きんき労金の法橋さんをはじめ、ホー

ムレスの就労を進める釜ケ崎の山田さんや連合大阪、それに津田先生などたくさんの方々のご努力で、実行委員会をつくっていただきました。連帯経済ということで勃興している現在のヨーロッパの地域社会における、社会的排除にあう人々の社会的包摂を軸として、持続型社会・循環型社会の形成ということから、滋賀の環境生協の藤井さんにもパネラーをお願いし、準備を整えていただきました。

　明日は熊本の熊本学園大学、今日通訳していただく花田先生のところで、水俣学研究センターの主催で講演が行われます。社会的経済や社会的企業が壁を越えて地域興しの、今までは日本ではNPOだけというような立場もありましたが、もっといろんなタイプの非営利セクターの交差が可能ではないかという議論を、今回できることになりました。

　その意味で、とくに大阪がその実践的なきっかけをこのフォーラムで作っていただいたことは、私ども研究所間の協働で始まった東京としてたいへん感激し、事務局としては期待をこめてまいりました。今日の皆さんの討論を、またしっかりと東京に伝えていく役を果たしたいと思います。

　津田　コーディネーターの、桃山学院大学の津田です。このあとパネラーの方々からのお話、各団体の活動内容の紹介をいただきます。2巡目は各団体の抱えている地域における課題、あるいは他の団体に対してどういう連帯や支援の方法があるか、支援のしくみに関連した提案など、さらに行政に対する注文、労働組合への連帯の呼びかけを話していただきます。そのあとは各団体のメッセージをいただきます。また質問もお受けして話し合い、最後に私がまとめを話します。

津田直則氏

　最初に柏井さんから東京での紹介がありました。東京では多数の方々が研究者のレベルで話をいただきました。大阪の特徴としては地域の現場から問題を提起していただきます。話の終わりのほうは、これからいかにして地域のなか

で活動する諸団体が連帯していくか、支援のしくみを発展させていくか、そういう内容になっていくと思われます。ジャンテさん、本日はありがとうございます。明日は熊本に行かれて、東京・大阪・熊本を3日間でめぐってフォーラムをしていただくことになっています。それでは斎藤さんからお願いします。

斎藤 こんにちは、共同連の斎藤と申します。共同連をご存じない方も多いと思います。お手元に資料がありますので、ご覧ください。1984年に大阪で発足して、十年ほど大阪に事務局があって、現在は滋賀に事務局があります。もっぱら関西地域に活動の中心がありますが、私自身はずっと名古屋で活動していて、今日は共同連の事務局長として報告させていただきます。

斎藤縣三氏

「きょうされん」というグループがあります。障害者の作業所組織で、これのほうが有名です。共同連はそれほど知られていません。しかし、きょうされんよりも共同連のほうが磨けば光ると自画自賛をしていますが。私どもは働く障害を持つ人と、そうでない人が共に働くことを一貫して課題として取り組んできました。きょうされんも、障害者がなかなか世の中で働く場がないというところから、障害者の労働権を考えたいということで始まりましたが、組織が大きくなるにつれて、働くことはどうでもよくなったようで、最近はあまり語らなくなってしまいました。しかし私たちは労働にこだわり続けていて、いかに障害が重くても働けることにこだわりたいと。今日は限られた時間であまり詳しく言えないのですが、レジュメの3番目の社会的協同組合との出会いを中心に話したいと思います。障害者のおかれている状況についてあまり詳しくない方もおられると思いますので、簡単に触れたいと思います。

レジュメの1番目、我が国では障害者が働くことに関して、障害者雇用促進法という法律が1960年に生まれて40数年の歴史があります。その特徴は義務雇用制度で、法定雇用率が民間企業は現在1.8％です。そしてそれを守らなかった企業が現在は月額5万円の納付金を国に払います。この2つによって成

り立っているのが義務雇用制度です。ところがこの 10 年間まったく雇用が進んでいません。ずっと 1.4 数パーセントのところを低迷しています。この間いろんな施策がうたれて予算が使われているのですが、低迷しています。今日のこの会場があるビルには、大阪の障害者雇用に取り組んでいる NPO があって、そこが全国でいちばん活躍されていて、そういう場所でこういう会をもてるのは非常にタイムリーだと思うんですが、せっかく大阪でも頑張ってやっておられるけれども、全国的に見て全然進展していかない。

　ではどうなっているかというと、いわゆる作業所といわれる小規模作業所、共同作業所、さらに国が認可した授産施設、そういうところへ行かざるを得ない、そこしか行くところがない。どこへも行くところがなくて、家にいた人が、社会に出たい、働きたいというときに選ぶ道は雇用の道ではなく、そういうところを福祉的就労と呼ぶのですが、そこへ行ってしまう。これが年々増えていて、10 年ほど前には 10 万人をきっていたのですが、今では 20 万人に迫るという。とにかく学校を出て、一般就労できない障害者はここにしか行けないという状態になっています。

　では、欧米と日本の違いはなんなのか。欧米には雇用が困難な障害者に対する支援策として、保護雇用制度というものがあります。一般競争市場になかなか入っていけない障害者に一定の労働市場を開拓しようという試みですが、日本にはそういう考えがほとんどありません。ごく一部にはありますが、ないに等しい。一般雇用にいくのか、いかなければ福祉的就労か、二者択一の状態です。結果として、障害を持つ人は福祉の場へしか行くことができない。

　私どもはそれをとんでもないということで、70 年代以降の取り組みのなかから、2 番目に書いていますように、障害のある人もない人も共に働くという、そしてちゃんと食えるということを。そしてそのためには世の中に通用する仕事をしていく、その運動として共同連を結成しました。20 年以上の歴史がありますが、悪戦苦闘というか、なかなか広がりません。私たちの主張を全国各地を回って広めようとしています。言うことはよくわかるし、賛同する、と言うものの、ほとんどその取り組みをしない。「それは無理です」と。そこでとまってしまっている。しかし、そういうなかでも個々の場は徐々に力をつけて確実に前進しています。

そんななかで、私どもはイタリアの社会的協同組合に出合いました。協同組合関係の人にこんなこと言ったらしかられるかもしれませんが、協同組合と聞くと、「協同組合か、障害者の働くことに関して協同組合はなにをやってんだ」と思っていたので、イタリアの社会的協同組合なんて、大したことはないだろうとたかをくくっていました。しかし詳しく知っていくとそうじゃないことが見えてきました。さっそくイタリアから人を呼んだり、私たちがイタリアへ行ったりして見てきた。

　私どもの取り組みと決定的に違う点がひとつあります。私たちはいわゆる知的・身体・精神の、日本でいう三障害の人たちをどうするのか、この人たちがどう働くかという観点で取り組みをしています。それに対してイタリアの社会的協同組合ではこの三障害だけでなく、社会で生きるにあたって様々な困難のある人々を包摂していくものとしてあります。これが驚きで、しかもそれらの人々が全体の30％、40％という割合で存在しています。それによって事業体が経済的に自立できるように、自立を作り出そうとする。

　私たちは、共同作業所というようなやり方はとんでもないと思ってやってきたけれども、結局私たちのところにも障害者がたまってしまって、企業にも行けない重い障害者がどんどんきてしまう。結局思うように仕事が進んでいかない。

　そういうときに、このイタリアの社会的協同組合はそれを突破する道筋を教えてくれたということで、たいへん感動しました。そして私たちは、共働事業所運動という捉え方から社会的事業所づくりへという捉え方を、去年あたりからするようになっています。

　つまり障害のある人・ない人が共に働くことだけでなく、障害のない人のなかでも働きにくさを持った人、排除されている多くの人と共に手をつないで働く場を作っていく。そういうことで、現在の営利企業を中心とする社会の働くしくみとはまったく違う、人間的な労働の場を創造していくことができるのではないかと。そんな期待をもって去年からそういう提起をしております。

　そして今年から滋賀県では、社会的事業所制度が始まりました。これは必ずしも私が申し上げたものとぴったり合っているわけではありませんが、やはり一部において障害のあるなしにこだわらない働き方も増やすという視点があ

る。そしてのちほど少し話しますが、国が新たに作った、たいへん問題のある障害者自立支援法。名前だけは立派で、中味はそれとまったく逆行する法律ですが、このなかで新しく障害者就労については我々の提案を一部受け入れています。障害のある人、ない人共にという働き方を、従来の福祉の枠を超えて考えたいという視点が生まれてきています。そんなことで、これから私たちは、いろんな方々と手をつないで働く場づくりを進めていきたいと。そういうときにジャンテさんが来られ、こんな機会を持てたということは本当に心強いものだと思っています。

　イタリアの社会的協同組合を見て、先ほど感動したと申しましたが、ひとつは、労働の場なのに日本の労働と全然違うなと実感しました。「この人たち本当に働いているのかな」と驚きました。「なんでこの人たちはのんびりやっているのか」と。しかし食えている。この違いは何だろうかと。もうひとつは、やっている仕事の中身はほとんど違いはないんです。我々の共働事業所もイタリアの社会的協同組合も考え方が共通していて、やっている仕事も共通している。つまりは世の中の隙間の仕事しかできていないんだと。あまり資本をかけずに手軽にできることしかやっていない。しかしそれだけにとどまらない、いろんな業種も生まれていると感じましたし、私たちにもそういう場が生まれています。イタリアも日本も共通の課題をこれから持っていくのだろうと。イタリアは法制上の支援が非常に強い。その分、発展しているかもしれないけれど、私たちはある意味法制上の支援がなかったゆえに非常にシビアな状況で、重い障害のある人を積極的に抱えながら理念的に厳しく問うてきた。イタリア以上にやってきたのではと思います。そういう意味でヨーロッパの社会的企業に学びながら、日本の社会的企業を発展させる役割を少しでも果たしたいと思っております。

山田　釜ヶ崎支援機構の山田です。私たちは日雇い労働者、テントの野宿生活を余儀なくされている人、あるいはそうならざるを得ない危機的な状況にある人、そういう人たちへの予防策も含めた支援活動をやっています。支援機構は1999年にできましたが、それまでは地域のボランティア団体か労働組合しかなかったんです。私自身は、名目的にはそういう労働組合出身ということで

す。実際に私のところの労働組合では、賃金や労災の問題などの普通の労働の問題ももちろん取り組んでいましたが、地域の福祉の問題からいろんな問題、ほかの雑多な問題も含めて引き受けて、地域の社会活動をする団体というようなかたちできていました。

　こういうかたちで進んできた原因は、90年以降にバブルが崩壊して日雇い労働が激減していくという過程がありました。そもそも釜ヶ崎総体は、江戸時代も含めてそうですが、社会的に排除された人々の受け皿、いわゆる貧民のまちとしてずっと作られてきていました。それが高度成長期に、全国から有り余った労働力を一カ所に集めて再利用する、日雇い労働市場として再活用する場に作りかえられてきた歴史があります。それでバラック街はつぶされて、2万人収容のドヤ街に作りかえられた。あいりん労働センターが作られ、どんどん日雇い仕事を集める。全国の農村、地方から有り余った労働力を行政サイドも含めてかき集めてくる。そういうかたちで、スラム的なまちから日雇い労働者のまちへと、1970年を契機に転換してやってきた経緯があります。

　しかしバブル崩壊で建設産業がなくなっていく。そのころの総求人数は大阪府の発表によると、369万人で、現金仕事や期間雇用とか、いろいろありましたが、2年後には181万人に、そして98年ごろにはたった81万人になってしまう。3万とも3万5千人といわれていた釜ヶ崎の労働者が、仕事が激減してどうしていったかというと、釜ヶ崎のいわゆるあいりん地域は、行政が定めた地区で、800メートル四方しかありません。仕事にあぶれた人たちはここで生活するのはきわめて困難になって、野宿せざる得ない仲間は、食べ物やアルミ缶・段ボールの出回る場所を求めて、地域外、大阪市内、市外へ拡散していった。

　そのなかで真っ先に労働現場から排除されたのは高齢者です。釜ヶ崎の高齢者は55歳以上。釜ヶ崎の労働者は10歳は年を食っているといいます。体を痛めているので、55歳以上はもう雇わない。下請業者が長年働いているからといって高齢者を連れていくと、ゼネコンがそういう業者は二度と雇わないとい

山田實氏

うしめつけをする。90年代初頭からそうなってきました。

　73年の石油ショックの後にも仕事が激減して、多くの仲間が梅田界わいにも千人単位で野宿者が出た時期がありましたが、私たちはそのときも仕事保障ということで運動をやった経緯があります。92年には、仕事にアブれた労働者が業者に詰め寄り、暴力をふるわれる、最終的に車に火をかけるという、いろんな事件も起こりました。これを単なる刑事事件でおさめさせるのではなく、なんとか運動として展開しようということで、「仕事・寝床・食べ物を」というかたちで府や市に対して行動しました。

　そのなかで、地元のボランティア団体や宗教団体が一緒になって、とにかく従来のしくみが通用しない、野宿している人をもう一度包摂するしくみをと。端的には生活保護法がありますが、かなり高齢とか病気の人でないと機能しません。福祉事務所は「アパートを借りてから相談に来い」と言います。アパートを借りる金があったら、借りて生活しています。家がないと、野宿者に対応できないという矛盾があった。

　そういう諸制度面を含めた改革をしようということで、連絡会を作って運動を進めてきました。連合大阪さんの協力も得て、96年頃から具体的な制度面もということでやってきました。それで2002年にはなんとか野宿生活者の自立支援法を、10年の時限立法ですが、作っていただいたわけです。それに連動するかたちで、具体的に責任を持って対応するしくみとして、やはり我々はNPO法人をとってきっちりやっていこうということになりました。

　野宿していちばん困るのが、寝床と食事の問題ですが、根本的には働けない、仕事がないということが根底にあります。緊急的な対策として寝床の確保とかをやりますが、仕事をどう確保していくかという問題があるので、就労対策を軸にもろもろの支援活動をしてきました。内容についてはパンフを見ていただいたらいいかと思います。

藤井　斎藤さんや山田さんは社会的に排除された人への支援がテーマになっていましたが、私は環境系で、日本の各地で音をたてて崩れていっているなぁという、環境再生をテーマに活動しています。

　20世紀の現代構造のなかでどういうふうに壊れてきているのか、それを琵

琵琶湖を例にお話しすると同時に、今日の全体のセッションのなかでは、再生への具体的な提案をしていきたいと思います。

　大阪を含めて1400万人の水源地である琵琶湖は、水位が現在マイナス70センチ余りになっていて、今から13年前にたいへんな水ききんの状態がありましたが、それに近いような状態で水位が低下しています。京都・大阪・兵庫の滋賀県以西の人たちは、琵琶湖の水位がどれくらいになっているかをおそらく意識して暮らしていらっしゃらない。ましてや琵琶湖は水を貯める入れ物ではなくて、そこには様々な人々が住み、琵琶湖には様々な生き物が共存しているという生態系の空間であるということも、意識なさっていないのではないかと私は思っています。

藤井絢子氏

　私は35年近く前に滋賀県に来まして、その1971年はまさに日本中、いけいけどんどんで開発が琵琶湖にも及ぶという時期で、72年からは琵琶湖総合開発が始まった。それは日本の高度経済成長のなかで、とくに阪神地域の水をどう確保するかという使命のなかで行われた開発でした。そのなかで琵琶湖周辺は便利にはなりましたが、琵琶湖の生き物の揺りかごであるヨシ地が264ヘクタールから130ヘクタールに半減するなかで、生態系が大きく変化してきます。

　同時に、1960年代からの各工場、農業場面を含めての環境負荷がじわじわと琵琶湖に蓄積するなか、その蓄積の目に見えるかたちでは富栄養化という、赤潮というかたちで1977年に起こりました。これは窒素、リンの過多です。それ以外に工場からのPCBの問題、農薬からくるダイオキシンの問題。暮らしから出るたくさんの物を燃やすという焼却経済の日本のツケが、琵琶湖にも溜まっているということです。琵琶湖には多くのダイオキシンも含まれているという。そういう構造のなかで、今私たちは水源地に向かっているわけです。

　しかも今日はたいへん暑いですが、地球の温暖化のなかで、これも大きく言えば人間活動ですが、その結果、琵琶湖周辺に降る雪が年間10億トンから6億トンに減りました。それは琵琶湖に対するたいへん大きな影響で、4億トンの差は何に現れるか。琵琶湖は北の方がたいへんきれいに見えますが、そこに溶

けている酸素量。溶存酸素量はむしろ北のほうでたいへん問題が起こっている。地球温暖化の影響を含めて、琵琶湖の溶存酸素が減っていると同時に、琵琶湖の置かれている位置、実はこれは滋賀県の人も非常に危機感を持っていないのですが、原子力発電所の原発銀座を北に抱えているということです。例の高速増殖炉もんじゅまで15キロしかないという。その至近距離のなかに十数基の原発を抱える構造のなかで、日本は地球温暖化のCO_2削減計画が、原発を増やすことでされていく。あとは吸収源の森に期待するということで、CO_2削減プログラムがまったく達成できていませんが、私たちはできるならば、原発をひとつひとつ減らすなかで、いかにそれに変わるものとして自然エネルギーにとりかえていくか。

　その自然エネルギーも、地域のなかにある資源を活かす。これはあまねくあるお日様や、風を利用するということはベースにありますが、いわゆる生物系（動植物から出る廃棄物）、未利用資源、これが実は石油大国のアラブと比べたら雲泥の相違で、日本はバイオマスがたくさんあります。このバイオマスエネルギーとして使うことで1基ずつ原発を減らしていくという構造のなかで、地域のサティスナビリティーがはかれないか。こんなことを思いながら活動を続けてきています。

　かつて1970年代の赤潮が起きた時点では、石けん運動というかたちで琵琶湖周辺・湖国に住む人は、行政も住民もそして企業も、相当なうねりになって年ごとに琵琶湖への向かい方がアクティブになっていたのですが、琵琶湖の状況が今申し上げたように悪くなっていくのに比例してパワーアップしていくのかというと、今はダウンしている。

　そのパワーが下がっていくなかで、もう一度住民のイニシアチブをどう琵琶湖に向けていくか。地域が国に頼らない、20世紀の産業構造から大きく転換しようとしている間に、国のなかで地域自立の方向が出せるとはとても思えないので、では地域が自立して動くには、そのパワーアップをどう作っていくか。相当な知恵と、ときにはごまかしながら、おだてながら作っていかないといけない。そして結果的にはこの地域はたいへん美しくなっていくし、楽しいし、元気出るよ。そういう人たちのネットワークを作っていくことに心を砕いてきています。

　皆様のお手元に「菜の花プロジェクト」という資料をお配りしました。先ほ

どの斎藤さんや山田さんの話とはまったく違うように思えていて、実はたいへんつながりがあります。企業の産業社会のなかではおそらく雇用は望めない。私たちはむしろ地域で経済を作っていくなかで、何か一緒に平たく作業ができないかと。まずそこに石けんプラントとありますが、出前の石けん工場、原料は天ぷら油、全国どこにでもある、全国どこでもごみにしている。全国どこでも水にぶちまいて公害をつくっている。それで石けんをつくるということ。1991年の2月からスタートさせて今全国で数百カ所の、主に共同作業所、就労センター、NPOが動かしながら、小さい経済ながら、メーカーのつくる合成洗剤・石けんに対するオルタナティブとしてナチュラル石けんをつくって使うという提案をし続けています。そのなかで連帯軸をひとつ作りました。

さらに石けん以外に燃料にもなる、化石燃料でないディーゼルの電気、植物性のディーゼル、バイオディーゼルといいますが、そのプラント開発も今から13年前に。これも全国のなかで就労センターなども含めてNPOと地域に経済が落ちる。そういう地域に経済が落ちるかたちが本当にできるか模索中ですが、少なくともそれで食っていけるNPOが少し出てきたなと。それから行政が見ていられないので、これは事業委託というかたちでお願いするというバックアップも出てきているなと。そういう試行段階ではありますが、13年前よりは少し変わってきている。

幸いにというか、たいへん感度の鈍い国のいろいろな機関、私はたまたま環境審議会の委員であったり、バイオマスを活かすバイオマスニッポンというチームのなかにはいっているので、大企業のトップだとか官僚のOBだとか、およそ地べたが見えていない人の抽象概念理論のなかで、どうかたちで行われていくかということをいやというほど見ていますので、むしろ霞ヶ関や永田町は地域に出てこいと、地域のなかに21世紀経済構造を作るカギがあると言っていて、少しずつ永田町や霞ヶ関が地域に降りてきて「そうか、こういうことであるか」ということが、少し出てきたかなという状況です。

津田 今3人の方にお話しいただき、斎藤さんと山田さんのところは社会的に排除された人たちである、障害者、日雇い労働者を包摂していく話でしたが、藤井さんのお話は、地域で排除されている、排除された地域ということで共通

点があるという話、また仕事という点で、地元から就労を作っていく問題も、3人は共通点があります。このあたりと、次の法橋さんの話がどうからんでくるかと。それではお願いします。

法橋 そういうふり方をされるとどうしたらいいかと思いながらですが（笑い）、労金の法橋と申します。今日はNPOの皆さんだとかいろんな方々に参加いただいていると思いますが、今あったように、さまざまな課題が地域社会で動いていて、社会の課題が頻発しているなかで、民間側、市民の側で、その解決に向けた試みがたくさん動いてきているのが、今の状況ではないかと思います。

私のほうは労金ですから金融になりますが、金融に携わるポジションとして言えば、お金の流れはそういった社会のさまざまな課題に対して、ある意味大きく影響を与える存在であると思っています。そのなかでお金の流れを、今のこういう市民発の動きをサポートするような仕組みづくりとして動かせるのかどうかという問題意識が、労金としてはかなりあります。そういったなかで、いくつかNPOの皆さんとの連携を進めていますので、そういう報告をしたいと思います。

労金は労働金庫と申しまして、全国で動いている金融になります。50年ほどになるわけで、金融は金融ですが、ミッション的には「働く仲間の暮らしの支えあいの社会的なしくみ」として世の中に登場したと思っています。同じように働く仲間同士の支えあうしくみとして作った共済としては、全労済。そういった社会的なしくみを、労働者福祉運動として世に生み出してきたのが50年前の姿かなと思います。現在は労金も全労済もこれだけ大きくなったので、労金は金融のマーケット、全労済は保険のマーケットのなかで、生き残りのための厳しい闘いを強いられている訳です。とはいえ、先ほどのように地域の様々な運動が広がってきて、特に98年以降はNPOというしくみを通した広がりが出てくるなかで、取り巻く環境変化に対応しながら、労働金庫が抱えている理念を今に活かした、社会的な価値を創造する事業をやっていきたいということがあります。

レジュメは一枚です。最近、勝ち組経済・負け組経済と言って、世帯貯蓄高

50万円以下の世帯が数10％を占めているとかで、暮らしのあり様としてはかなり厳しい状況であると。いわゆる市場主義経済が大きく社会を動かしている。その一方で、取り残され、生きにくさを抱えた方々を含めた社会の課題が頻発している。そのなかでどうするのかということであろうかと思います。

　私ども労金も、言葉で言えば非営利・協同セクターの仲間としてあると思っています。非営利・協同セクターは、NPOであったり、ワーカーズであったり、当然労働組合もそうですし、生協であったり、そういう社会的価値を共有する仲間として非営利・協同セクターを捉えているんですが、やはりマーケットの厳しさも含めて、それぞれがなかなか手を結べない状況です。NPOはNPO、労金は労金という、そのなかでの事業としてやっていて、こういった場をつないでいくような試みができるかどうか。地域に経済を興すことも含めて、市場主義に席巻されない豊かな地域をどう作るかということも含めて、そういった連携がやはり必要でないかなと思っているところです。

　先ほどの山田さんのところの釜ヶ崎支援機構のお話。ホームレス自立支援法案は連合さんの議員共同立法みたいなこととして、法案の政策過程に労働側が関わってきたりとか、NPO法人の障害者雇用支援ネットワークはこちらで頑張っておられますが、これも障害者の雇用促進でかなり役割を果たしてこられていて、やはり連合さんが関わってこられた。労働側の活躍がもっと存在感をもってしかるべきと考えています。

　組織の限界があって、労金は労金の、労働組合は労働組合の、NPOはNPOのテリトリーでと言う自前主義で進んでいることを、こういった実践的な連携を通してどう乗り越えていくのかが、このフォーラムのテーマである社会的経済と言う観点から言っても、たいへん大きいのではないかなと考えているところです。

　そういう大言壮語をしながら、「では、労金は何やねん」と。ここにミニディスクロージャー誌をお持ちしました。9・10ページの社会貢献活動をご覧くだ

法橋聡氏

さい。9ページに「NPO事業サポートローン」があります。金融ですから、具体的な価値のあるお金の流れを世の中に送りたいと。グッドマネーという言葉を使っていますが、その一環で、2000年4月に日本の金融機関としては初めてNPO法人向けの融資制度を作っています。審査が厳しいとか、いろんなことを言われながらやっていて、今5年経っていますが、約4億円のご融資を皆さんにご利用いただいています。労働組合等、もしくは勤労者の皆さんのお金の集まりが労金ですから、そのお金を通して労金がNPOなり地域の事業を支えていく、その回し方を作っていると理解してやっています。

「NPO寄付システム」は、これはあまり動いていませんが、労金にお持ちの口座からNPOの皆さんへ寄付できますよというものです。労金の口座をお持ちの方で、皆さんのなかにもたくさんいただいていると思います。今日を機会にまたお作りいただいてもけっこうです。しくみとしてはもう少し広げていきたいと思いますが、釜ヶ崎支援機構さんは寄付をする51団体の1団体で、たとえばホームレス支援をやっておられる釜ケ崎支援機構さんを応援するために、勤労者の皆さんが労金の口座をとおして、ぽとぽと寄付をしていこうと言うもの。それをシステムとして労金が提供しているということです。まだまだアナウンスができていませんが、金融機能をとおして、いろんなかたちでNPOなり地域の事業を支えるしくみが、少しでもできるのかなと思っています。

9ページに「ろうきんNPOパートナーシップ制度」がございます。これは金融機能を通してではないのですが、労働組織の金融機関ですから、組合員さんを中心にたくさんの方が顧客・会員としておられます。特にこのごろは団塊の世代が地域にどう戻るのかというテーマが出てまいります。そのなかで、労金から近畿圏の百近いNPO団体を紹介しながら、そこにボランティア活動に行きませんか、というしくみです。一般的なボランティア活動ですが、活動された後に地域のさまざまな課題に触れる機会へとつないでいきたいということで進めています。

いずれにしても、そういったたくさんある地域の課題のなかで、労金単体でやれることはなかなか少ないです。しかし地域の担い手としてNPOとか、環境生協さんとか、様々な方が登場しているなか、金融機能をとおして協同・連

携していきたいと。自分たちのお金、労働組合のお金、市民のお金、企業のお金、そういったものをより地域・社会に活かそう、お金を回そうという動きが出ていると思います。そういう社会性のあるお金の流れを、私たち労金は金融の担い手として、地域にどうつないでいくのか、ひとつのきっかけみたいな活動を京都でやっていますので、のちほどその話を紹介したいと思います。

津田 もう一度最初に戻りまして、各団体が抱えている課題や、より発展させていくためにはこれからどうするか。障害は何か。乗り越えるには、たとえば行政の支援が必要か、あるいは労働組合との連帯が必要か。その方向性について話をお願いします。

斎藤 労金がNPOにお金を流すしくみの話を聞いていて、時代の差を感じます。この実行委員会の時に、法橋さんに嫌みで言ったのではないんですが30年以上昔にこの事業を始めたとき、労金にお金を貸してくれと言ったら、相手にされなかった。「あんたとこは雇用関係がない、そんなものは労働者じゃないから金は貸せない」と。だから私は、一生懸命カンパで集めた三百数十万円の金を労金に預けていたんですが、翌日にただちに引き上げました（笑い）。その思い出が忘れられないので、NPOをどんどん応援してくれるという、いい時代になったなと思います。

そこで、いつも障害者の団体は、金を提供してもらう、支援してもらう団体というイメージ、労働組合からカンパをしてもらうというイメージが強いんですが、お金がNPOや障害者団体へ流れるしくみができればいいのかというと、私はそうではないのだと思います。日本の福祉は高度成長以降、金をどんどんつぎ込んできたわけで、その結果何ができたかというと、養護学校、授産施設が増えて、障害者をどんどん分けていく。生きていくことはできても、排除していくしくみを作ることに、金をつぎ込んできた。だから非営利セクターの連帯を考え、そこにお金が流れるしくみを作っていくとなれば、そのしくみで何を実現していくかを明確にして、流し込まないといけない。

最初にイタリアの社会的協同組合の話をしました。イタリアでは年間3千万円の仕事であれば、行政が優先的に仕事を出してくれます。すばらしいです。

それに対して日本では、去年、地方自治法が改正されて、障害者の授産施設の製品を自治体が買い上げなさいということが、やっと盛り込まれた。製品を買い上げるだけですよ。しかもそれは授産施設が対象。私が最初に申しましたように、授産施設が何をしているのかというと、わずかな工賃を障害者に与えているだけの場でしかなくて、障害者が働いて社会で生きることには何の役にも立っていない。そこへまた公的な支援として、製品を買い上げることに協力する程度。そうじゃないだろう。私たちのいう共働事業所に、障害者が働いて生きようとする場にこそ、公的に支援するしくみを作らねばならない。そうすれば障害者が働いてきちっと経済的に自立できるのだから。日本は福祉のしくみを間違ってつくっていると思います。

　その極めつけが今度の障害者自立支援法。これは増大する福祉の予算をどう切りつめるかという、介護保険制度とまったく同じことを障害者に要求しているわけです。障害者で福祉サービスを要求する人は、率直に言うと、年金以外の収入はほとんどないわけです。ところがそういう人たちに1割負担しなさいと。高齢者に1割負担を言う以上に過酷なことを平然と言っている。

　それ以上に重要な問題がひとつあります。それは障害者を訓練をして、手のかからない存在になりましょうという考えが、この自立支援法に色濃くある。つまりできるだけ介助の手がかからなくなって、できるだけ社会で働いて給料もらえればいい。そういうことを強いていく。それは違うだろう。障害者が当たり前の、ありのままの姿で生き、それをみんなが支えあっていく、共に生きる社会を作ることを我々は目的としています。国の出す方向とはまったく違った、共に生きる、共に働くという方向性をもって、民間非営利・協同セクターが、高らかに連帯をうたわないといけないと思っています。

　山田　問題提起、行政への注文などいろいろありますが、基本的に野宿生活者は社会的に要らない、役に立たない、変な言い方ですが、そういうことで、はじきとばされています。支援法に基づいて、ハローワーク型で就労支援してもなかなか就職できない。ネクタイ背広姿で送り出したところで、企業は受け取りません。そういうなかで、なにかをしようと思っても、今のしくみではなかなか難しい。世の中に働く場がそう転がっているわけではない。お金さえあっ

たらなんとかなるわけですが、行政はお金も出したくない、働く場は自分たちで見つけろと。そういう糞詰まり状態のなかで、結局は路上生活をせざるをえないという状況が続いています。

　結局はどーんと緊急就労対策として、仕事を作っていくか、あるいは緊急的に生活保護をかけていく。そこから就労・自立に向けて、ひとりひとりのニーズにあった就労支援をしていく。そういうしくみがいりますが、そういう金のかかることは一切やりたくないというのが、今の国、大阪府、大阪市であります。

　そうしたなかで、レジュメの3番目にありますように、いろいろ試みはやっているんです。国からの委託事業ですが、就業支援センターを、いわばホームレス版ハローワークですが、そういうものをきちんと作ってやっていこうと。あるいは株式会社と新しくジョイントをくんで、大阪府の都市公園の指定管理者に応募してなんとか受かりました。一定程度の雇用になるかと思っています。大阪市のモデル事業としてホームレス、あいりんの日雇い高齢者だけでなくて、西成区の北半分は高齢者の問題やいろんな問題が複層的に重なっているので、地域全体の実状にあった複合型の就労支援をなんとかできないかと、いろんな試みをやっています。

　しかし私たち民間の試みは微々たるものです。5人、10人、あるいは100人くらいまでならなんとかなるかとは思っています。国の調査では大阪市内のホームレスは6,600人とされていて、5,000人だとしても、その半分以上は釜ヶ崎周辺に存在しています。千人台の野宿生活者に対応できる就労生活支援は、一NPOや一企業でできる範囲ではないです。公的資金を注入して、社会的に必要とされる仕事を、地域住民もこういう仕事ならやってくれたらいいなという仕事を緊急対策で作っていただいて、そこで生活就労訓練をやって、そのなかからスキルアップをはかり、もう一度ほかの仕事に挑戦させていく、引き上げていく。そういうしくみがいるのではないかと考えています。

　自立支援法のいちばん重要なポイントは、就労機会の確保です。ただ就労機会を具体的にどう確保するかは、今のハローワークでしか考えていなくて、特別な枠は考えていないということです。先ほど言いましたように、路上生活からいきなり企業へ就職するなんて、できないんですよ。一ヶ月の生活費や寝床をどうするのか。交通費はどうするのか。そういう問題がありますから、結局

うまくごまかされているのが実状なんです。だから就労機会の確保と提供を当面の緊急対策として、それをベースにしながら民間企業の協力を得て、じょじょにステップさせていくとか、なんらかの包摂するしくみがいるのでないかと考えています。

　あとは地域づくりも含めて。高齢者がだぶついて、しくみ自身がそぐわなくなっているんですが、ジョブカフェのしくみも活用しながら、本屋でも喫茶店でもいいから、町内で一生懸命頑張るぞと。町会そのものは法人格もない任意団体ですから、町会単位でもNPO法人を作らせて、なんとか地域で活性化していこうと。そういう地域づくりと連動してやっていければと思っています。いずれにしても、一にも二にも働く場所がない。仕事がなければにっちもさっちもいかないということです。中途半端な施策よりも、生保か、就労かを。乱暴な言い方ですが、どっちでもいいですから思い切って緊急対策をやっていきたいという要望を持っています。

　藤井　お二人の話を聞いて、なんと貧しい国になっているんだろうと。ますますこの国は貧しくなっていく。

　「菜の花プロジェクトネットワーク」は、いわば20世紀の経済構造の中から見落とされた過疎の地域が、今までの日本のありように向けて「もうひとつの日本は可能だ」ということを打って出ようという、大きな試みです。滋賀県においても、市町村合併の中でますます水源を守る地域に対する愛着が……。若者は都会へ出て行きます、あるかどうかわからない仕事を求めて。そうすると、水源地を守ることすらままならなくなっています。今までの経済構造で言えば、プロフィット（利益）は全部大きな企業が持って帰っていって、地域に利益が残らない。地域に利益を残すとはどういうかたちなんだろうか。それが循環型の「菜の花プロジェクト」の大テーマです。

　今までいろんな地域でやってきて、全国約150カ所に広がっています。一次産業プラス二次産業プラス三次産業イコール六次産業であると。その新しい産業経済、六次産業の経済構造をどういうふうにして、プロフィットの状況を地域に作っていくか。そう簡単にお金になることはないのですが、ひとつにはエネルギーに着目したことと、食べるという農業の現場です。

滋賀県の水源地・琵琶湖の周辺も、里地・里山を含めて相当の農業荒廃地ができていて、しかも現在農業をやっている多くの人も兼業ですから、農業は片足をかけているだけ。その片足も高齢化していくので、なだれをうって農業現場から離れていくのが見えています。農業地域を含めて、どう食べるかということと、水源の森はほとんど手が入っていないので、いまや産業廃棄物の捨て場になっています。滋賀県だけでなく、おそらく京阪神からも入っています。水源地の森が捨て場になっています。

　では、どういうエネルギーでお金になっていくのか。賭けみたいなものですが、ひとつは先ほど申し上げた、ベースとして、トレーニングの中で、バイオディーゼルの実験を天ぷら油から始めました。化石燃料でなくてもディーゼルの代替燃料で動くということのなかで、京都会議の次の年、1998年からは、農業がエネルギー供給源だと。ドイツの先進的な事例を見ていくなかで、アグリカルチャー・エナジー・サプライヤーと書いてありました。農業がエネルギー供給源という文字を見たときに「すごいことを言うなぁ」と。私は、農業の工業化のなかで、一次産業の中に、これは同じことが森にもいえますが、材として使うだけでなく、スウェーデンなどのようにエネルギーとして使っていく。原油が上がっていくなかで、どんどん需要が高まるし、しかもそこで作ったものが売れて使えるということは、地域経済にそのままお金が落ちていく構造になるわけです。

　しかもそこで働く場が確保できるわけで、自分たちの地域が前年よりも今年、今年よりも来年というように、動けば動くほどに元気になっていく。菜種の作付けも去年は3ヘクタール、今年は5ヘクタール、10ヘクタールと春を待たずして伸び率がわかるということのなかで、人に利益をもっていかない、いかれない構図。つまり奪えない構図をどうにか確保しない限り、日本の全体的な構図はどれだけ声高に叫んでも、今合併で総計算しても1800あまりの自治体、日本全体の豊かさにはつながらないのではないか。大上段に出ているようですが、基本的には地域の人たちが自分たちのこととして参加しない限りだめだと思えるのは、私の実感です。

　幸いにこの「菜の花プロジェクト」の名前がたいへんよかったのか、菜の花だけやっているのではなくて、たとえば森林に入った人がいくつかのところで

はマツタケ山の再生計画と称して、里山に入っていきながら、ゆくゆくは40年前のマツタケ山へ戻していく。同時に生産基地をもう一度戻す。誰が動くか。ゲートボールをやっていたお年寄りが昔取った杵柄の知恵を若者に伝える。今そこに県立大学の学生が入っていますが、学生だけでなく、高校生も小学生もみんな山に入る。実際に「菜の花プロジェクト」の場合は作付けから刈り取りまで、子どもたちだけでなく、琵琶湖・淀川水系の人たちにも入ってもらう。そこでできたもの、安心な菜種油を使うということで、地域連携塾軸を作りたいと思っていて、それが去年より今年はできている。

　滋賀県でできていないことがほかの地域でできている。それはネットワークのいいところで、今全国で150カ所くらいです。なんとかそこで地域の経済が豊かになる。人のものを奪わないし、奪われないという構造を地域の中でどう作っていくか。人を貧しくしない構造だと思います。そのヒントを得るために、日々この「菜の花プロジェクト」、琵琶湖に向かう再生の運動に関わっています。

　法橋　本当に地域づくりと言うんでしょうか、社会のデザインをどうしていくのかを展望していかないといけない時期だと思います。右肩上がりでずっと経済成長がないと、世の中は回らないということなのか。成長がないなかでの豊かさみたいなものをどう展望するのかが、デザインとしては必要でないかなと僕個人としては思います。そういったなかで、地域では、今日の皆さんもそうですし、NPO・コミュニティビジネスということで、スモールな課題でありながら、いろんな地域の課題にチャレンジしながら頑張っている人はたくさんできてきておられるというのが私の実感です。たとえば、ニートや引きこもりの人に対して、どう企業への就職をつなぐかと言うアプローチがありますが、それだけでなく自分たちで地域に働く場を起こし、引きこもりの方々がその主人公と言うか、担い手として関わるような促し方をする。本当に様々な方々が地域で動いていると思います。

　そういったなかで、地域づくりをほんまもんにしていくには、個々の団体、個々のセクターだけでどうこうでなしに、横の連携をどうしていくか。行政の制度政策化は当然ながら大事ですが、それはそれとして自分たちが担い手として働く場づくりをする連携・ネットワークが作れるかどうか。今日はおそらく

関西・近畿というカテゴリーかもしれませんが、そういったものをどう作っていくのかが問われていると思います。

そのなかで、入れましたので、見てください。労金ができていることは限りがありますが、そのなかで、これ（新聞記事）はきっかけとして捉えていただいたらいいと思います。NPO法人が対象で、きょうとNPOセンターと、近畿労働金庫京都府本部、京都労働者福祉協議会。これは何かと言いますと、先ほどのNPOへの融資を労金単体でやるにはやっぱりリスクがあるんです。NPOなり、地域で事業をやっておられて、いちばん切実なところは、立ち上げの資金がなかなかないことです。労金のほうは、単体でプロパーとして融資するときは、立ち上げ金はリスクがあってとても貸せないという制度で今まできています。こうした制度上の課題を労金として乗り越えるためのしくみとして、きょうとNPOセンターと京都労働者福祉協議会と連携させていただいて創った仕組みがこれです。

労働者福祉協議会は、いわば地域の労働組合の集合体、地域を包括して労働者の福祉を進めていくという社会的な広がりを持ったテーブルです。京都労福協がお持ちのお金を、今回は労金に1千万円ほどお預けいただいた。それはNPO融資のための担保であり、保証であると。労働金庫は金融事業ですから信用創造機能をもっていますので、1千万いただいたお金を1千万で回していたら、なんということはないですから、1千万を今回は5倍の5千万にふくらませて専用の融資枠を作りました。そこでスタートアップの資金に対応できるようにと。労金から言えばリスクヘッジのしくみとしていただいているということです。地域の労働組合の 志 のあるお金を活かして、労金という金融の制度を使って地域に資金循環のしくみを作ったと考えられると思っています。

逆に預金者側から言えば、自分たちのお金、労働組合のお金、個人のお金を、ソーシャルな金融機関を使うこと等によって、より社会的な資金循環を地域に興すのだということです。官の制度がなくても民間がリスクを分け合いながら先行して創る、僕たちの非営利セクターができますというところで、今回のしくみがあったのではないかと思います。そういうふうにいけば、いろんなしくみが考えられるのではないか。今回は、市民のお金を活かし、労金という金融機関を使って地域の市民事業を応援するしくみを作った訳ですが、そういうこ

とで言うと、社会的なしくみはいくらでも作れるようなことがあるのではと。そのときに、こういった横つなぎの連携があるのかどうかが大事であって。今回はそういうきっかけで、仕組みづくりになったということです。

　同じく、あちらにお座りいただいている牧口一二さん。と言ったところで、もう時間がありません（笑い）、一言しゃべってもらおうと思いましたが。共同連さんとも連携してやっておられますが、牧口さんは、ゆめ風基金さんということで、障がい者の支援など、社会に活かすお金をお持ちだということで、今回と同じようなスキームで、労金と一緒に地域の障がい者作業所などのNPO法人を支える融資制度を一緒に作ろうという話をしています。きっかけは小さいものですが、たくさんの知恵・工夫を集めて社会的なしくみを作ることが求められている時代だと思います。

〈質疑応答〉

　牧口　今、法橋さんから名前が出た牧口です。斎藤さんと一緒にゆめ風基金をやっています。障害者の運動の仲間としてぜひお聞きしたいのが、イタリアの協同組合にとても感動したというお話がありましたが、のんびり働いて食えるという言葉が出ました。のんびり働いて食えるにはどういうことがあったのかがもうひとつわからなかったので聞きたい。それを聞くことによって、高齢者が、自分で働きたいという人はそれでいいですよ、働きたいという人に働く場を与えていない社会は非常に大きな問題を抱えていると思うんですが、働くつもりのない人までどうして働かなければいけないのか。それからニートで働けない人はたくさんいると思うんですよね、それは根性が足らないとか一方的な言い方をされていますが、そういう人ものんびり働くという、障害者から出たヒントが非常に役に立つと思うのでぜひ答えてください。

　斎藤　はっきり言って、お答えはできません。私も不思議だという感覚が強い。ただ想像しうるのは、あとでジャンテさんに答えてもらったらきっといいと思いますが、想像するには、最初に行った社会的協同組合はのんびりやって

いたんですけど、一方で山の家や海の家を経営しているんです。山の家や海の家は地域の子どもたちの臨海学習などに提供されていて、その収入が相当あるんだと思います。だからみんなの働く場の稼ぎが少々悪くても、それでカバーされている。その障害者が働く部分の稼ぎが悪くても、事業全体のしくみがきちっと作られている。だから決して補助金でやれているのではなくて。日本はむしろ補助金づけのような状況があって、そういうのは少ないですが、補助金ではなくて、事業全体の作り方がうまくできている。そこにかなりの公的支援があるなという。それがひとつの実感でした。社会的協同組合の人は公的支援に頼っているだけではだめだとは、しきりに言っていました。

片岡 奈良県から来た片岡と申します。本職はフランス語の通訳ですが、連合の前に総評というのがあった気がします。総評さんにただで通訳でこき使われた恨みがあって、今日は払い戻しがあるかなと思って請求書握ってきました。それは冗談として。私が通訳として、大きい資本家さんの、お金ジャバジャバ、それから第三セクター、大阪府・大阪市のオリンピック誘致運動とか、あやしげななかからお金ももらっていましたが、同時に主婦として地域の中でしっかり生きてきたつもりです。今の話のなかで、私は藤井さんの運動の横から、口からのサポートなんですが、子育てしたり、障害者と関わると、自然からの乖離というか人間の暮らしが、それこそ大企業と建築ブームのなかで痛められた人間を、主婦として母親として回復させるにはどうしても自然との密着性が必要だと、自分自身のニーズもあったうえにお百姓さんが疲弊して、田んぼにヨシ、アシがはえて生産地が荒れ果てているという、生産地をほったらししている荒れた光景をなんとかしようと思って、産直運動をして、幸いこんなとこでえらそうに言えるだけの、一生懸命働いてお金ができました。疲弊した農家が何軒かそれで食べて、村自体も生き生きして、行政との対応も非常に良かった。なんでかというと、そこまでどん底になっているから、右も左もあらへん、なにしろ誰かが買ってくれて、いきいきと雇用できたら、行政もいろいろやってくれたと、楽しい思い出はあるんですけど、そのとき私幸い収入あったし、亭主が給料もらっていたので、それを資金に使って回収するだけのことできたけど、今引退しかけたら、それこそ労金さんからお金借りられないかとも思って

《第1部》 実践者によるディスカッション | 97

来ました。なぜかというと私、釜ヶ崎の勉強会にも行ってますが、釜ヶ崎の労働者も疲弊した農村の中で労働力としてすばらしい力を発揮できると。外部からの想像ですが。精神障害者の方も、心身障害者の方もテスト的に一緒に労働しましたが、さっきの話、イタリアの、どうしたらゆっくり儲かるかわからないというけど、私ら月ヶ瀬や室生村の資源の中で、石ころひとつ。儲かる農業は、機械を投資した農業でなくて、手作業でやるのがかえって儲かる現象があるので、ゆっくりした障害者の助けも役に立って、それなりの利益分配もできると思っていますが。今度は亭主の収入もあてにでけへんから、主婦で、個人なんですけど、労働金庫が相手してくれるのかお聞きしたいなと。それと時代の波からすると、最高無担保で1千万円は少ない気がして。悪いですけど、ひとつの山村の中で共同生活しようと思うと、1億円単位の金が要りますし、それはすぐに戻ってくる算段もできると思います。時代に即応した金額を考えてほしいと思います。

津田 地域が疲弊しているという、地域社会で農村等で釜ヶ崎の労働者や障害者が働けるのではないかという就労の可能性をお話しいただきました。

宮地 日本スローワーク協会の宮地と申しまして、起業の報告になるかと思います。引きこもりの人の社会復帰の支援活動をしています。ご存じのように引きこもりの子は出てこない。資料に載せておりますが、NSP事業部がありまして、引きこもりの子を部屋から出す事業をしています。引きこもりの子も、部屋からは出てくる。共同生活寮もあるので、寮で生活できるようになる。しかしその後どうなるか。働くこと、18歳くらいから27、28歳くらいの子どもたちなので、若者が生きていこうとすれば働かないとだめ。しかしなかなか働けない。それは個人的にいろんな理由があるでしょうが。

　まず働くためのワンステップをどうするか考えまして、そこに引きこもり支援の問題があって、私たちが作ったのが、カフェです。名前はカフェコモンズといいます。高槻、JR摂津富田駅にあって、バイトもしたこともない男の子、女の子に、そこでまず練習してもらおうと。今やってくださっているのは朝の掃除。それだけだが、とりあえず働いてもらう。きちんとしたペイもなかなかできないが、とにかく練習なんだからと。そういうことで労働の場に参加する

機会を。まだそれしかない。今ひとり寮生が厨房に入って料理を作っています。その子にはきちんとしたバイト代を払っています。そういうかたちでどんどん働く練習をと。しかしそれがすぐに社会に出て通用するかというとまたそれは別問題。今後の課題は起業していって、そういうスローな働き方、共に生きる現場をいかに作っていくか、ましてや福祉対象の若者ではないので、シビアな事業性を求められていて、常に儲けないと生きていけない環境です。それが社会的事業のリアルさだと思います。以上がスローワーク協会の報告です。

津田 今の報告は、NPO法人で運営しておられます。今回のフォーラムのキーワードは社会的企業ですが、これはのちほどジャンテさんのお話に出てくると思います。ヨーロッパでは労働組合やNPOの周辺に有限会社とか、企業のかたちをとりながら、非営利で活動し、事業化していくという組織団体が増えている。それは従来の社会的経済の非営利セクターの枠にはまらないということで、ヨーロッパでは社会的企業という言葉を使っています。NPO法人みたいに、協同組合以外にそういう社会的企業の範疇にはいる活動をしておられる団体が関西でもたくさんあると思います。今回はその一端を言っていただいた。

そのなかで環境生協の藤井さんは、たくさんの環境商品を作っておられます。これが事業化の基礎になっていると思いますが、起業家的活動、非常にフロンティアを切りひらく、しかも事業化していくというすばらしい能力が環境生協にあると思います。しかし今回の話の中で事業化できない、やはり事業化に至っていない実状といいますか、しかしなんとか支援を求めてしくみづくりをしていきたいと思っておられるのが、山田さんのところの釜ヶ崎支援機構であり、共同連の斎藤さんのところではないかと思います。ですから事業化が簡単にできないところは、様々なしくみづくりを行政と労働組合その他の大きな組織と連携しながら作っていく必要があるのではないか。またしくみづくりを、法橋さんのところからいくつか出されました。これは確かに今回のフォーラムの次のステップへ向かうひとつのキーワードではないかと思いますね。それもひとつではなくて、いくつかのしくみづくりが必要なように思えます。最後に一言ずつお願いします。

藤井 メッセージを言う前に、法橋さんに。先ほどの京都の新聞記事を見て、

1989年にドイツで初めてエコバンクをみたときに、大きな銀行でも地銀でもない労働金庫はいくつかのパーセントをエコバンクにくれと。そして市民がどんどん投資して、投資先がはっきり見えるということでいえば、一千万とか、五百万とかいう額ではないのです。89年からやっていれば市民セクターがもっと、と思いながら記事を見ていました。

 この運動をずっとやっていくなかで、私は協同組合、地域生協も関わってきていますし、立ち上げもやっていましたが、社会問題を解決するのに地域生協が本当にパワーを持っているかというと、年ごとにどんどん萎えていくのを感じています。多くの地域でそうなっています。JAもそう、森林組合もそう、漁協もそうとなってくるなかで、労働組合全体の力を立ち上げるには、先ほど申し上げた地域経済、地域の中のしくみ、地域共同体を取り戻すしくみの中で、もう一度仕切り直しをしなければならない。

 今NPOが2万3千くらいできていますが、甘いかたちでNPOをとるのではなく、収益構造がどんなかたちでもとれるのをひとつとって立ち上げないと、寄付してくれないという、くれない族のNPOになってしまうのではないかと。私たちは、ものづくりでは企業と手を組みますし、行政もバックアップするといえばいただきますと、やっています。労働団体は今から17、18年前の滋賀県のダイオキシンの運動、それと石けん運動の時は、かなり強力に共にやっていましたが、今は新しい地域づくりのなかで共に動いているという印象はたいへん薄いです。そのなかで、もう一度自分たちの地域を元気にするには、もう一度手を組んで連帯していかないと、もうひとつの日本はできないという思いでいます。

 斎藤 今、小泉改革のもとで社会保障の抑制・削減がどんどん進んでいるわけです。年金に次いで医療がまな板にのせられています。しかし福祉はもっと厳しい状況にあって、先ほど言った障害者自立支援法。そこでは論議せずに一方的に厚労省の方針を出す、押しつける状態になっています。日本は間違いなく、福祉国家から舵をきって、いかに福祉に金をかけないかという方向を探っている。そのなかで我々が非営利・協同セクターの力を集めて、福祉国家ではない、福祉社会の未来像を作るのが重大な問題であると。そのなかに自分たち

も位置づけられるのだろうと思っています。

　最後に一言だけ、金の話が出たんですが、細かいところに金を流しても、なんか消えていくんですね。先ほど1億という話が出ていましたが、ぜひ労金は音頭をとって、こういう非営利・協同セクターで働く若者を育てる学校をどんと作るくらいのお金を出してほしいと思いました。ごめんなさい、勝手なこと言って。

　山田　今後の取り組みですが、基本的には就労対策をやって事業化していく。能力はあるかなと。あとはお金なんです。それと働く場所。基本的に国の責務としてきちんと予算を組んで、働く場所を提供してやるべきだと思います。ただいろんな同じ団体同士でやれるのだから、たとえば斎藤さんのところと連携して、「高いところはうちがやるよ、下の草取りは斎藤さんところでやってね」というのもあるし。とくに環境・リサイクル分野で新しい需要を作っていく必要があると思っています。そうなると、当然藤井さんのところと連携して、勉強をしにいって、やる必要があるかなと思っています。具体的にそういう場、新しい事業を、社会的に有益な事業を通して具体的な連帯経済を作り出していくしかないのではないかと思います。

　もうひとつ。国は知らん、民民でやれということですが、国の責任として、予算を出せと。細かいところは地域に任せろということを社会的規模で作りだしていくのがいちばんいいかなと考えています。

　法橋　こういう場に来ると、いっぱいお話があって、私は自分で自分の首を絞めるような気が（笑い）。おっしゃったことはすべてその通りです。あちらの方とは個別にご相談させていただきます。先ほどの京都労福協の仕組みは何かと言いますと、NPOの方が借りられて、デフォルト（貸し倒れ）が起こったら、そのお金を削るということです。削って僕らがいただく。いただききれないものは僕らがリスクをとります、というしくみです。強烈な話です。自分の預金がなくなることを覚悟して地域のために労働組合が登場したということになります。それで労働組合というか、社会的な役割の担い手はたくさんあって、そういうところが私らの規模で、たいへん申し訳ないです。まだこじんまりして

ますが、社会的な仕組みが動いたということが大きな一歩なのだと思っています。そういう仕組みを使いながら、決してバブリーな資金膨張としてではなく、社会的経済を支えるお金の流れを世の中に循環させていくことが、ろうきんのグッドマネーなのだと考えています。

　当然ながら寄付の必要性にすがる事業はだめだと思います。自立してどう稼ぐか、借りたらどう返すのかが当たり前です。その前提がありながら、そのしくみすらないのがこの社会ですが、そういったことを今回は労働組合が自らリスクをとってやっていただいたのですから、しくみづくりをこういった連携のなかで作っていく時代に来ていると思っています。そのなかで大きな事業が動くときにお金だけでない、人・情報・ボランティアなど、いろんなサポートのしくみづくりも考えていけるのではないかと。その一端で労金は事業活動の中で、一歩踏み出すことをいたしたいと思いますし、様々な課題について社会的なしくみづくりを考える時代かと思います。

　津田　皆さん方の発言されたことを最後にまとめたいと思います。ひとつは地域社会のなかで様々な活動をされている非営利の団体があるということですね。そのなかには社会的企業と呼ばれる団体もあって、孤軍奮闘しておられるところもたくさんある。地域づくり、地域の中で循環させる、雇用をさせるというのが今回のテーマの中心であったと思います。しかし現状は十分ではない。4人の方のお話、現状のしくみでは、十分な活動ができていない。これを発展させるにはやはりしくみを発展させる必要があるのではないか。そのためには様々な非営利団体が連帯する。

　このパネラーの中には労働組合はありませんが、労働組合の役割が出てまいります。労金の話、労福協が労金に預金されてそこから融資していく。しかし非営利の団体のなかにはお金をたくさん持っておられるところもあります。全労済の話が出ましたが、私は全労済の資金がどれくらいあるのか10年ほど前に調べたことがあります。すごい資金をもっておられる。日本の地銀の預金額を全部足したくらいです。そういう組織が抱えている資金を全部使えるわけではありませんが、地域社会に貢献するしくみづくりに役立てることは、場合によっては可能ではないかと思います。そのためには労働組合、協同組合、

NPO、そういう市民団体が全国的にもつながるし、地域の現場の話の中でもつながっていく必要があるのではと思っています。

　今回のフォーラムは、フランスからジャンテさんをお招きしたのがきっかけで成立しました。このパンフに協力団体がたくさん書かれています。こういう団体のお互いのつながりが今回のフォーラムをきっかけにできていくのではと私は期待しております。12月中に今回のフォーラムの反省会あるいは冊子を作る話も出てまいります。これらをきっかけにいっそうのしくみづくり、今回のフォーラムで課題になったしくみづくりを発展させていけたらと思います。本日参加していただいた市民団体の方々もこういう流れに加わっていただいて、関西でなければできないしくみづくりを進めていきたいと思います。どうぞよろしくお願いいたします。

《第2部》
ジャンテ氏講演&セッション

■招請経過　柏井　宏之
■まとめ　　津田　直則

柏井　皆さん今晩は。東京の社会的企業研究会でいくつかの研究所を横断いたしまして、つくった共同事務局のメンバーです。ナショナルセンター、連合の研究所と私たち生活クラブグループの研究所である市民セクター政策機構が共同事務局を担当しています。今回ジャンテさんを招請しようということで企画が決まったのが 8 月の終わりでした。その時、共同連の斎藤さんが東京だけでなくて関西でもやりたいというお話がありまして、近畿労金の法橋さんらにご相談を申し上げて、今回このようなかたちで大阪でも開いていただくことになりました。どうもありがとうございました。

皆さんのお手元にはジャンテさんを紹介した略歴の載っている水色の表紙のものがございますが、バックグラウンドペーパーが後ろに載っています。それが東京の基調講演をしました法政大学の粕谷先生のもので、今回招請にあたっての日本側の状況を書いたものです。一番後の 48 ページから呼びかけ人の期待ということで、東京では国連大学のウ・タント会場を提供いただいた ILO の堀内光子代表をはじめ有識者・実践者の呼びかけ人らの発言を載せています。大阪の実行委員会の代表であります斎藤さん、津田先生のメッセージも入れておりますのでぜひお読みいただきたいと思います。

昨日は東京で 200 人を越える参加者の元で成功裏にジャンテさんのお話を聞きました。今、日本においても非営利・協同セクターがそれぞれの業種の壁を

越えて、どのように連帯経済をつくっていくか、社会的企業を興していくか、というところにこれからの課題を背負っております。
　ヨーロッパのEUの試み、「サードセクターから社会的企業へ」ということで、ダイナミックに起こっている「社会化」、非営利の「就労の試み」に注目したいと思います。公的セクターと民間の市場セクターしかない、日本ではまったく市場一色になりつつある中にあって、サードセクターが非営利の立場でどのように地域社会を形づくっていくかは、これからの人間社会、労働と環境のうえで、決定的に重要だということです。
　ジャンテさんは、80年代以降フランス・ミッテラン内閣以来の社会的経済の理論家であると同時に実践家としていろんな形の事業を手がけておられる方です。その意味においては、非営利のセクターがどのように世界的にネットワークしていくかということに熱心で、今回お呼びして、そういうネットワークが日本でもアジアでも拡がること、世界的にも評価される時代が来ることを願っています。通訳は花田先生にお願いしておりますが、明日は花田先生のおられる熊本学園大学で、水俣学研究センターの主催で公開セミナーということで、日本を東京から熊本まで横断していただいて、ひとつの旋風と風とをもらって、その後は私たちの課題としたいと思います。以上をもって経過と紹介に代えたいと思います。

記念講演

社会的経済の概要

講師 ティエリ・ジャンテ氏
通訳 花田　昌宏

　ジャンテ　（ボンソワール）皆さん今晩は。今日こうやって話す機会をつくっていただきました柏井先生にまず御礼を申し上げたいと思います。それから今朝は朝早く東京を出まして、今日来ておられる佐藤先生と柏井先生といっしょに京都を見学してここに入ってきました。午前中短い間ですが、日本の精神というものに触れて今日この機会に来ることができたと思っております。（メルシー）ありがとうございました。

　これからお話しするのは、社会的経済ということについてであります。つまりいくつかの原則を持った法人組織ということでお話をしていきます。まず第一に自由に加入できるということです。民主主義的に運営される、つまり一人一票の原則を持っているということです。非営利を目的としている。もし利潤が上がったら公正に分配していく。共同所有の原則があります。もちろんそれは自由に選択されるということですが、全体の原則は別個にあります。国家からの自立、独立ということももちろんあります。

　そうした今の条件・原則を満たした個々の法人、先ほど出てきたたとえば協同組合、もちろん私も日本に生活協同組合や信用協同組合等々様々な協同組合があることを承知しております。それに加えてヨーロッパでは生産協同組合というものもあります。さらにヨーロッパではアソシエーション。日本では非営

利組織、NPOと呼ばれているかもしれませんが。それからヨーロッパでは共済組合があります。日本にも保険の共済があるようですが、医療保険、様々な分野での共済組合がヨーロッパにはあります。今の三つに加えて四番目としてファンデーション（基金）があります。

　この社会的経済の重要性に関してはかなり大きな位置を占めています。30億の人々が100ヵ国、30億の人々が協同組合や様々なかたちで、社会的経済に関わっているといえます。8億の組合員がいて、1億の職員がそこに働いている。ヨーロッパの15ヵ国、拡大する前では5千万人の人が関わっていた。この社会的経済は、数字に関してさらに細かいことに入るのは避けますが、南北のアメリカ大陸、アジア、アフリカもちろんヨーロッパにも大きく広がっております。

　社会的経済は、まず社会的な課題に答えていく道具として考えていきたいと思っています。ヨーロッパにおいてこの社会的経済というものは伝統的な産業から出てきている。たとえば農業からですが、それにとどまらないで、建設業あるいは印刷業という伝統的な産業から生まれてきています。これらは科学技術の発展の中で、大変困難にさらされてきているところであります。このことの重要性は、社会的経済の担い手というのは、もともと良い技術を持った労働者たち、いわば手工業の手づくりの社会的経済というところから起きてきているわけです。労働の危機あるいは産業の転換というものは社会的経済の枠を大きく越えていくものではあります。

　社会的経済に関して新しい課題が生まれてきています。それはグローバリーゼーションの進化、新しい技術の発展を前にしてのことであります。排除されている人々を社会の中にどのように復帰、編入していくのかが課題になっています。その意味では先ほどのディスカッションの中での斎藤さんの話や山田さんの話は印象深く受けとめました。そこで出された話、日本の問題ではありましょうけれども、同様の課題がヨーロッパにもあるからです。

　たとえば障害者の分野では、フランスでは長い間障害者の作業所がありまして、そこでは単純な仕事で、わずかな収入の仕事というものがずっとありました。かってはそれでもまだましだったわけですが、たとえば身体障害者の団体がそのような活動を支えていたわけです。今の課題はむしろさらに進んで、脳

性マヒの人や知的障害のある方が、労働の世界に入ってくるということであります。そのような試みがフランスにもありまして、ブルタニュ地方で障害を持っている人と持っていない人が、いわば競争的な市場で仕事を興しています。そこでの問題は、むしろゆっくりのんびり働くということではなくて、良い仕事をする、良いものを作っていく、そして自分たちの製品が世の中に出るようにしていくということです。

　もうひとつお話をさせていただくと、日本の日雇い労働者の話は、失業者の社会復帰のためのアソシエーションと重ね合わせて考えることができます。それは中間組織、中間的なアソシエーションで、製品を作ったりサービスを提供したりするのですが、長期間の失業後ですから、そうした人たちに適合したような働き方、仕事を作り出していくことが課題になっています。

　それは実はイタリアの社会的協同組合が行っているようなことと重なってきます。イタリアの社会的協同組合は必ずしものんびり働いているわけでもありませんよ。今のこのゆっくり働くの面白い点は、もちろん国々による文化的な違いを踏まえてということもありますが、同時に社会的な困難、障害、あるいは社会的な意味での障害を抱えている人たちに適合するような仕事を作っていくことが根っこにあるからだと思っております。これはもっと大きく広げて考えましょう、目の前にある困難に対してどうしていくかのみならず、藤井さんがお話しになったような、様々なリスクに関して、どういうふうに革新的に対応していくかを考えていくことが必要となってきます。

●様々な分野への広がり

　そういう社会的な革新を実現していくためには、単に労働を提供するだけでなく、知識、手段、お金、あるいは単に時間を割くということだけでも、様々なファクターが必要になってきます。それがある種のタイプのイタリアの社会的協同組合が行っていることであります。それは多くの場合女性によって作り出されています。フランスでは新しいタイプのそのような協同組合ができています。協同利益の協同組合というようなかたちのものが生まれております。この新しいタイプの協同組合では、今申しました様々な人が理事会に入り運営す

るだけでなくて、地方自治体もそこに入ってくるということをしています。そのようなかたちの協同組合は始まったばかりですが、フランス、イタリア、北欧で成長しつつあるところです。

　これはたとえば環境の分野であるとか、あるいはスポーツなどいろんな分野で起きつつあります。新しいタイプの協同組合、生産的な協同組合が生まれつつあって、たとえば子育てのベビーシッティング、起業家のためのベビーシッティングをするような協同組合、たとえば若い人たちがそういう活動的な協同組合に入ってきます。そこで自分の仕事を見出していくとします。そうした組合員は様々な仕事、活動をそこに見出していきます。そうやって入った協同組合の中で自分なりのプロジェクトを発展させて、新しいプロジェクトを、新しい協同組合を作っていくことを考えていきます。そうした新しいプロジェクトがうまくいかない場合は、自分のいる協同組合に残ればよいわけですが、これはそうしたいわば社会的に脆弱な人々が自ら何かを始めていくときに大事な事柄であります。

　ほかに、たとえば職人仕事をしている、あるいは小さな商店を持っている人々が、その自分たちの狭い領域から抜け出ていきたい、発展したいというときにも活用されるしくみです。それを興す方の企業は、個人的起業の協同組合という名で呼んでおります。それはフランスでは小売業の領域でとても発展しつつあります。こういう小売業の協同組合は、実は消費生協にとってはあまり好ましくないかもしれませんが、大きなスーパーマーケット、大きな流通が市場を支配することに抵抗する重要な道具になっています。

●社会的経済が抱える課題

　もちろんそのためには法橋さんがおっしゃっていたように、金融的な支援、リスク管理が必要となってきます。お話を聞いておりますと、労働金庫はフランスの金融協同組合に似ています。ヨーロッパには他のかたちの協同組合金庫というものがあります。それは必ずしも日本のように、労働組合運動のなかから出てきたわけではありません。とはいいますが、フランスの場合、協同組合の信用金庫のほとんどのクライアントは労働組合です。フランスの協同組合の

信用金庫は、日本の労働金庫より古い歴史を持っておりますが、同じような課題を抱えています。私はこの問題をよく知っております。といいますのは、私が大学を出て初めて就いた仕事がこの信用金庫であります。
　今日出たような問題を克服していくためには、信用保証のための基金がどうしても必要になってきます。それは社会的経済や国やあるいは自治体から支えられたものでありました。この20年くらい新しいしくみや新しい道具が出てきました。それはキャピタルリスクというものを支えていくものです。似たようなことがイタリアやベルギーや他のヨーロッパの国々でもあります。このような話に加えて、社会的経済は藤井さんも強調されましたように、従来の領域を越えて革新的な部分に踏み込んでいかねばならないと思っております。たとえば環境であるとか情報通信であるとか、バイオテクノロジーであるとか、そうした新しい領域に行けるだろうと思っております。
　社会的経済の問題点は、あまり知られていないということであります。とりあえず若い人たちが新しいことを始めようと思っても、なかなか認知されていないのです。従って問題は、教育と同時に情報をどう伝えていくかです。そういう意味ではこの社会的経済というものが大学の研究者たち、あるいは他の研究機関等々とのリンクを作っていく必要があります。情報技術のみならず、社会的な革新というものも必要になってくるわけです。
　社会的経済にとっての課題は、社会的困難を抱えている人を支え、社会復帰を考えていくと同時に、資本主義そのものの領域にまで踏み込んでいく必要があるのではないでしょうか。従って社会的経済に必要なのはそうした困難を抱えた人たちの声を集めて社会に発信していくことですが、同時に困難を抱えた人々が様々な社会的権利を獲得できるように支えていくことが必要です。そういう困難を抱えている若者は、自分たちがどういう権利を、これは困難を抱えていない普通の若者もよく知らないのですが、困難を抱えている若者たちは、なおさら自分たちが当然持っている社会的な権利、医療や所得等々を本当に知りませんので、そうした権利をきちんと教育し、伝えていくことが重要です。
　医療に関する様々な社会的権利を知らせていくことは、ヨーロッパでは医療に関する共済組合がやっています。これが社会的経済が持っている、社会を革新していく、活力を与えていくための源泉だと考えております。そういう意味

では、社会的経済は緊急の課題に答えていくことと、社会を革新していく試みとの両面を持っているわけです。単に良心的な活動だけでなくて、いわば資本主義がもたらす大きな被害を修復しようとする役割があると言っていいでしょうか。そういう意味では、社会的経済は資本主義がもたらす災害に答えを用意していくと同時に新しい課題に応えていく準備をしているということです。

ただ社会的経済は資本主義の欠陥の穴埋めをするということではなくて、国家あるいは自治体のパートナーとしての役割を果たしていくことも実は大事なのです。そうした意味では今、機能不全を起こしている福祉国家というものから、福祉社会あるいは福祉市民への発展というものを、社会的経済が準備しうるものと考えています。それはひとつの社会的経済あるいは協同組合では無理なことで、様々な領域の様々な活動、様々な社会的経済の領域が、つながりあうことが重要になってきています。先ほど資本のリスク等々に応えていくための基金を作る話をしました。その時には国からも援助がありましたが、共済組合、医療共済そして生産協同組合など、いくつかのセクターからの出資があってできたわけです。

ほかの例では、高齢者の介助や家事援助などの対人サービスの会社事業が、共済組合、医療共済や信用金庫そして福祉領域でのアソシエーションによって作られていきます。それの資金調達は協同組合の信用金庫から出ております。従って社会的経済は社会的経済の中の様々なセクター、様々な領域がつながりあっていくことが発展の鍵になってきます。そうした試みは実は別の結果を持っておりまして、人の目に見えるようなかたちで、あるいは政治の場面に登場しうるようなかたちで、目に見えてくるということがありました。こうした社会的経済の発展は、実は従来の民間の大資本を苛立たせているということがあります。

●労働組合や他の領域との連携

実は別の連携、社会的経済の連携も、たとえば労働組合運動とつながっていくということで（ここの建物は組合の建物なんですね）、良い機会だと思っております。今お話しした社会的経済と労働組合は、同様の原則を共有しており

ます。両者とも社会的な共同体・共同性を作っていくことを考えています。ヨーロッパでは労働組合運動は、しばしば失業者の社会復帰のためのアソシエーションと連携をしています。あるいは労働組合は医療面での共済組合と連携をして、社会保障の削減に対抗しようとしております。ヨーロッパの場合、労働組合は、労働組合が協同組合を作っていったり、私企業を協同組合に転換していくとか、そういうことをしてきておりました。私はもうひとつ、労働組合と社会的経済が連携をとれる領域を考えてみたいと思います。

　それは退職年金基金のマネジメント管理であります。この年金基金の積立が、便宜的にもそして環境にも優しい社会的な意味を持って管理されていくことが必要です。そうした年金基金の構成かつ社会的な管理が、将来にとって重要な鍵になっていると思います。年金の積み立て分は膨大な金額になります。私がおります組織はヨーロッパ労働組合連合と連携をしながら、今の課題に応えていこうと思っています。社会的経済と労働組合の連携のほかには、今も言いましたように、雇用創出や起業に加えて、職業訓練・教育の領域も大事です。社会的な領域の分野で重要な課題があります。この重要性は、実は単なる職業訓練という意味ではなくて、社会的な意味での職業的な自立が必要となってきているからです。

　さらに他の領域を付け加えますと、都市・まちづくりをどうしていくかということです。都市・街をつくっていくのは、困難を抱えている人たちが住んでいる地域での社会環境をつくり直していく、そのためにアソシエーションが必要になっていると考えられます。協同信用金庫は住民の貯蓄を集めて、それを地域に還元していく、社会問題の解決に役立つということを考えていますが、協同組合の信用金庫が都市に街に出てくることを自治体は歓迎しています。そのことによって企業や人々が街に定着していくことが可能になるからです。社会的ツーリズムであるとか、近隣サービスであるとか、そうした領域があります。

　たとえばヨーロッパの都市では、都市がスポーツのアソシエーションに代表を送って、スポーツ活動の活性化を図るということもあります。そうした活動の中で、税の緩和措置というものも出されることがあります。あるいは高齢者が在宅で暮らせるように支えていく、たとえば在宅の食事サービスということ

をしていきます。たとえばイタリアではサービスを交換していくような銀行、地域通貨のようなものだと思いますが、作る試みが始まっています。

今申しましたのは西ヨーロッパのことですが、中央ヨーロッパの方へ、徐々に東の方に広がりつつあります。我々は社会主義体制が崩壊した後の中欧諸国ではリベラリズム、自由主義が全盛になって、社会的経済の余地がないのではないかと心配しておりました。ところが実際にはハンガリーやポーランドといった国で社会的経済が生まれつつあります。昨日も東京で言ったのですが、ポーランドでは社会的な問題に関わる様々なアソシエーションが生まれていて、それがポーランドの民主主義を再建していく大きな役割を果たしております。

●ディスカッションの問題提起を受けて

今簡単に概要を見たわけですが、こうしたことから先ほどのディスカッションで出てきた問題にお応えしていくこともできるかと思います。たとえば労働金庫の法橋さんから提起されました、社会的なお金の使い方に関心を持ちました。同じような発想をもって、ヨーロッパの協同組合の信用金庫も活動をしようと思っております。もちろん収益性を無視するわけにはいきませんが、どのようにしたらサービス提供のアソシエーションや、生産協同組合のそうしたものが発展していけるか考えているわけです。

そうした試みを実現していくために考えていることは、倫理的貯蓄基金というものをつくっていくことです。たとえばそうした主旨でつくられたものとして、飢餓に反対して連帯を作り出す基金があります。その協同組合の信用金庫の組合員が貯蓄をします。その利子の一部が今言いました連帯基金に使われます。それでシェアーの基金といいますか、そういうものとして呼んでおります。

別のかたちでの連帯基金の例を挙げます。それは予め投資先を考えておきます。社会的に排除された人々を支えるアソシエーションに出資をしていく。もちろん他の領域にも出資をしないと収益性は確保できませんけれども。もうひとつヨーロッパレベルで、あるいはもっと広いレベルで考えられている連帯通貨をお話ししたいと思います。共済組合の組合員がポイント（還元金みたいなもの）を貯めていきます。そうした還元金を組合員に全部返すのではなくて、

その一部を連帯の目的で使っていくということです。

　ほかに私が感心しましたのは、釜ヶ崎での活動が野宿者に対する労働供給の役割を果たしているということです。この領域ではヨーロッパのホームレスの社会運動より進んでいるのではないかとさえ思いました。山田さんのお話を聞いておりますと、様々な要素を組み合わせておられる、完全なシステムができているような気がして感心いたしました。共通の課題は、そうした野宿者たち、排除されている人々に教育を与えて、新しい仕事を作り出していくということだと感じました。これはヨーロッパでも日本でも同様だと思いますが、既存の職業紹介安定システムというものが、社会的に排除されている人々に、ほとんど役に立たないからです。

　もうひとつ感心しましたのは、藤井さんから社会的に排除された地域という考え方が示されたことです。地域で人を育て、地域で物を作り、地域に還元していくことの重要性は、我々と共有できる考え方です。ここで大事なのは社会的に排除される地域、それから豊かな地域と、どういうふうに協同していくのかではないでしょうか。ヨーロッパで我々自身が問題の所在に気づくのに随分時間がかかりました。問題を抱えている都市部、あるいは過疎地あるいは様々な地域が、どう横につながっていくのかということの重要性を考え始めているところです。

　もうひとつ気になりましたのは、学校にも行かない、引きこもりの若者の話です。ヨーロッパにもあります。ヨーロッパで見られるのは、親が長期失業で将来に希望を失っているということで、子どもも将来に希望を失って、引きこもっているケースです。この問題はヨーロッパでは外国人、移民の第二世代あるいは第三世代でも起きていることです。これは政治の問題でありますし、国家による文部教育政策によるものであります。確かに国の責任でありますが、様々な子どもや若者を支援するアソシエーションがいろいろ努力しております。こうした領域では自治体との協力が重要なことと思っております。

　法橋さんが語られたことで、別の点に触れてみたいと思います。NPOに資金が提供され、補助金が出る時に、文書自身がきちんと作れないNPOが多いというような話を聞きました。似たような問題は実はヨーロッパにもありまして、協同組合の信用金庫が何をしたかと言いますと、そうした市民活動、様々

なNPOに対して提出文書の作り方、予算を取ってくる文書の作り方を訓練して、教えるようなことをしました。そうした研修会を街ごとに開いていきました。社会的な問題に応えていくアソシエーション、様々な団体が、資金を必要とする時に、彼等自身が書類をつくり補助金をとるノウハウを持っていない。そこをどうやって克服していくのかということで、取り組んだわけです。先ほどの話でずっと強調されていましたが、確かに仕事を作っていく、見出していくのは重要なんですが、単に労働の領域だけでなくて、人の生活の様々な側面を組み合わせて社会的に復帰していくということです。

その点に関していくつかお話をしてみたいと思います。保険の共済組合、スウェーデンのケースです。ここの共済組合は電話交換のシステムを作ったんですが、そこに多言語、つまり移民の人達が、自分の言語で話すことができる電話交換手をおきました。これは社会的排除から防衛していくためのひとつの策でありました。別の例はマシフという保険の共済で、インターネットによる対話システムを作りました。これは聴覚障害者が様々なサービスに便利にアクセスしていくことを保障しようと考えられたものです。このマシフという共済組合はもう随分昔になりますが視覚障害者による電話交換システム、コールセンターを作りました。今申しましたスウェーデンのケース、あるいはフランスの共済組合のケースですが、障害あるいは困難を抱えている人々が、直接的に収入を得ることができる商品経済の領域に踏み出すことができたということで、そうした市場における活動自身が非営利の助け合いの精神に基づいて作られました。

このフランスの共済保険が最近広告をしています。それは450万人の組合員がいるが、株主はいません、出資者（組合員）がいる、と強調しています。共済ですから組合員によって構成され、株主を必要としているわけではありません。日本も同様だと思っております。

● 社会的評価の必要性

さて様々の試みがなされているわけですが、その協同組合、あるいは共済、あるいはアソシエーションといったものが、冒頭にお話ししました原則をきちんと守っているのだろうか。実はこれはとても重要な問題でありまして、こう

した試み、様々な取り組みが信用されて、とりわけ若者に理解されていくことにとっては重要だと思っております。そのためにヨーロッパでは社会的評価、社会的貸借対照表といいますか、そうした物を作っていこうとしています。

　イタリアのミニポールという組織が、こうした社会的な評価のための手法というものを開発しております。マンチェスターの信用協同組合金庫が、やはり同じようなことをしております。フランスでは青年起業家組合というのがありまして、そこでこうした運動を開発しています。そこでは、協同組合やアソシエーション等の活動が、そこで働いている従業員や消費者、あるいは納入業者や自治体に、プラスの役割を果たしているかどうかを測定します。この評価は、それに関わるすべての人々・団体に質問票を送ることになります。様々な人々に調査票を送ることによって、お互いの視線が交錯し合って、評価が定まっていくということです。これが新しいタイプの協同組合やアソシエーションの客観的な評価を実現していく道具になります。これは、従来からあります、財政面でのバランスシート評価に加えて、社会的な面での評価を実現していく。インパクトの度合いを測れる。私たちはこうした社会的な評価、バランスシートの評価のシステムは、今巷間でよく語られている民間企業のCSR、企業の社会的責任というものよりさらに進んだものと考えております。CSRの場合はたとえば環境のことについて触れたり、自分たちの活動の社会的な面について触れることがありますが、今申しましたように社会全体の課題をグローバルに捉えていく視点は持っていないのです。こうした道具で、評価を日本の人々と一緒に出来れば幸いだと思っております。

●国際的な連携へ

　もうひとつ付け加えておきたいのは、様々な領域を越えていく活動の新しい場面です。つまり国際的な舞台でどう考えていくかということです。わかっておかなくてはいけないのは、非営利の活動、非営利の協同組合等々は、どこの国でもどこの大陸にもあることです。たとえばアメリカ合衆国においても、この国は社会的経済はないとしばしば思われがちですが、共済に関わるものはとても大きく発展している。あるいは農業協同組合は、世界中ほとんどの国にあ

ります。非営利の団体は、どこの国でも見出すことができます。

　実は社会的経済が、今のグローバル化の中でひとつの課題になっていることを、我々が自覚していかなくてはいけないと思っております。ところが社会的経済は、なかなかひとつにまとまるということがないのです。そうした現状を前にして、協同組合や共済や様々な非営利の活動の国際的場面において、そうした起業家たちが様々に社会的につながる必要が出てきています。そうした目的のためにモンブラン会議というものを実施しておりまして、お互いに議論して考え合うと同時に、国際的な協同のプロジェクトを動かしていけないかと考えております。これはすでに2回開催されておりまして、日本からの参加もありました。インド、ブラジル、ヨーロッパやアフリカからも参加があったところです。本日のこうした機会が、国際的なレベルで展開されているものとつながっていけば幸せだと思っております。日本の様々な団体がこうした集まりに参加していただき、国際的な連携が強まっていくことが重要だと考えております。同様のことはカナダのケベックの友人たち、あるいはアフリカの友人たちにも申しております。我々としては社会的経済の実践的な、あるいはプラグマチックなインターナショナルな連帯が必要だと思っております。日本でこうした機会を通しながら、様々な試みが広がっていく、そして一日に世界中で千の取り組みが始まっていく、それが続いていくことを期待しているわけです。ありがとうございました。

〈セッション〉

津田　もう一度私の方にコーディネーターがまわってきましたので、これからの討論の時間の配分について、最初に言っておきたいと思います。時間はこれから8時半までございます。1時間ちょっと切れる程度ですけれども、最初に先ほどの4人のパネラーの方々に、ジャンテさんに対する質問をしていただきます。それでジャンテさんの方からお答えいただく。そして残りの半分の時間、フロアーからの質問・意見を6人の方から、1枚はジャンテさんのところにフランス語でいただいております。のちほどこの1枚についてはジャンテさ

んからお聞きします。それでは4人のパネラーの方から、ジャンテさんのお話・講演についてご質問・ご意見がございましたらお願いします。

　藤井　環境生協の藤井です。地域という言葉が度々出てきますが、日本でいうところの地域と、ジャンテさんがおっしゃる地域と、イメージがずれているといけないので少し伺いたいと思います。つまり日本は今、市町村合併の中で、多くの自治体が非常に大きくされていく状況にありますが、フランスの場合は、小さなコミュニティーがたくさんある。つまり地域という概念が、今おっしゃっているジャンテさんのイメージとどういうふうに同じなのか、どのくらいずれがあるのか、そのへんを教えてください。

　ジャンテ　お答えになるかどうかですが、確かにフランスの場合には1個1個の自治体が小さいということはあります。それに対してフランスやドイツの場合は地域を包摂している自治体地域が大きいということはあります。それぞれ歴史的な生活圏をたどっていくわけですが、アソシエーションとか、社会的経済のパートナーとなる相手と考えますと、フランスの場合は藤井さんがおっしゃいました小さな自治体だけではなくて、1981年の社共政権ができたとき

に、レジオンという州レベルの大きな自治体が形成されまして、今そこに大きな権限委譲が分権化の中でなされています。社会的経済のアソシエーションのパートナーとしては、そこが大きな影響力を持っているということで、実は日本とそんなに違っているわけではないのではと思っております。

藤井 ありがとうございました。先ほど社会的に排除された地域の中で人が育ち、物を作り、地域独自の経済性を高めるための試みを申し上げましたが、先ほどジャンテさんからリッチな地域との協同を良い形で作ったらどうかと。たとえばそのようなサクセスストーリーの具体的な事例がありましたら、たぶん皆様にも参考になると思われますのでお話しください。

ジャンテ 2つのレベルでのお答えができるかと思います。一番目は分権化の政策の中で様々な地域、豊かな地域と貧しい地域を均等化していく政策というものがあります。これはおいておいて、もうひとつ社会的経済の分野でどういうことが可能かと言いますと、地域間の連携・連合体をつくりだしていくということで、貧しい地域の小さなアソシエーションの孤立を避けていく。このようなケースは、実はポルトガルやフランスにも見られます。一例としては医療福祉の領域でのアソシエーションで連合体をつくりまして、政府に対するロビー活動をしてみたり、あるいは逆にそこでの人材育成であったり、ボランティアを育てていくことを協同で取り組んでいる例があるかと思います。

斎藤 先ほどの話で、フランスにはかつてわずかな収入の、単純な仕事の作業所がたくさんあって、それを障害者団体が担っていたが、現在市場で競争的な仕事をやっている、そういう場を育てているという話でしたが、その変化を大ざっぱでいいのですが、どのように見られるのか、もう少し聞かせていただきたい。

もうひとつは社会的経済というものが、資本と国家のパートナーとして従来の福祉国家像に変わる福祉社会というものをつくりだしていくというお話でしたが、そこで60年代70年代以降の福祉国家論に変わる新しい福祉社会形成論というものは、どのような像として描かれているのか、また社会的経済が70年代以降、内容的な高まりとか変化がどういうふうにあるのか、聴かせていた

だきたいのですが。

ジャンテ　今申しました障害者の作業所は昔からたくさんありまして、それが国や自治体の援助で作られている。その時の課題は何かといいますと、障害を持った人々が何であれ活動のある場所に参加している。何であれ生産の場所にいる。生産性が低かろうと効率性が低かろうが経済的に低かろうが、何か社会の場の中にいるということが考えられていた。従って簡単な手作業のようなことをしていたわけです。これらが変化していったのではなくて、別のやり方、新しい方法が生まれてきたと理解していただきたい。障害を持った人々や社会的に排除されている人々が、生産協同組合、あるいは経済的な活動をしている協同組合の中に入って、製品やサービスを作り、それを市場で販売していく新しい取り組みです。これが今進んでいる分野としては、レストラン、いろんな機械や工具を修理したり、作ったりしている協同組合などがあります。

　二つ目の質問に関しましては、イタリアのケースをお話ししたいと思います。イタリアでは社会保障制度が後退して、とりわけ医療の分野で給付が減る、負担が増えるということがありました。こうした社会保障システムの後退の中で、イタリアの３大労働組合ナショナルセンターは医療保険分野での共済組合ユニポールに対して「何とかせよ」と言った。そこでユニポールは、公的な医療保険をカバー（補完）する新しい保険制度を作っていきました。これがいわば福祉国家の後退を前にした福祉市民というか、新しい福祉社会のあり方のひとつの例かと思います。

山田　何から質問すればいいか……ひとつはホームレスの概念が、ヨーロッパと日本における違いが前提にあって、日本の場合は公園や路上で生活している人をホームレスと言っている。ヨーロッパでは薬の問題や病気の問題を抱えている人が多いと聞きますが、日本の場合は平たくいうと、失業者が結果的にホームレスになっている。そこから病気になっていくとか、いろんなかたちが多い。ある意味では失業問題を解決したら、大半は解決すると言われてきた。これからはヨーロッパ型になるだろうと思うんですが、そこで私たちの方は就労、働くということをベースに、どういうふうに社会生活をもう一度獲得して

いくか、訓練とか教育問題も含めていろいろ考えています。それでまず働きながらの生活というのが軸になると思いますので、そういう社会的に働く場、就労の場をヨーロッパではどのように確保されているのか。されていなくて、福祉だけで構成しているのか。どういう支援活動をしているのかも含めてありましたらお願いします。

ジャンテ　まずホームレスというか失業者たちの有り様がそれぞれの国の政策によって違うことを理解しておかなければいけないと思います。たとえばヨーロッパのデンマークは、失業者が社会保障のシステムの外に出るということはない。失業者はずっと社会保障システムの中にあって、失業手当を受け取ったり、公共事業で仕事をしたりする。フランスの場合は失業手当は長期にありますが、それがだんだん減ってきて、あるいは最近の政権によってカットされるというようなことがあって、事情は国によって違うんだろうということはあります。

　質問にお答えしていくと、いわゆるホームレスあるいは長期の失業者たちに関しては、まず第一に社会的に活動している団体、アソシエーション、日本だと労働挿入とか訳していますが、社会復帰のための様々な団体の活動というのを強調しておかなくてはいけない。これに対して国や自治体が財政的な支援をしている場合もある。もうひとつ考えがあるのは、雇用を作り出していくアソシエーションがありまして、それが公益分野で社会的な就労を作り出していくという活動があります。それがアソシエーション、あるいは先ほどから出ている生産協同組合で、彼等がしていることは、まず社会的困難を持っている人たちをとりあえず受け入れていく。そして訓練をしながら雇用につなげていくというようなことがなされている。いずれにしてもこうした問題は、実は国々の政策、政府の問題だろうと思っております。フランスの具体的な例を見ますと、ジョスパン内閣の時代、少し前になりますが、社会党政権の時代に、国と自治体とこうした社会的な活動をしているアソシエーションとが、協同で若者雇用のための政策を実施しました。それだけで35万人の若者雇用が作り出されたという実績があります。

法橋　労金の法橋です。私たちの活動は個々にNPO融資とかやっているのですが、お話を聴いていますと、それが社会のデザインに関わるのかなということで、社会的経済というキーワードで国境を越えた、世界の潮流であるのかなと。であるならば、そのへんのデザインに関わるようなことについて、私たちの非営利・協同セクターというのか、NPOの皆さんも含めて、デザインとして見ていくことが必要なのかと強く思いました。その中でやはり労働組合にしても、出番がいっぱいあるんだと感じた次第です。

　質問は二点あるのですが、ひとつは倫理銀行のお話がありました。いくつかお話があった中で、利子の一部を飢餓反対に回すとか、そういうしくみは日本の国内でも、私たちもたくさん作ろうと思ってやっていけばいけるだろうと思います。その時に市民もしくは労働組合の皆さん等が、利子が十分戻ってこない、もしくは元本が減るかもしれないにもかかわらず、社会的にソーシャルなお金であるという意味で、お金を回す人がいるのかどうかそれをぜひお伺いしたい。そういう流れができあがっているのかどうか。それは恐らく日本ではまだまだこれからですが、ソーシャルなお金がきっとこれから動くであろうと、私なんか思っておりまして、労金がやればきっと皆さんにお応えいただけるんではと思っておりまして。拍手がありませんが……（笑）。

　もう一つは社会的バランスシートということで、このごろCSRの報告がどんどん出ております。それより一歩進んだものだということで、バランスですから当然合わせたりする中で、CSR報告では「我が企業、我が社、我が〇〇はこういうことをやりました」というアナウンスは当然あるんですが、そのCSRの生み出したいわゆる社会的価値みたいなものを、どう測るようなものとして設計されているのかと、そのあたりをお伺いしたいと思います。

　ジャンテ　確かにおっしゃる通り、当初はこの倫理銀行、倫理基金は、人々の方が慣れていなくて、一人一人に説明していく必要がありました。ただ二つのやり方があるのをきちんとお伝えしておきたいと思います。ひとつは確かに寄付というかたちで、利子収入の一部を飢餓の問題などに寄付しますよというやり方。もうひとつは予め基金なり銀行が、社会的な問題や基金に対して投資しますよと。そこに預けるかどうかということ。その場合には、うまくいけば収入は確かに多

くはないけれども、戻ってくるわけです。これが少しずつ今発展しつつあって、大きくなっているとはとても言えないけれども、ただ普通の民間企業もこうしたやり方を今始めるようになってきている。それがイタリアやドイツ、あるいは他のヨーロッパ諸国でも、少しずつ発展しつつあるということです。

　もうひとつの社会的なバランスシートについて、社会的な価値をどう測るかということですが、必ずしもそういうことを目指しているわけではなくて、それは様々な関わっている人々（パートナーとか）に質問して（完璧な質問表は300以上あるが）、そこでの従業員や組合に意見を聞くということで、量的な結果を測定しようというよりは、質的な状況を映し出していく。そこでたとえば男女比であるとか、人権が守られているかというような質問が出されている。それを様々なパートナーが、同じ点を評価しあうということです。ただ先ほどの話の中に出てきたマンチェスター銀行の場合には、それでも量的な測定もしようということで、雇用をどれだけ作り出したか、あるいは従業員の男女比、あるいは賃金の男女格差はあるかどうか、そうした簡単な質問でも、社会的な評価の手がかりになると考えられています。

　津田　ありがとうございました。それではフロアーからの質問に移りたいと思います。まずお名前は書いてありませんが二つあります。ひとつは「ジャンテさんの活動歴にある『フランス経済・社会評議会』について少し説明してください」。二つ目は「根底において活動している、支えている人たちはソーシャリストでしょうか」という質問です。

　ジャンテ　一つ目は政府の諮問委員会とお考えください。と同時に議会に対しても責任を持って意見を出す。そして政府あるいは議会の方が様々なプロジェクトを、たとえば年金問題、移民問題等に関して諮問をしてそれに応えていく。あるいは社会経済委員会自身が、自分でテーマを設定して報告書を出すことがあります。そしてこの社会経済委員会評議会のメンバーとしては企業の代表、公共部門の代表、社会的経済セクターの代表、労働組合・農業の代表というような様々な分野の人々で構成されているものです。

　二つ目の質問ですが、一般論から言いますと「ハイ」と言えますが、ヨーロッ

パでいうところの左派の活動家たち、社会的経済であり、いろんなアソシエーションであれ協同組合であれさまざまです。今日取り上げているのは大体左派系の人たちです。それに対して農業協同組合や商業の協同組合は保守的な右側の人たちというように、一般的にヨーロッパに関しては、いうことができます。ただ付け加えておかないといけないのは、今言いましたように右派であれ左派であれ、社会的経済に関わる様々な制度やしくみに関しては、協同で応援してきたということです。

津田　ありがとうございました。次の方は質問が二つありますが、ひとつだけ取り上げさせていただきます。「お話の中では、広報活動が大切であるというお話がありました。社会的経済の中で一般広報活動として、独自の非営利のラジオ局・テレビ局・出版物等を持っておられるのでしょうか。」

ジャンテ　確かにおっしゃった独自のラジオ・テレビ・出版物の分野は、社会的経済では欠落しているところです。ただいくつかうまくいっているケースがあって、フランスにアルターナティブエコノミックスという経済雑誌があります。これ自身が協同組合で運営されて、当初は本当に金がなくて始まったのですが、商業雑誌と同じくらいの部数を出すだけの読者を今持つようになっています。それからいくつか小さな協同組合が出している、日刊紙というものがないわけではありません。ラジオの分野で言いますと、自由ラジオ放送が、いくつかのローカルなところでは行われております。ただこれもラジオの法制度に乗っかっての話です。テレビに関しては残念ながらないと。カナダにはあるようですが。こうしたコミュニケーションの分野に進出していく必要があると考えています。アメリカでは協同組合がインターネットの上で活動しています。ドットJPであるとかドットER（フランス）というかたちのように、ドットCOP（コップ）というものを作って、インターネットの分野で大きく伸ばし始めているということがあります。

津田　ありがとうございました。次の質問に移ります。「社会的企業がフランスで大きな注目を持つようになったのはいつごろからでしょうか」、時期的

なことですね。「その背景にはどんな要因があったのでしょうか」。

　ジャンテ　ご質問ありがとうございます。社会的企業という言葉に関しまして、実はある意味観念的な言葉であって、私はあまり使わないようにしています。と申しますのは、株式会社であっても社会的な活動をしていて、社会的企業と主張しうることもあるので、むしろはっきりさせるためにも、私は社会的経済という言葉を使っています。それでご質問ですが、1981年に先ほど申しました社会党が政権に就いたときに、社会的経済の関係閣僚会議というものを作りまして、社会的経済の発展を促進した。これがフランスにおける背景かと思います。その後ヨーロッパではEU委員会の方が社会的経済の活動領域があるということを正式に認めました。そのことでヨーロッパレベルに大きく広がっていったと言えると思います。

　津田　ありがとうございました。次のご質問は大きな問題なんですが「社会的経済の発展には資本主義経済に貢献してきた政治ではなくて、オルタナティブな政治が必要なのではないか。フランス、イタリア、ドイツ等ではどのような政治の役割が果たされてきたのでしょうか」。つまり社会的経済における、政治の役割について質問したいということです。

　ジャンテ　とても良い質問なんですけれども、社会的経済はこれまで随分臆病だったというか、慎重であったと思っています。政治の分野というか、そうしたところでは、あまり自分たちが登場しない。ただし発展してきたことを踏まえて、やはり自分たちの存在を打ち出していく必要があるだろうと考えていて、モンブラン会議というものを組織するようになったわけです。

　津田　ありがとうございました。あとひとつフランス語の質問はそちらに……。

　ジャンテ　（花田：いただいている質問はフランス語で書かれておりまして、とっても上手で、お誉めの言葉をいただきました）そこに「〜さんをご存じですか？」みたいな話が書いてありまして、それは自分の部下であったと言って

おられます。もうひとつお答えがあったのは連帯通貨といわれるもので、これは確かにフランスの協同組合が打ち出して、南米、アルゼンチンとかに広がっている。そしてアメリカでも発展してきているという話です。二番目の質問は、ヨーロッパレベルでの企業に対して、ヨーロッパレベルの社会的経済というのは可能かということのように理解されています。つまり今一国レベルの株式会社を越えて、ヨーロッパ株式会社、ヨーロッパ企業というのが作れるようになっているのですが、それと同様に、ヨーロッパ規模での協同組合、共済というようなものが作れないかということで動いておりますが、今のEUの担当者がとても保守的な方なので、難しいかと思いますが頑張っております。

津田 ありがとうございました。あと一件は質問というよりはご意見ですので、質問は終わらせていただいて、私の最後のまとめの中で、ご意見の中味を組み入れたいと思います。本日はどうも多数ご参加いただいてありがとうございました。

本日のジャンテさんのお話をきっかけにして、日本でも非営利の様々な団体の、連帯なりネットワークが広がっていくだろうと思います。東京と大阪と、それから明日は熊本でこの3日間の間に、日本中かなりの広域的な場所でフォーラム、それから会議を持たれることになっています。今日は2日目ですが、たいへんお疲れのところをジャンテさんどうもありがとうございました。

日本でも地域社会がこんなにたいへんになってきて、大混乱しておりますのは、やはり不良債権によって90年代の日本経済が、衰退の一途を辿ったこと。もうひとつはアメリカ型の経営が、日本の社会にどんどん広がって、市場主義といいますか競争主義といいますか、これが地域社会をダメにしていくひとつであったと思われます。

それで日本よりもヨーロッパの方が失業率の高い時期は随分長かったわけです。'70年代の石油ショック以降、ヨーロッパ社会は失業率の高い時代を迎えて様々な問題が起こってきたと思います。その中でこういう社会的経済というものも必要性が高まったと考えられると思います。その歴史的な経験が長いということが、やはりこれだけ多彩で奥の深いしくみを作ってきたのではないかと。日本の社会はこのヨーロッパのこれまでの社会的経済の発展を学んでいか

なければいけないと思います。日本はアメリカの社会とのつながりは非常に深かったんですけれども、その結果こういう競争市場主義になってしまった。ヨーロッパはちょっと違いまして、連帯の社会です。ヨーロッパからたくさん学ぶべきことはあったはずなんですが、やはり非常に遠い世界だったと思います。しかしこれをきっかけに受け入れ、ジャンテさんのこの日本での講演であるとか、このフォーラムをきっかけにして、労働組合と協同組合、NPOその他のつながりが、強まっていくだろうと思います。

　最後に残ったひとつのご意見は「この会議を一回だけに終わらせないで続けていけ」と、そういう要求であります。私どもも12月のある日に再びどこかで集まりまして、この会議の反省会、それから今後のつながりを強化するためのひとつのしくみを、検討していきたいと思っておりますので、たいへん貴重なご意見ありがとうございました。それに応えていきたいと思います。今日はパネラーの方々、それからジャンテさん、それから通訳をいただいた花田先生、どうもありがとうございました。（拍手）これで終了いたします。

III

欧州における社会的経済の発展から何を学ぶか
熊本学園大学水俣学研究センター

　2005年4月に発足した熊本学園大学水俣学研究センターは、水俣病事件の被害実態調査等を実施するとともに、資料収集・整理公開事業や、水俣地域の地域再生を実践的に展開するプロジェクトを展開しております。

　今回のジャンテ氏の講演は、第3回公開セミナーとして開催します。

　水俣病事件で疲弊したと言われる地域を、水俣病という負の遺産を将来に活かして、地域づくりをいかに展開するのかという問題に関して貴重な材料を提供してくれるものと考えております。

　水俣学関係の研究者、大学院生、学生、近隣の大学や研究機関の研究者たち、熊本とくに水俣芦北地域の市民運動家達に呼びかけて「欧州における社会的経済の発展から何を学ぶか」をテーマに公開セミナーを開催しました。

　　1．日　時　　2005年11月29日　14時〜17時
　　2．テーマ　　欧州における社会的経済の発展から何を学ぶか
　　3．場　所　　熊本学園大学図書館AVホール

　　主　催　　　熊本学園大学水俣学研究センター

カットは「水俣フォーラム」から
photo by Shisei Kuwabara 1970

《第1部》
挨拶と記念講演

■開会挨拶　宮北　隆志（水俣学現地研究センター長）
■歓迎挨拶　花田　昌宣（熊本学園大学）

■ 開会挨拶

　宮北　時間になりましたのでT・ジャンテさんをお招きしての公開セミナーを始めたいと思います。最初に少し、水俣学センターのこの間の動きについてご紹介したいと思います。
　今年の3月に文部科学省のオープンリサーチセンター事業に申請していたものが採択をされまして、4月にはこのキャンパスで水俣学研究センターが水俣学研究プロジェクトの推進拠点として稼動を始めました。8月には、水俣現地に研究センターを開き、その後、地元では公開講座や健康福祉相談などという形で少しずつ研究活動を始めています。
　今、3つのプロジェクトが同時進行で進んでいるのですけども、一つは、水俣病被害の全容解明です。二つ目のプロジェクトとしては、全容解明の成果をふまえて、これからの地域再生に向けてどう取り組んでいくかというプロジェクト。そして、三つ目が、様々な資料のデータベース化とそれを全国あるいは海外へ発信する。そういう3つのプロジェクトをベースにしています。
　今日、第3回目の研究センター主催の公開セミナーを開くことができたわけが、1回目、2回目は8月にカナダの先住民の方をお招きして学園大と、そして水俣現地で水銀被害に苦しむカナダ先住民の方の生活被害について、お互い

に情報提供しながら議論しました。

　今日は、フランスからT・ジャンテさんをお招きしての第3回目です。ジャンテさんについては、あとで詳しく花田先生のほうから紹介があると思いますが26日に来日をされています。27日には東京で、そして昨日28日は大阪でフォーラムを終えられて、今日さきほどお昼に熊本に到着されました。簡単な職歴についてこちらの資料の最初のページに紹介してあります。また、様々な活動について、あるいはこちらのパワーポイントの下の方にありますけど、99年から2004年にかけてはフランス経済社会評議会のメンバーとして、また2000年から2004年にかけては、社会的経済青年指導者・活動家センターの理事として、現在、マシフ財団と言いますか、「雇用創出、排除との戦い、市民権の発展」ということを掲げて活動されて、マシフ財団および欧州社会的経済諸財団連合の理事を務められているということで、活発に活動されているようです。

　少し個人的な話になるんですけども、私、今年の2月にイギリスを訪問する機会がありまして、その時に初めてソーシャルエコノミーという考え方に触れることができました。現状として、まだ日本では大きな潮流にはなっていないと思うんですけども、ガバメントからガバナンスへの転換が少しずつ模索されている段階ではないかと思います。分かりやすい言葉で言うと、これまでの行政お任せ型の社会から、いろんなセクターによって地域を運営していこうという取り組みがNPOや市民団体によって、今、新しい地平が切り拓かれようとしている。また、もう一方では、グローバリズムに対抗するような地域の内発的というか内省的な発展を目指そうという動きも少しずつ地域で起りつつあります。そんな模索を支えつつあるのが、また、その原動力となりつつあるのが、ソーシャルセクターやソーシャルエコノミーという概念というか考え方ではないかと思います。地域の多様なそのニーズには、もう行政だけでは応えられない。なるべくそのニーズの近いところで地域がそれに対応する、またサービスを提供していく。あるいはそのことによって、地域に雇用を生み出したり、あるいは、雇用を生み出す中で地域の人々に生きがいを作り出したり、また、そのことが大きな地域力となっていく。それは、もう一方では、今注目されている概念としての「ソーシャルキャピタル」の醸成というところに結びつく可能

性をもっているんじゃないか。また、その「ソーシャルキャピタル」の要請、規範とか信頼とかネットワークという言葉で表される「ソーシャルキャピタル」、社会関係資本の要請がもう一方で更に活発なソーシャルエコノミーの活動を生み出している。そんな好循環の中で、基本的に私たちが実現すべきウェルビーイングの実現に向けて大きな力になっている。そんな捉え方がようやく、日本でもできるようになってきたんではないかと思います。

　ですから、そういう意味では今日のジャンテさんのお話は、私たちがこれから、それぞれの地域で地域の運営のあり方や地域のあるべき姿を求めたNPOとあるいは民間事業者と行政の協働の取り組みを進めていく上で、大きな示唆が得られるのではないかと思います。また、我々、水俣学研究センターのスタッフとしても、これからの水俣の地域における地域再生を考えていく上で、大きな力をいただけるというふうに思っております。私の方から最初のご挨拶は、これで終わりにして、花田先生の方から今日、ご講演いただくジャンテさんの紹介をしていただきます。

■ 歓迎挨拶

　花田　熊本学園大学の花田です。今日、お話をしていただきますティエリ・ジャンテさんを紹介します。ジャンテさんは、これからゆっくりお話していきますので、細かい紹介はいたしませんが、実は、いわゆる大学の先生、研究者というよりは実務家なんですね。それで、社会的経済部門、それはいわゆる「協同組合」、生活協同組合の協同組合であるとか、「共済」、年金の共済とかありますし、あるいは地域で活躍している様々な市民団体、アソシエーション。そうしたものをどういうふうに作り出していくかということで、長年にわたって活動されてきました。それで、1981年、フランスが保守党政権から社会党政権に変わったときに、そのときの首相がロカールですが、その下で「社会的経済を通してのフランス社会の転換」という諮問委員会の責任者を務めておられます。それから、様々な活動の中でいくつも出版されておりまして、ここにあるのは全部フランス語です。これ全てではないですけれども、何冊も本を出さ

れています。
　今は、フランス国内というよりはヨーロッパレベル、EU レベルで社会的経済発展のための様々な活動をなさっている。それで、今日の話はまず、社会的経済というのは何なのかという話から、実際の展開というふうなことで進んでいくと思います。それでは、私の話はこれくらいにしてジャンテさんのお話にいきたいと思います。

記念講演

欧州における社会的経済の発展から何を学ぶか

講師　ティエリ・ジャンテ氏
通訳　花田　昌宣

　ありがとうございます。
　こういうお話をさせていただく機会をつくっていただきましてありがとうございます。また、熊本学園大学の様々な先生方が準備していただいたことにお礼を申し上げたいと思います。今日は一方的に講演するというよりは、お話はしますが、お互いに意見・議論を戦わす場というふうな双方向の場になればと願っております。

●社会的経済の歴史

　最初に、社会的経済の歴史ということについてお話したいと思います。社会的経済というのは、実はかなり長い歴史をもっています。まず、中世のヨーロッパでは、天災や伝染病をはじめとする様々な災害に対してどういうふうに立ち向かって行くのかということで、男性・女性、社会を構成する人間が連帯や連携をつくっていくというのが起源と言えるでしょう。

　近代社会における社会的経済は、実は産業革命の中から生れてきます。つまり、産業革命時代の技術革新等々が生み出す様々な社会的な災害にどのように立ち向かっていくのかということから社会的経済の運動が起きてきます。この当時は、この社会的経済の運動は労働運動と結びついておりまして、資本主義に対する対抗戦略、オルタナティブとして位置づけられていました。この社会的経済を支えた思想には様々なものがあり、例えば、皆さんご存知のロバート・オーエンやプルードンといったような非宗教的な思想と、それからカトリック教、キリスト教の信奉派、そうした方々の中から生れてきております。これには政治的な背景もあり、様々な政治的な潮流、急進派、共和派、社会主義者、共産主義者、それから進歩的自由派、そういったものに基づいています。

　社会的経済というのは、いわゆるアソシエーションですね。そういう活動に基本を置いている。アソシエーション的な活動と言いましたが、ヨーロッパでは古い歴史があり、いわゆる共済組合、とりわけ、医療保障に関する社会保障システムの共済組合が出発点の一つを形づくっています。さらに、農業協同組合が社会的経済部門を組織していくという役割も果たしていました。これは、ヨーロッパどこの国でも起きてきており、農業者の労働組合がベースになっております。ついで、それ以外の協同組合が 1840 年代から生れてきます。そのうちの一つが生産協同組合で、日本語にはなりませんけどもギーズのファミリステール（familistaire）があります。

　この時代、いわば職人的な労働者たちが、そうした生産協同組合をつくっていたのでありました。ついで、生産協同組合と別に消費生活協同組合というものが出てきます。いわゆる、ロッチデール組合であります。もう一つが、いわゆる信用金庫、信用協同組合でありまして、ドイツやイタリアで発展しました。

ドイツにおける信用協同組合、ライファイゼンが作ったものが有名です。

これらをまとめますと大きく3つの流れがあります。

まず、アングロサクソン系では、ロバート・オーエンやウィリアム・キングの思想に基づいてロッチデール組合ができていく。これが、いわば消費生活協同組合の流れです。次に、あえて言えばフランス系で、シャルル・フーリエ、ルイ・ブラン、プルードンなどの思想に基づいて、労働者協同組合、生産協同組合などが星雲状態で生れてきます。それがさらに発展して生産協同組合あるいは労働組合運動、そして、様々なアソシエーションや共済組合といったものに形をなして発展していくのであります。最後にゲルマン系で、先ほど申しましたライファイゼンやシュルツらの思想に基づいて、いわば信用組合が出来ていきます。イタリアがルツァッティの取り組みがありますが、いわゆる労働信用金庫あるいは人民銀行という流れになっていきます。このように1840年代から20世紀初頭の期間に、今、我々が社会的経済と呼んでいるものが登場したのであります。

●社会的経済の原則と論争

ここで、協同組合、共済組合、あるいは、アソシエーションと言われる社会的経済の原則のいくつかをお話していきたいと思います。

第一番目の原則は、共同の集団的で自由な主体的な取り組みであります。

二番目の原則は民主主義的な運営をしていくということ。言い換えますと、一人一票原則が尊重されるということです。さらに、そうした活動が剰余、利益を生んだ場合にはその現場間で公正に配分をしていくということがあります。事業を進めていくときに自己資本が必要になるんですが、それに関しては分割しない・できない自己資本で運営していき、いわば自由に構成される共同所有という形をとります。その次の原則は、連帯、お互いの協力で、それから個人の自己実現・自己満足を果たしていくということであります。さらに、国家からの独立ということを忘れてはいけません。

こうした社会的経済の原則を他の考え方と比較してみることが重要かと思います。例えば、いわゆる第三セクター（サードセクター）との区別と連関を考

えていく必要があると思います。このサードセクターですけれども、民間企業や、あるいは公的な部分では満たせなかったようなニーズに応えていくという実験的な領域・分野として考えられています。もう一つの考え方、これはアメリカのリフキンの考え方でありますが、このサードセクターが社会的な必要やあるいは文化的必要に応えていくようなセクターとして考えられています。資金調達に関して言えば、その独自のセクターというもの、他の市場セクターから財の移転という形で調達されるというものとして定義されています。さらに、我々の友人でありますが、アラン・リピエッツというフランスの思想家による定義では、いわば市場セクターつまり商品セクターと公共セクターの混合として、社会的な問題やエコロジカルな問題に応えていくという活動のことを呼んでサードセクターと言おうということであります。こうしたサードセクターの考え方というものはかなり曖昧でありまして、私たちが呼ぼうと考えている社会的経済というものは、もう少し厳密に定義されていかないといけないと思います。

　それと似たような考え方に「連帯経済」という考え方があります。これはあくまで、主体となっているユーザーに基礎を置いて商品・市場の市場的なマーケットメカニズムの資源と非市場的な資源を組み合わせて、いわば、主体間の連帯をベースに置いていくという考え方であります。結局、連帯経済という考え方は社会的経済と言う考え方に対して、もっとメンバー間やユーザー間の連帯を強調していくということで提起されている、ある種のアピールのように受けとめています。

　それに近い考え方で、最近議論となり論争の対象となっておりますのが、社会的企業という考え方です。この社会的企業は、その目標がかなり多元的でありますし、様々な立場の人々が関わっています。形態としては株式会社であったり、アソシエーションであったり協同組合であったり、形態自身は問われない。この社会的企業という考え方自身は、私は曖昧すぎるのではないかと思います。つまり、社会的な需要に応えていくという株式会社であったとしても、やはり利潤追求というルールから外れることはできないものだからです。

　もう一つ、ヨーロッパで議論が出ていますのが、社会的市場経済というものであります。この社会的市場経済というのは、実は国家がいかにうまく機能し

ていくのか、公正に運営されていくのかということで、いわば、市場経済の原則と社会的な課題というものをどう均衡させていくのか、そして、そこに労働者や市民がいかに参加していくのか、ということから生れてくる考え方です。以上、簡単でしたが、社会的経済の歴史そして原則というものをお話しました。ここのところを押さえておかないと、次の話にいけないということで時間を割かせていただきました。

●社会的経済の現実的展開

　この社会的経済は、実は国によって様々にな呼ばれています。さらに社会的経済と銘打たなくても社会的経済の実際の活動をしているところもあります。例えば、アソシエーションと呼ばれているもの、あるいは、非営利組織というふうな形態をとっているものがありますが、社会的経済としてひとまとめにできるのではないかと思います。

　それでは、この社会的経済というのが世界の中でどのような形をとってあらわれているのかを示していきたいと思います。まず、協同組合ですが、国際協同組合同盟というものがありまして、世界の100カ国に支部を置き、30億人くらいが関わっている組合があります。共済組合は、例えばイスラエル、南アフリカ、アルジェリア等々で、それぞれ数百万人の組合員を抱えています。あるいは、アメリカでありますが、市場経済の権化と言われているようなアメリカでも信用協同組合が発展しておりまして、アメリカだけで8300万人の組合員がいます。ヨーロッパの方に話を移しますと、1990年代末、まだEUが15カ国だった時に、2億4千8百万人の人々が共済組合などに加入している。人口が3億6千万人でありますから、その比重の大きさはお分かりかと思います。

　それでは、こうした社会的経済が何をしているのか、とくにヨーロッパを紹介していきたいと思います。社会的経済には、今の社会全体が抱える諸問題に挑戦をしていくという役割があります。そのなかでも最大のそして緊急の課題は、失業者あるいは社会的に排除を受けている人たちを社会の中に社会復帰をさせていく取り組みが必要になってきているということです。それが例えば、イタリアで言いますと社会的協同組合、フランスで言いますと社会復帰のた

めの様々な諸団体、アソシエーションであります。長期失業者たちに対して既存の職業訓練は不十分になってきています。そうした長期失業者に対して適切な社会的な訓練、生活に関わるような訓練をしていくという活動が挙げられます。こうした活動は、いわば媒介的な組織あるいは中間的な組織によって担われます。と申しますのは、ある部門で技術、熟練、技能をもっている労働者たちが、長期失業に陥ったときに別の部門の別の仕事に就いていく。そうしたものの媒介をしていくということが大事だからです。それは、長期失業者自身が、自分たちはなお、仕事ができる現役の労働者であるという自覚をもっている。そして、不安定就労の時期であっても仕事をすることを通して一般の労働市場に復帰していくということが課題となっているからであります。つまり、長期失業者が孤立した生活から抜け出していって社会の中に復帰していく。こうした孤立したケースというのは、単に長期失業者だけではありません。ともうしますのは、いわば小企業主であるとか、小商店の持ち主たち、この人たちもまた、社会の中から孤立しており、困難を抱えている。そうした人たちの社会復帰が重要になってきている。こうした小売商商店主の協同組合あるいは職人の協同組合を作っていく。それを孤立している形でなくて共同の仕入れをしたりあるいは共同の金銭的な管理をしていく。そして共同のクライアントを見つけていく。そしてそのような活動が必要になってきて、それ自身がそれぞれの事業者の独立性を犯すわけではなくて、繋がっていくというような形で協同組合を作っていくということができます。

　これは、単に時代に後れないようについていくということだけではなくて、別の可能性を含んでいるものと考えたいと思います。そうした協同組合が、もっとも社会的にも技術的にも革新的な部分と繋がっていく。大学やあるいは研究機関との連携を強めながら新しい分野の孵化器としての働きをもっていくということが重要になるかと思っています。そういう意味で、今の社会的経済の課題というものは、社会的な野心あるいは社会的な必要、市民的な価値観、そして経済的あるいは技術革新を進めていく。そうしたために力を結集していかなければならないと思います。そうしたことを通して社会的経済あるいは社会的な課題と言うものを経済の仕組みの中に取り込んでいく。それを地域的なレベルであるいは国レベルで進めていくということが必要になってきています。

先ほど申しました孤立した人々、あるいは社会的に排除されている人々の発言力をいわば集団的に作り直していく、そうしたネットワーク的な関係をアソシエーションや協同組合や、あるいは共済組合、という形で作り出していく必要があります。また同時に、社会的に排除された人々に対して基本的な権利を保障していく、あるいは生活に必要なものを保障していくということを考えていかないといけない。と申しますのは、こうした社会的に排除されている人々自身が、自分たちの持っている権利に関してあまりにも無知だからです。そうした意味では、様々なアソシエーションの活動あるいは共済組合の活動が、こうした人々の基本的な権利、住まい、食糧、医療といった権利へのアクセスを保障していく活動が重要になってきています。社会的経済を通して、ミクロレベルでの社会的な統合、ミクロレベルというのは地域あるいは町レベルのことを意味しており、そこに新しい社会的な空間を作り出していく。そして新しい社会性契約を諸個人間あるいは諸個人のグループ、自治体、あるいは国との間で作り出していく。こうした架け橋としての役割を社会的経済が果たしていくということであります。

　こうした社会的経済の役割というのは、いわば市場部門と非市場部門あるいは貨幣的なものと非貨幣的なもの、その間を繋いでいくという役割を果たします。これは、市場経済のマーケットメカニズムが全てを解決するという単純な考え方を超えていくものです。社会的経済は、市場メカニズムを単純に拒否するということではなくて、いわば市場的経済の中でのアクターとして、民主主義的な原則、非営利そして社会的な目的をもって活動していくということを目指すのです。社会的経済とは、ある意味では心優しい自治的な活動というものでもなければ、あるいは資本主義の欠陥を補完する役割でもなく、単に慈善でもない。むしろ、独自の論理、自らの原則をもって連帯を組織していくものというふうに考えたいと思います。ヨーロッパやあるいは日本でもそうだと思いますが、社会的経済というのは、いわば資本主義経済と共存はしつつも、競争的な関係にあると思います。

　社会的経済が、国の補完物あるいは国の代替となることは拒否したいと考えています。つまり、本来、国家が果たすべき義務を国が担わなくなってきているという状況の中で、それを社会的経済が補完するということであってはなら

ないと思っています。そうではなくて、国やあるいは自治体のパートナーとして様々な課題を一緒にやっていくということは考えていいかと思います。

実際のところは「言うはやすく、行うは難し」でとても難しいものがあります。多くの国で社会保障の水準が削減をされている、そうした中で、その部分を否が応でも社会的経済が支えていくという役割を現実的には果たすわけですが、その辺のところをどうしていくのかということは、これから解決していくべき課題となっていると思います。そうした意味で、今、危機に瀕している福祉国家から市民福祉あるいは福祉市民へという移行を果たしていき、その中で社会的な経済というものが中心的な役割を果たすと考えてはどうかと思っています。

例えば、イタリアやフランス、イギリスでも社会保障の大幅な削減が起きております。そうした現実に対して共済組合や様々なアソシエーションが、新しい道具、新しい手段を作り出している。社会保障の欠落部分を穴埋めしていくということでいいのか、あるいは、それを進めるべきかという問いがあります。例えば、イギリスのブレア政権は、社会的経済の様々な主体に対して社会的な問題を政府と一緒に解決しようという呼びかけがなされている。あるいはフランスでも様々な社会問題が起きているときに、共済組合やあるいは社会的経済の部門に、削減していく社会保障を穴埋めするような形で、ただし、言い方としては「あなた方が主人公ですよ」という言い方が国家からなされるという現実があります。フランスの場合、医療保険を担っているのは共済組合ですが、政府からそういうふうに言われた時に、この共済組合としては医療保障の水準の引き下げに反対をして、自分たちの役割を考え直していこうという気運になりました。社会的経済はいわば緊急的な課題、冒頭に申しました長期失業や社会的に排除されている人々への支援を担っていくと同時に、常に起きている社会保障の問題、あるいは市民生活の支援の問題に関わっていきます。そうした中で社会的経済それ自身が自分たちの役割というものを改めて考え直すことが必要になってきます。

つまり資本主義経済の補完物になるのか、資本主義と並立するのか、あるいは資本主義経済のオルタナティブとして自分たちを映し出していくのか、そうした点を考えないといけない時期に来ていると思います。例えば、ブラジルで

は、政府はこうした社会的経済を資本主義的市場経済のオルタナティブとして考えているという。ただ、ブラジル経済の場合、国際的なグローバル化した経済の圧力の下で考えられています。ヨーロッパの国々、とりわけ進歩的な政党が政権についている国々では、単に社会的経済に共感を示すというよりは、現在の課題に対しての回答・解決を準備してくれるものではないかと考えられ始めています。

　もちろん、社会的経済だけが、様々な問題に応えるというわけではありません。先ほど申しましたように、社会的経済自身が労働組合の中から生れたという歴史をふまえておかなくてはいけません。労働組合運動自身が、この社会的経済の重要性を長い間忘却をしており、21世紀の今日になってようやくそのことの重要性を再び見出しているという現実があります。

　労働組合の側からは、実はこうした社会的経済部門は資本主義に支配されたもの、資本主義の補完物ということで自分たちとは関係ないという断絶が長い間あったと思います。ところが、現状の中では社会的経済がいかに必要かということを労働組合自身も考え始めています。例えば、面白いのは、数日前ですけれども、フランスの労働組合総連合（ＣＧＴ）、これはかつては共産党にとても近いと言われていたナショナルセンターですが、この労働組合が、一日かけて社会的経済に関して議論をするという設定をしました。実は30年ほど前にはこの組合自身が社会的経済との断絶を果たしていたのであります。こうした労働組合運動の側が社会的経済を再発見していくということ自身は今思えば、別に驚くべきことではなくて、共通の課題が実はそこにあるからであります。

　個人の尊重、民主主義の重要性、民主主義の追求、社会的な諸問題に関して重要性を与えていくこと、あるいは社会の様々なアクターを育てていくというような点が共通点として挙げられます。そういう意味では、社会的な共同体、共通空間というものを作っていくことが必要になってきます。労働組合運動と様々な非営利団体、組織とが、経済的な変化・技術革新、あるいは失業問題等々に対抗した連携・連帯を図っていくということが必要になってきます。そうした連帯は、今申しましたような社会保障制度の脆弱化・切り下げに対抗するような連帯であります。

さらに、新しいタイプの新しいモデルの企業を作り出していく、つまり、参加型の民主的に運営される資本主義的ではない目的を持った会社・企業を作り出していくということが考えられます。加えて、さらに全く新しい分野での活動も考えられます。例えば、いわば後払いの賃金と言われている年金、あるいは勤労者貯蓄制度等々をいかに運営していくのかということです。なぜ、こういうことを言うかといいますと、例えば、積立方式の年金、あるいは年金基金は、しばしば普通の大きな金融機関によって運営されているのですが、労働者自身の利害とは全く関係ないロジックで運営されているからです。

　例えば、企業年金でありますけれども、これ自身の積み立て部分の運用を金融機関に任せ、高利回りの運用をめざします。その結果、回りまわって何が起きるかと言うと、経済競争の結果、様々な企業で解雇が起きるということに繋がっていく。さらに、その結果として、退職年金を受け取る人たちは、こうした年金基金の運用を通して、思わざる結果として、自分の次の世代あるいは孫の世代の失業を生み出すということに繋がっていくのであります。そうした現状を前にして、いま、労働組合とそしてこうした年金基金を管理していく共済組合あるいは協同組合信用金庫が連携をとり、そして社会的な目的に沿った運営をしていくということが大事になってきていると思います。そういう意味では、貯蓄あるいは年金基金の積み立てを社会的な労働組合と金融機関とが連携をしながら社会的に共同運営していく、そうしたマネージメントが必要になってきていると思います。これは、夢のようなことを言っているわけではなくて、例えば、カナダのケベックでは労働者管理による基金がありますし、スウェーデンにおける新しい年金システム、フォルザーも同様の考えに基づいて進めております。現実問題としては今のケベックやスウェーデンの場合、貯蓄はどのように共同運営されているかというと、単に利率・利回りではなくて、社会的な課題にどう応えるか、環境にどう配慮していくのか、そして雇用創出につながるかどうか、そうした基準を置きながら資金の運用がなされています。

　こうしたことで、何が言えるかといいますと、社会的経済の出発点である、社会的に排除されている人や長期失業者を社会復帰させていくという緊急の課題が、実は、常に定職についている労働者あるいは年金生活者の支える制度を通して繋がっていき、社会全体の課題に応えるというふうな大きなシステムを考え

ていけるということであります。

　別の活動領域、新しい領域を見ておきましょう。とりわけ、対人サービスや個人向けのサービスの領域であります。例えば、在宅サービス、高齢者であるとか、あるいは家庭で子育てをしている女性たちを支えていく。そうした対個人サービスの領域が生れてきていると思います。この中で、やはり中心的な役割を果たしていくのは、生産協同組合です。ここでは労働組合が大きな役割を果たしうると思っています。実は、この生産協同組合という制度は日本にはないそうなので、考え直していく必要があるかと思っています。そのときに、重要になってくるのは、人材育成です。新しい領域における人材育成、専門職業性ということが課題になってきます。そのためには、教育や人材育成のための基金やシステムが必要になってくる。フランスでは、労働組合のナショナルセンターと経営者団体とが協定を結びまして、新しい必要に応える人材育成システムを作ろうとしております。

●地域の発展と社会的経済

　つぎに、地方自治体と社会的経済との関係がどうなっているのかについて話していきたいと思います。

　実は、この地域と社会的経済というのは、いわば永く続いた恋愛関係のようなものです。先ほどロッチデールのお話をいたしました。またイタリアのボローニャ地方の協同組合の例もあります。あるいは、フランスでの共済組合があります。実は、社会的経済は地域における社会的、政治的あるいは経済的なネットワークと深い繋がりをもっております。これは、恋愛関係と同様に、近くなったり遠くなったり、また近くなったりしております。なぜか。それぞれお互いに共通の課題、共通の問題を抱えているからであります。自治体や社会的な活動や協同組合も、地域における繋がりをどう作り出していくかということが課題としているからです。それが、社会的な分野や文化的あるいはスポーツの領域での社会的なアソシエーションや、あるいは家族・子育ての問題に取り組んでいる諸団体の活動領域であります。あるいは、さらに、環境を保護していくという共通の課題・共通の意志というのもあって、これは日本では皆さんご

承知のことかと思います。また、今言いました様々な課題というのは地域における諸団体の課題であると同時に、地方自治体が抱えている課題でもあります。しかし、自治体とその地域で活動している諸団体とが対立するということも勿論ありまして、それぞれがお互いに支えあったり、あるいは対立したりするという現実があることは承知しています。

　もう一つの別の側面から言いますと、地域における貯蓄制度や地域の信用金庫制度を作り出しているところもあります。この地域ベースでの信用金庫というものには、自治体も関心を持っております。と申しますのは、こうして集められた貯蓄が地域に還元されていくということが考えられるからです。これは、地方自治体にこうした金融機関や様々な企業が来るということ自身が、大事でありまして、そうした拠点を地域に置くということはその企業自身がもう動かない、出入りしないということであり、地域の利益に繋がっていくと考えられるからです。

　地方自治体にとっては地域の諸団体との共同の課題が多くあり、アソシエーション等を含む様々な形態の事業体、様々な形態の組織が、地方自治体の関心を引いております。例えば、小売業やあるいは技術職人たちといった人たちがそれぞれ孤立して活動するのではなくて、地域の中で繋がりあって組織されていくこと自身が地域の活性化になる。逆に言うと、それがなくなれば、都市自身、地域自身の基盤が崩壊していくということが考えられます。

　ヨーロッパで、とくにフランスで注目されているのは、この領域では社会的観光・社会的ツーリズムと言われるものです。海辺の地域あるいは山で様々な提携関係をむすび、観光とのアソシエーションと連携を組んで社会的観光を作り出そうという努力がなされています。とくにこうした分野では、自治体と社会経済の部門とそして労働組合、この三者が繋がりあった連携が作り出されています。

　あるいは、もっと伝統的な古くからある繋がりでいいますと、地方自治体と農業協同組合、あるいは漁業協同組合との連携があります。ヨーロッパ特にフランスでは農業の協同組合との連携がなければ、農業がいっそう困難な状態になっていたかと思われます。その意味では、地方自治体の首長、議員たち、あるいは地域の活動家と協同組合的な活動との連携が重要になってきていると

思います。イタリアやフランスでも、こうした地方政界のリーダーたちが地域の社会的経済の運動と連携をとって責任を果たしていくことが求められています。それが市町村単位や、あるいは州にあたるレベルで求められているのです。

では、そうした連携がどのように機能していくのでしょうか。それぞれの地域や特性に応じた機能様式というものが必要になってくると思います。様々なやり方があるかと思います。例えば、社会的分野、文化的あるいはスポーツの領域での様々な活動を非営利の団体に委託・委任していくことが考えられます。これが、それぞれ国によって法律は違うのですが、契約に基づいてなされるという制度的なものとして可能です。そういう意味では、諸団体が補助金や助成金を受けて、それを受けた諸団体が活動・サービスを提供していくというものであります。その場合に、当然、財政上の透明性が求めらます。ヨーロッパでは、様々の分野で社会的な活動—高齢者、障害者の援助それからスポーツや文化活動—実に多様な領域での契約に基づいた業務委託がなされております。これらが委託される先は、多くの場合、非営利の市民団体・アソシエーションです。協同組合や共済組合が、委託を受けるということは少ない。というのは協同組合や共済組合は、市場経済の領域で活動しているからです。だからといって、協同組合などとの制度的なあるいは形式上の関係がないということを意味しているわけではありません。例えば、自治体の方が協同組合などに対して、土地の貸与、あるいは様々な税控除の措置は可能です。そうした支援・関係というものは、法的な制度に則っていかなければならないので、それに関してフランスのいくつかの制度を紹介してみたいと思います。

●生活領域での連携の構築

フランスでは、1983年に社会経済連携に関する法律が作られています。この法律は、実は市場経済部門でというよりは、アソシエーション、協同組合や共済と自治体との協力関係を推進していくという法律であります。これは、社会的なイノベーション・社会的な革新であり、この制度に基づいて、社会的経済の種々の法人と自治体とが、社会的に共通の利益を達成するためにいくつかの事業を起こすことが可能になりました。

最近は、ベルギーや北欧あるいはイタリアでも、社会的に共同の利益を求めた協同組合会社というものを作っていくという法律が設置されました。これはどういうことかと言いますと、社会的な利益を追求する会社あるいは法人の設置を認めていく。そしてそれが市場経済部門で活躍していくわけですけれども、それの取締役会、理事会に自治体の代表も入っていく。そうした意味で、自治体と社会的な諸部門とが協力関係を結んでいくことが可能になるというものであります。これもやはり法制度に基づいておりまして、自治体とそしてこうした社会的な目的を持った協同組合が、共同でつくっていくこと自身が、フランスで言いますと、県知事の許認可の事業として置かれております。こうした事業は、とりわけ新しい様々な領域での環境保護や在宅サービスなどの活動を可能にする。これが面白いのは、様々な活動領域が横に繋がっているということです。これまでケースバイケースでもぐらたたきのように問題解決したのが、横に繋がりあって連携することで、トータルな総体的な解決が可能になるということであります。

　社会的に困難な地域、公害被害発生地域、都市での貧困地域、そういったところで様々な社会活動がなされているわけですけれども、これまではバラバラに課題ごとに、あるいは地域ごとにバラバラに活動をしておりました。この点は、都市における社会問題を農業と比べてみると面白いかと思います。農業の協同組合部門とは、実は農業生産だけではなくて、医療保険や、家族らの生活を支える信用金庫を作っていったりするなど総体的な活動をすると同時に、農業者個人も繋げるという役割を過去数十年にわたって果してきております。そういう意味では、農業世界におきましては、社会生活あるいは経済的な生活領域の繋がりを地域において作り出すことに成功してきています。これを都市部分と比較しますと、都市生活においてこうした農業世界を組織するようなものに対応するものは見られない。そうした意味では都市の中で協同的な活動をどう作っていくのか、そしてテーマごとにバラバラにある活動の連帯をどう作っていくのかというのが今、我々に課せられた新しい課題としてあるのではないかと思っています。

　例えば、長期失業者たちの組合ができたとします。そのこと自身は大事なのですが、同時に長期失業者たちが医療の問題や家族生活の問題、あるいは日常

的なお金の問題等々、様々な問題をバラバラに扱うのではなくて、共同で解決にあたれるような仕組みというのが考えられないものかと思います。そういう意味では新しい都市型の社会的経済の仕組みが必要だと思いますが、まだできているわけではありません。これは都市ではとても難しい。農村地域におきましては、農業中心にいわば職業的な連帯をベースにして様々なトータルな仕組みができておりますが、都市においては活動もバラバラでありますし、職業もバラバラ。そうした中で新しい連帯の仕組みを作ると考えたら、全く新しい発想に基づく必要があります。こうした連帯関係を都市で構築しようと考えていくと、職業的な繋がりというものを超えていかなくてはならない。例えば、フランスには、日本でもあるような学校教職員の共済組合がありますが、こうした一つの職業に基づいた組合というのは、確かに半世紀前では、有効で必要だったかもしれませんが、今は、それをどう越えていくのか、職業領域をどう超えていくのかが問われています。そうした意味では、新しい市民のあるいは社会的に排除された人々の必要なもの、期待、ニーズというものを、もう一度調べなおし再考していく。その上で、新しい活動領域を作っていけないものかと。これが重要だと思います。

　そうした新しい領域で言いますと、昨日大阪で出会った、琵琶湖中心に活動している菜の花プロジェクトがあります。これ自身は、廃食油を使って石鹸を作る。そして、菜の花から作ることから循環型の社会を考えていく。それが地域にベースをおいているという面白い取り組みであると思いますし、循環型エネルギー社会を地域ベースで作っていくという取り組みが、日本でも色々あるかと思います。

　ヨーロッパの方にいきますと、例えば、フランス北部のルーベ、あるいはイギリスのマンチェスターという地域で、住宅生協が作られている。そして地域の生活を自治体ベースに作っていく活動を見ることができます。このフランスのルーベという町は、いわば空っぽになっている町で、人がもう住まなくなっているような地域です。そこに誰が住んでいるかというと長期失業者が住んでいる。そこをどうしていくか。やはり残った住民たちとともに、都市改造、町づくりをしていく、それを協同組合や社会的な活動をしてきた人たちと共に新しい街づくりをしていくという取り組みがなされている。こうしたいわば困難

を抱えている都市あるいは町で、様々な社会活動をつなぎ合わせて活動をしていく。とりわけ、若者あるいは若くなくてもいいのですが、長期の失業者たちが町に出てくる。あるいは引きこもりもあるかもしれない。そうした人々が、社会に出てきてその人たちをベースにいろんな社会的アクターと連帯をつくって町づくりをしていくということが重要だと思います。例えば、そうした引きこもりの若者たち、あるいは困難を抱えて社会に不適合を起こしている子どもたちを支援するグループと、そして失業者を社会復帰、労働挿入していくグループと、そして様々なグループが繋がりあうことで、地域づくりが活性化されていくだろうと思います。こうした取り組みはかなり複雑なことになると思いますけれども、市民グループ、アソシエーションの人たち、あるいは地方自治体の議員さんたち、あるいは国・県の役人たち、そうした人たちとの連携をベースに取り組んでいくということが必要だと思っています。

これにはいろんな意味を含んでいます。例えば移民の第二世代・第三代の場合、親が何年にも渡って失業している現状の中で、移民の子弟たちも社会的な意欲を失っていく。そして社会的な表現の手段も失っていって、今、フランスで起きているような車に火をつけたりというふうな表現手段しか持たなくなっていくような現状、これをどうしていくのかということがあります。

あるいは、全く別の環境汚染や公害等々の被害者たちが、社会から遠ざけられているというふうな現状に対してどのように地域を作り直していくのかということのためにも、様々なアクターが繋がりあっていくことが必要だろうと思っています。これは緊急課題、あるいは非常に特殊な課題というふうに言った方がいいかもしれません。長く続いている問題でありましょうから、それにどう応えていくかということであります。そうした意味では社会的経済がある種の解決を与えるかもしれません。いわゆるサスティナブルな経済ということであります。競争的な企業との連携ということも射程に入ってくるのかもしれません。

●連帯の仕組みとしての社会的経済

そこで、重要なのは、社会的経済における事業活動の社会的所有形態である

かと思います。分割できない共同の基金で運営したり、共同出資であったり、というふうな共同所有の形が考えられます。こうした共同所有の社会的企業が地元で様々な財を調達していく。そして外に求めるのではなくて、地域に根づいていくということが可能になってきます。そうした意味での持続可能な経済システム、地域経済のメカニズムができていくのではないかと思っています。

　実は、これは世代間の連帯にも繋がっていきます。保険、とりわけ年金や共済の場合は、今の時代の変化が激しい中での世代間の連帯というものが可能になるような仕組みかと思います。社会的経済はそういった意味で、地域の中の様々なアクターの連携と世代間の、あるいは現役と引退した世代、あるいは単に世代間の連携というのを作り出していく可能性を持っている。そういう意味で社会的経済に基づいた企業というものの面白さがあるのではないかと思っています。そした意味でこうした社会的な経済部門と地方自治体とがパートナーシップを結んでいくということは、大きな利益になる意味があるものと思います。

　そこで、マシーフ（ＭＡＣＩＦ）というフランスで作られている商業者、職人の共済組合の話をしてみたいと思います。これは当初、フランスの小さな町で生れて加入者もほとんどいなかったのですけれども、今は450万人の加入者に膨れ上がっています。本社というのは、今でもニオールという小さな町にあります。そういう意味では資本主義的な企業の場合とは異なり、大都市に本社を移さないといけないという発想をとりませんでした。ほかの例で言いますとイタリアのボローニャ地方での協同組合、そして信用協同組合というものが生れてきた例がありますが、今、こうしたボローニャに拠点を置いた協同組合、信用金庫は、イタリア全土をカバーしておりますけども、だからといって、ローマに出て行かないといけないとは考えないのです。このこと自身はひょっとしたら、社会的経済セクターの欠陥かもしれない。つまり、今の時代に国境を越えて国際的な関係を結んでいくということに関する意欲が低いということが挙げられます。

　逆の例もあって、スペインのバスク地方の協同組合モンドラゴンですが、拠点はモンドラゴンに置いてあります。しかし、同様の支部は全世界に作られている。このモンドラゴンは、そのバスク地方に強固に根付いているのですが、自分たちの作業所や工場をアルゼンチンあるいは、アジアに地域に作ったりし

ています。モンドラゴンの今の課題は、こうして事業所を広げている中で、協同組合的な精神をいかに維持し続けることができるのかということです。このモンドラゴンの協同組合というのは、当初は限られた地域をベースに置いていた。つまり、当時のフランコ独裁政権にいかに対抗するかということで出発してきた。そして今、その課題を越えて新しい意志・新しい意欲をもって取り組もうとしているという段階に入って、問い直される時期に来ている。社会的経済というのはそうした意味で社会的な目的、社会的な人、経済的ないわば効率性を目指す活動・課題と両方をいかに組み合わせるかということに腐心しているのです。

そうした例として、ヨーロッパ、フランスの例ですけれども、障害をもっている人と障害を持っていない人たちが共に働く作業所がつくられているところがあります。これは工場などで使われている木材のパレットを作っているところですけれども、これ自身がある種の効率性をあげて、競争的な市場でも対抗できるような、そうした取り組みをしております。ここで課題となっている社会的連帯、まず社会的経済の内部における連帯ということが大事になってきます。ヨーロッパでは社会的経済の大きな組織がいくつもありますから、その内部での連帯というのは重要になってきている。そうした連帯というものが小さな社会的経済の単位というものを支えていく。そうした連帯も必要になってきています。大きな金融上の協同組合・信用金庫が様々な領域で新しく作られていく社会的経済の活動に資金調達をしていく。そうした配慮をしていくということが今進められています。

例えば、具体的な領域としまして、高齢者をはじめとする在宅サービスにおいては立ち上げの時の資金協力、協同組合、信用金庫やあるいは共済組合、それと様々な社会的な諸団体が連携をしながら進めていくということがなされていきます。日本でも同様な取り組みがあることを、一昨日東京と大阪で知りました。いわゆる労働金庫と様々なNPOと女性のワーカーズコレクティブ、こうした連携・対話が今、始まっている。同じ方向を向いているのではないかと思います。

最後に、こうした社会的経済は「民主主義のビタミン剤」としての役割を果たしうるということをお話したいと思います。イタリアやフランスでは、いわ

ば共和制的な民主主義の中で、市民活動、アソシエーションがコアな役割を果たしてきたということは明白だと思います。中央・東欧でありますが、例えば、ポーランドでは、民主主義を再建していくという時にこうした社会的な活動がとても大きな役割を果たしております。この市民社会的なアソシエーションというのは必ずしも政治的な活動をしているわけではなくて、環境問題に取り組んでいたり失業者の社会復帰に取り組んでいたり、様々な諸個人を尊重していくという活動をする。それ自身が民主主義を再建していくのに繋がっていったという話です。

　ポーランドの場合、政治的には社会主義崩壊以降、ウルトラ・リベラルと言いますか、新自由主義の流れの中にあるわけですけれども、そうした自由主義の政府自身が相互扶助の仕組み、共済組合を作り出す、すなわち社会的な繋がりを作り直していく必要があるという自覚が生れてきています。最後に、社会的経済というのは確かにいい面をたくさんもっていると思いますけれども、欠陥もあるかと思います。ただ、経済を人間的なものにつくり変えていくというふうな役割を果たせるのではないかと思います。これで終わります。ありがとうございました。

〈質疑応答〉

　宮北　どうもありがとうございました。ジャンテさんの方からは、社会的経済あるいは社会的企業の歴史、それからその現代的な意味というものを、様々な視点からお話をいただきました。その視点というのは、社会的に排除された人々をどう統合していくかとか、あるいはどう今の社会に社会性を回復するか、また民主主義の再活性化の道具としての社会的経済、そして、地域社会との関係ということで横の繋がりをどう作り上げていくか、またそれを最終的には民主主義の再生にも繋がろうとしているんだ、という話だったと思います。

　今からは会場の皆さんとの質疑の時間に入っていきたいと思いますので、とりあえず、聞かれての感想なりあるいはもう少しこの部分を聞いてみたい、そういうことがありましたら遠慮なく。簡単に所属なりをお話になってからの方

がジャンテさんも質問を聞いたりまた、お答えしやすいかと思いますのでよろしくお願いします。

質疑 1 お話をどうもありがとうございました。熊本学園大学の教員をしています高林と申します。社会的経済ということで、ヨーロッパでの伝統とかあるいは今日の課題ということを知ったんですが、日本で言うと、まだまだ福祉国家や福祉市民というよりは、社会保障にしろ、あるいは雇用政策にしろ、国家がやらなければならないことを充分にやっていない。その中ででも日本でNPOとか協同組合とか、あるいはボランティアということが注目され、また、政府によって推進もされているわけです。

その関係なんですけれども、小さな政府とかあるいは新自由主義的な政策と、共済組合とかアソシエーションというのは、ある意味共に依存しあう関係ではないか、というような気もするんですね。それは資本主義との関係でいくと、補完物なのか並立するものかという議論の余地があります。例えば日本で考えたら、小さな政府を作るために或いは新自由主義経済を進めるためにも、アソシエーションやNPOやボランティアを管理的に組み込んでいくというようなことが大きな方向として私はあるというふうに感じているんですね。それは、例えば、政府の財政的な面でのサポートがその活動とか運動への手かせ足かせにならないのかとか、民主主義のビタミン剤という意味でも本当に国民とか市民の立場に立って社会的経済が推進されていくのかという疑問が残ります。とくに政府とか自治体との関係の中でどのようなパートナーシップというか関係が構築されているのかということについてお尋ねしたいと思います。

ジャンテ 確かに新自由主義的なネオリベラルな国家が、社会保障のコストを削減し、いろんな共済組合等に補完的役割を果たせよと言うことは考えられます。その具体的な例をフランスの場合でお話できるかと思います。

今のフランス政府というのは、新自由主義的な、大変、ネオリベラルな政府であります。今問題になっているのは、医療保険でありますけれども、政府の側が一定の薬剤を保険対象外にしている。あるいは、保険がカバーする率を下げていくと提起しました。それに対して医療保険、医療共済の側は、一定の薬、

役に立たない・効かない薬に関してはいいだろうと言いましたけれども、役に立つ薬、有効な薬剤に関しては共済組合の側は反対をする。政府の政策として保険の切り下げをするわけですが、それに対して共済組合としてはそれを補完して共済の保険でカバーすることはしないよ、と主張しました。イタリアの場合に、政権が医療保険を切り下げていく、給付を切り下げていくという時に、労働組合は勿論反対はしていましたけれども、同時に社会的経済セクターつまり医療の共済にその切り下げ部分を負担してくれというふうに求めまして、イタリアの共済組合はそれを受け入れて、政府の削減した部分をカバーするということがありました。

様々なNPO団体の助成あるいは財政的な支援に関してでありますけれども、国が市民活動やNPOをお金の面で支援していくことは当たり前のことだと思っています。当然だと思っています。ただ、確認しておかなればならないのは、国あるいは地方自治体とNPOとが助成金を受け取るときに、明瞭な契約関係を築いておかないといけない。つまり、政府やあるいは自治体がNPOを操作するというふうなことを避けていく。そういうことをさせないということが必要だと思います。ただ、実際に起きるのは補助金・助成金を一旦与えておいて半減していくというふうなことが考えられます。これは、今フランスで起きていることです。

質疑2　商学部の西村と言います。この大学でマーケティング論を教えています。今日の話は大変興味深いお話で、私自身は公的セクターと私的セクターの間の相互関係に関心を持っています。先ほどの質問と関わるのですけども、新自由主義的な経済システムが各国で支配的な位置についているというのは共通した認識で、それはアメリカでもヨーロッパでもそして日本でも同じだと思うわけです。社会的経済に関わる仕組みで言うと、ヨーロッパとアメリカでも仕組みが違いますし、またわが国でも仕組みが違うわけです。とりわけ、日本の場合には、社会的経済についての成長というのがなかなか見られず、もどかしい気持ちがあるわけです。それはよく言われる宗教的な問題でありますとか、あるいは民主主義の成熟の度合いであるとか、こういった問題で片付けられてしまうわけです。そのあたりについて日本はどうしてこうなってしまうのかに

ついてお考えがあれば教えていただければと思います。

ジャンテ　ヨーロッパの社会的経済が再生してきたのは70年代末から80年代にかけてのことであって、それまでは、ある意味、歴史の中に忘れられていたものです。それが見えるようになってきたのは、市民運動あるいは社会運動、アソシエーションのセクターなどと協同組合や共済組合が繋がってくるということがあってから、つまり、それぞれバラバラに、今、社会的経済と呼んでいる共済、協同組合、アソシエーションが一つに繋がっていくということで、社会的経済の重要性が見えてきたという歴史があります。

フランスの場合、重要なのは1981年に社会党政権の成立です。そしてそこで、社会的セクターの部分と連携ができていく。大幅に予算がつけられていくということがありました。実はそのようなことが他の国でも起きています。さらにいわゆるEUですね。EUの首脳陣というのは社会的な方ではなくて、リベラル、自由主義者の側なのですが、そこも社会的経済の重要性と必要性を認めるようになっている。ただ、そう言っても、毎日いろんな領域での戦いは続いているということも指摘しておきます。

それに対してとりわけアメリカ合衆国の場合には、そうした協同組合や社会的経済のセクターと国との繋がりというのは制度化されているわけではありません。ただ、ご承知かと思いますが、アメリカの場合、いわゆる協同セクターとして生命保険や年金や様々な分野での社会保険での協同組合ができています。それとの国家との関係でいいますと、実は今言いました社会的経済セクターが、経済的に大きな成功を収めていくために、国家が無視できなくなっているという経過がありました。

それとは全く逆のケースがカナダのケベック州でありまして、ケベック州政府はいわば協同組合や共済と明瞭な契約関係、パートナーシップの関係を結んでいきます。州政府と地方自治体と、そして協同組合やアソシエーションなどのセクターとが、契約関係を結んで発展をしていくということがあります。そして、この契約関係の明瞭さが制度の乱用を防いでいったり、新しい事業に取り組むことを可能にしていったりということがあります。

実はこうした社会的経済というのが力を持つようになってくる過程には、国

と自治体との関係というよりは、むしろ自分たち自身が自己組織化していく。自分たち内部での連携を強化していく。それを表に見える形にしてきたということがあるのではないかと思います。つまり、協同組合、共済組合との関係を明瞭にし、それをアピールしていく。同時に労働組合に支援を求めていく、あるいは政党への働きかけをしていく、ということで社会的経済の自己組織化をオープンに訴えていくという日々の努力というものがあったのだろうと思っています。

質疑 3　大学院社会福祉学研究科の宮本と申します。先ほど、社会的経済の中で法律に基づいて自治体と協同組合、共済の連携において、県知事の許認可のようなものを出したりしながら、ある程度の民意を反映したものとしての、今そうしたシステムがヨーロッパにおいて見出されていると思います。今、現在、日本においてはこういったシステムというのはない。これを日本型に持ち込もうとした時に、条件がどういったものが必要なのかというのをお聞きしたいと思います。

ジャンテ　はい、実は、答えはさほど単純ではないですね。
　ヨーロッパにおけるそうした国と社会的経済との関係というのも、結構複雑なものがあった。と申しますのは、国の側、政府の側が、そうした市民団体や協同組合を支えていくのかどうか。或いは全く逆に、そうしたアソシエーションや協同組合は、国家を利用するのか。両方の側である種の曖昧さを孕んだまま進んできた。
　ところが、フランスの場合、2001 年が一つの画期を成していきます。フランスでは、1901 年法というアソシエーション法と言われていますが、そういう非営利団体を公認していく法律が 1901 年にあって、それの 100 年記念のイベントの中で、当時の首相と非営利のアソシエーションの代表とが共同声明を発表しています。そして、そこで国とアソシエーションとの目標や役割が明確化していく。そして、相互関係を形成していくという声明を出していきます。これが実は大きな転換点となりました。
　フランスの政府と言うのは皆さんご承知かと思いますが、いわゆるネオリベ

ラル、新自由主義派の政府であります。その中で雇用創出の政策ということで、打ち出されているのが、高齢者分野であったり障害者分野であったり、在宅サービスを強化していくことです。実は、これに関してはネオリベラルの政府担当者、社会問題省の大臣も、公的なサービスとしてはできないといっています。これには二つの意味があって、勿論ネオリベラル的に民間がやるべきという発想もあるのですけれども、ノウハウを持っているのは、地域で活動しているアソシエーションの人たちだろうということです。国の側、パブリックセクターはよく知らなので、地方自治体とNPOやあるいは共済との契約関係を結んでいく。委託関係を結んでいく。国や自治体が財政的な支援を行って、活動をしていくということであります。つまり、どう転んでみても、新自由主義派の市場経済主義ゴリゴリの社会問題の大臣や、日頃は民間企業のことや市場のことしか考えないと言われる人たちが、実は社会的セクターと契約を結んでいくことが効率的だというふうに考えるに至ってしまった。

　では、日本で何が可能か。例えば、協同組合やアソシエーションや非営利セクターが労働金庫等々の財政的な支援を受けながら、自分たちの仕事を組織していく。そうした積み重ねの上で、今のネオリベラルな政府、今の日本の政府も認知せざるをえなくなるのではないか。実はこうしたことは、他の国でも見られたことで、先ほど例に出しましたポーランドの場合、ポーランドの政府というのは、日本やフランスよりはるかに右の、はるかにネオリベラルな右の右でありますけれども、この国で社会保険制度を作っていくという時に、いわば民間の社会経済セクター、共済組合などと契約を結んで進めていかざるをえなくなっている。そうした例があります。お答えになったでしょうか。

　質疑 4（宮北）　はい、いかがでしょうか。これまでのやり取りを私自身興味深く聞かせていただいたのですけれども、私自身、NPOのメンバーとして長年活動してきました。この5年くらい自治体との協同とかパートナーシップというのを意識的に追求する中で感じているのは、やはり市民団体やNPOの思いを受け止めきれない行政側の職員の意識などの行政の限界は感じつつも、そのNPOや市民団体と協同で取り組みをしたことが、評価されないような今の行政の機構なんですね。行政完結型の仕事をずっとしてきた行政の職員に

とっては、NPOや市民と横に繋がりをつけるということが、いくらその仕事が成果をあげるとしても評価できない。そういうところに非常にジレンマを感じています。

今聞きましたフランスでは、2001年にNPOと首相とが協定を結んで、そのあたりをはっきりさせるとか、あるいはイギリスではコンパクト、あるいは地方自治体レベルでローカルコンパクトということで、それなりの関係ができているんですけれども、日本の場合はそういう関係性もできていない。その中で、先ほどNPOが力をつけて無視できない存在にさせるという方向性は、非常に私にとっては重く受け止めたんですけれども、そのあたり何かアドバイスしていただけることがあればと思います。

ジャンテ　今、出された状況というのは、どう打開していくのかということなんですけれども、実際に起きていることを明瞭に示していくことなんです。自治体や国の側がNPOなどに対するある種の疑いを持っている。逆に言うと、NPOの側も国や行政に対する不信感を持っている。金をやったらどういうふうに使うんだろうか、あるいはNPOの側では金をもらったら何か条件がついてくるんではないだろうか、とお互いに曖昧なまま、しかし不信感を持った関係があります。これはどこにでもあることで、フランスでもイタリアでも見られます。そうした中で明瞭な明快な感じを作っていくことは先ず第一かなと思っています。

では、具体的に非常に単純な例で申し訳ありませんが、そうした市民団体や社会的経済セクターがすることとして、私たちがやってきたのは、例えば公開の場に議員や政治的アクターを呼んできて協同で討論をするという試みです。それは必ずしも意見の交換でなくて、情報提供、「こんなことをやっている」ということを伝えるだけでもいい。そういう情報提供をオープンにしていく。内部で議論して、内輪の議論に呼んでくるというのではなくて、公開討論の場を設定するというようなことをしてきました。

その次に、先ほども申しましたけれども、国や公共団体とアソシエーションの関係を作っていくという時に、相互の権利義務関係をはっきりし、かつ、オープンにしていく契約関係が大事だろうというふうに思っています。こうし

て、何が義務であって何が権利であるかを明確にしていくのを、お互いのパートナーシップの中だけではなくて、広く一般の市民、外部の人たちにもオープンにしていくことが大事だと思っています。いわゆるネオリベラルと言われている人たち自身も、その透明性という点に関しては非常に敏感でありますから、それを訴えていくということが大事なのかと思っています。

　もう一点だけ、小さいことかもしれませんが付け加えておくと、ヨーロッパの場合、大統領選挙や、国会議員選挙が実施される時に、非営利の協同セクターの人たちというのは必ず公開質問状を、党派を超えた議員・あるいは候補たちに送ります。公開質問状を送っていくこと自身が、オープンな議論を可能にするし、非営利の活動の信頼を高めるというふうな役割を果たしています。一つヨーロッパで広く見られた例を話しておきます。これは、公立の保育園ではもうカバーできないというときに非営利団体が託児所、日本でいう共同保育所のようなものを作っていきました。託児サービスに関して、そのとき政府や自治体とアソシエーションとが契約を結んでいきました。そうして、日本でいう無認可の保育所を制度化していくということがなされていきました。これは実は、ヨーロッパの様々な国で既に確認されたことで、公的な政府からの限界をこのような形で超えていったという例として挙げておいていいかと思います。

　宮北　はい。会場からの質問に非常に丁寧に答えていただいている間に、実は予定した時間を過ぎていることに気がつきました。ようやく盛り上がってきたところですけれども、とりあえずこの公開セミナーはこのあたりで閉じたいと思います。今日、ジャンテさんからは社会的企業あるいは社会的経済について、その歴史を含めて非常に丁寧にお話をしていただきました。水俣学研究センターとしても今日のお話を受けて、これからの地域の福祉や環境再生のあり方について、これを機会にまた新たに考え方を整理して、何か皆さん方にまた提案できるような形で、次もまた機会を設けていきたいと思っていますので、今日は非常に最後、不十分かもしれませんけど、このあたりで閉じていきたいと思います。

　今日は、本当にジャンテさん、ありがとうございました。

IV

なぜ、T・ジャンテ氏を招請して、シンポジウムを開催するか

「社会的企業(ソーシャルエンタープライズ)」による「サード・セクター」の革新、そして「連帯」に基づく経済システムの構築を目指して^(*)

企画委員　粕谷　信次

目　次

――― I　二つの国際会議と『社会的企業』（和訳出版）に触発される ―――

　　I-1　モンブラン会議によってどのように触発されたか。
　　I-2　『社会的企業』和訳の出版
　　I-3　EMES、ISTR 共催「ヨーロッパ・コンファレンス」

――――― II　分岐点に立つ日本のサードセクター ―――――

　　II-1　日本における「サードセクター」革新の胎動
　　　　（1）「新しい社会的経済」への胎動
　　　　（2）NPO 法制定の意義
　　　　（3）「新しい社会的経済」（「第三世代／第四世代の協同組合」）の胎動
　II-2　「『サードセクター』から『社会的企業』へ」の革新の前に立ちはだかる諸困難
　　　　（1）NPO 法見直し―公益法人改革
　（2）「新しい社会的経済」、ワーカーズ・コープ（コレクティブ）法はできたか？

――――――― III　われわれの課題は何か ―――――――

　　III-1　「民の公」を求めての連携
　　III-2　「社会的企業」の起業、新結合としての革新（innovation）
　　III-3　ネットワークづくりから政策・支援環境（パートナーシップ、コンパクト）の構築を
　　III-4　岩盤からの革新（「社会的企業」の起業を通して、ジェンダー平等化を）
　　III-5　必要条件―労働運動との連携

おわりに――本シンポジウムの意義

注
参照文献

　（*）本稿は、11月27日、会場で配布されたバックグランド・ペーパーに粕谷信次（2006）にしたがって加筆修正を施したものである。

I 二つの国際会議と『社会的企業』(和訳出版)に触発される

2004年5月、世界初の「社会的経済」の世界会議(モンブラン会議)がアルプスのふもとの村、モルジンで開かれた。その直後、待望の『社会的企業』(2001)の和訳が出版された。また昨年(2005年)5月に「社会的企業」のヨーロッパの研究者の共同研究組織である EMES と「非営利組織」(NPO)のグローバルな研究会議である ISTR が初めて会議を共催した(第1回ヨーロッパ・コンファランス)。

これら二つの国際会議と一つの出版は、今回、それぞれの領域ごとに事業や運動を進めてはきたものの、互いに協同・連携はもちろん、交流することすら少なかった NPO セクター、協同組合・共済セクター、各種市民組織等の社会的経済組織、さらに労働組合セクターも加えて互いに交流して互いを理解し、できれば互いに事業と運動の協同・連携を始めるきっかけとなれば幸いだとこのフォーラムを企画する直接の契機となった。

I-1 モンブラン会議によってどのように触発されたか

2003年末、つぎのような「会議の呼びかけ文」(2003年11月)がわれわれのもとに届いた。

……

われわれ社会的経済のプレーヤーは市場経済を受け入れながらも、市場経済の単なる一つのタイプに堕してしまうことを避けつつ、国境を跨ぐ有効な経済的連鎖をつくりあげることができる。

しかし、協同組合、共済、アソシエーションなど社会的経済はそれぞれの領域のうちでは会合をもちあるいは協力し合っているものの、それぞれは個別に活動しており社会的経済全体の大きさが結果として目にみえにくい。反グローバリズムの運動も単発的であり、ダボス・タイプの資本の国際化に対抗する社会的経済の動きについてもあまり聞こえてこない。とりわけ世界中の社会的経済の具体的

な協働が十分に促されていないことから、社会的経済の発展の可能性が生かしきれていない。

　Macif共済組合（フランスの代表的な共済組合、組合員数450万人）、Groupe Cheque Dejuner（ランチョンと社会的バウチャーのヨーロッパでのリーダー・グループ、利用者680万人）、Credit Cooperatif（フランスの協同組合銀行のリーダー）、Esfin-Ides（フランス社会的企業金融組織）はうえのような状況について考え、社会的経済が世界中で本領を発揮できるようにするためにはどのような的確なイニシャティブを創出し得るのか、異なる大陸のパートナーたちと検討することを決定した。……

CJDES代表

ティエリ・ジャンテ

　さて、そのモンブラン会議はいかなる会議であったか、拙稿（2005）に基づいてその様子を多少なりとも紹介しておきたい。

　主催者の挨拶につづいて、社会的経済の理論家・ジャック・ドウフルニ（Jacque Defourny, Centre D'Economie Sociale, Universite de Liege）が基調報告（1）「社会的経済―世界のパノラマ」と題してつぎのような趣旨のスピーチをおこなった。

　社会的経済は他によっては（営利企業、政府によっては）満たされない人間的に最も基本的なニーズに応えるものとして展開してきている。社会的経済展開の第1期（19世紀の生成期）、第2期（1945-75年）もそうだったが、1970年代以降現在に至る第3期の「新しい社会的経済」（the new social economy）の台頭についてもそういっていい。すなわち、ワーカーズ・コープなどの協同組合の新しい波やアソシエーション（NPO）が福祉国家の後退や失敗、社会的排除の進行や社会的統合の危機という現代的課題にチャレンジすべく興ってきている。

　第3期の社会的経済台頭の意義をこのように総括的した後で、より具体的に、北（工業化諸国）、南（途上国）、そして市場移行社会（旧社会主義圏）で、それぞれの現代的問題に応じて展開している社会的経済の世界のパノラマを示す。すなわち、北では、失業、社会的排除問題、総じて福祉国家の危機への対応として、

南では、より基本的なニーズの未充足、食糧供給の不安定性、基礎的な健康、教育、そして居住の欠如への対応として社会的経済は台頭している。そして市場移行社会では、市場移行社会がいま最も必要としている市民的精神、デモクラシーと市場社会、そして起業家精神を供給するものこそ社会的経済であると。

さすがに社会的経済研究の第一人者らしく、現在の社会的経済の台頭とその意義を歴史的にダイナミックに（第2期までの伝統的な社会的経済から第3期の新しい社会的経済への）、そして、現在、北、南、市場移行社会と現代的ニーズの相違に対応した社会的経済の空間的ダイナミズムを世界のパノラマとして、その諸相を展開する。これをわずか20分ほどの短いスピーチでやってのけたのには、驚嘆以外の何ものでもなかった。

つづいて、カナダのケベックのジェラルド・ラロース（Gerald Larose, Prof. at the University of Quebec and President of the Group of Independent of Economy of Quebec）の基調報告（2）「社会的経済とグローバリゼーション」があった。

ドウフルニの話を聞いていて、じつは、一つだけもの足りない感じが残った。それは、現代世界の社会的経済のパノラマを見せてくれたのはよいのだが、それぞれが新自由主義的なグローバリゼーションとどう関わっているのかにもう少し言及した方がよいのではないかということであった。しかし、ラロースはまさに眼前の新自由主義的グローバリゼーションの進行から話を始めた。そして、それが引き起こす問題、つまり、社会的にも環境的にも持続可能でなくなるという問題を前面に押し出し、それゆえに、人びとの持続可能な発展を求めるアスピレーションが高まってきている。その人びとのアスピレーションの高まりがもたらす〈利潤獲得→持続可能な発展〉という時代の流れの新たな転換を展望した。既成の出来上がった企業組織はなかなか興味を示さないが、人びとのアスピレーションは持続可能な発展と（衰退したコミュニティの）再活性化のための小さなイニシャティブ、「社会的企業」（social enterprises）、協同組織を生み出し、そのネットワークがローカル―ナショナル―インターナショナルなものへと広がり、いまやグローバルな市民精神が発現している（Emergence of the Global Citizenship）。

ざっとこういう話であったが、私が興味をそそられたのはそれがカナダのケベック州における社会的経済の第3期の展開（1960年代末〜1980年代以降現在に至る）の経験を踏まえての話であること、しかも上記のことが大きく進展したのは1995年以降のごく最近のことだと聞いたからである。
　周知のようにカナダはアメリカ合衆国と北米大陸において連綿と接し、すでに北米自由貿易協定（NAFTA）以前からアメリカ経済の全面的な影響下にあり、文化的にも英語文化が圧倒している。そのなかでケベック自治州はフランス語とフランス文化の伝統をまもり、「国の中のもうひとつの国」のような自立性を確保しようとしている。
　そのケベックで旧産業の衰退、失業の増大、コミュニティの衰退、かくてケベックの人びとの生活の自立性と伝統・文化の危機といった現象が広がり、そこに社会的経済の第3期の展開が興ってきたのである。ここで興味深いのは、第一に、第2期の発展を担った大きな既成の伝統的な協同組合がケベックの人々の生活と文化の自立への強いアスピレーションに応えて、新しい社会的経済、すなわち、アソシエーションないし小さなイニシャティブ、「社会的企業」（social enterprises）、そしてそれらのネットワークをつくりだすのに大きなイニシャティブを発揮したということ。第二に、その際ケベックのいたるところで、コミュニティの再生のためのフォーラムを協同組合、共済、アソシエーションはもとより、一般の市民、そして自治体も含むあらゆる利害関係者に開いて何回も積み重ねていったということ。そして、第三に、ケベックがフランスとの強いつながりによってヨーロッパの社会的経済と連携するばかりでなく、グローバリゼーションの進行のなかで人びとの生活と文化の自立性が危機に追い込まれる中南米の連帯経済運動および世界社会フォーラム運動につながる結節点をつくりだしているということである[1]。

　つづいてパネル討論があったが、パネラーはILOのカムーデン（Emmanuel Kamuden、2日目には、アフリカの民族衣装で登場）、欧州労働組合連盟（European Trade Union Confederation）のルーデル（Henry Lourdelle）、また、2001—03年と世界社会フォーラムの開催地（2004年はインドのムンバイ、2005年は再びポルトアレグレ）となった「反グローバリズム」と「連帯経済・民衆経済」のメッカ

ともいうべきポルトアレグレ（ブラジル）からウィテイカー（Francisco Whitaker - Comissao Brésileria Justica e Paiz）の各氏。カムーデン氏はアフリカにおけるインフォーマル経済の状態とそこにおけるディーセントワーク（decent work 人間らしい労働）の創出への社会的経済に対するILOの期待を述べ、ルーデル氏は経済と社会を両立させるヨーロッパ・モデルについて、ウィテイカー氏は世界社会フォーラムの反グローバリズムについて述べていた。

最終日の総括的討論に先立ってブラジルの連帯経済担当国務大臣ポール・シンガー（Paul Singer, Ministerio do Trabalho e Emprego - Secretaria Nacional de Economia Solidária）がスピーチに立ったが、いまや資本主義の勝利だとか、階級闘争―社会主義革命だとかいうイデオロギー対立の時代は終わって、グローバルなシティズン・シップ、「連帯経済」のネット・ワークがその担い手となって社会的にも環境的にも持続可能な第三の道を目指す時代に転換しているとの趣旨であった。

そして、モンブラン会議参加者はつぎのような結論と行動目標（革新がキーワード）に合意した。

第1回　モンブラン会議
……（導入部略）……

会議の出席者たちは転換しつつある世界にあって社会的経済がその転換を主導し、現在および将来世代のために構造的なそして持続可能な解答をもたらすことを欲した。社会的経済はつぎのような世紀のチャレンジに対する具体的な人間的な解決策を可能にする。
- 貧困と社会的排除、失業に対する闘い、社会的統合のための闘いを進め、人間としての基本的な権利へ注意を喚起する。
- 圧倒的多数の人々へ雇用機会を提供する。
- 社会的経済企業は、とくにつねにより多くのイノベーションを追求し、より多くの人びとがその産出物とサービスを手に入れることを可能にする。……このようなチャレンジが可能なように新しいアプローチ、新しい考え方を求

めた。
・大規模な影響力（a mass effect）を生み出すための動員と協力。
・水平的に、境界を越えての（縦割り、法形態、活動分野、国ごとのアプローチではなく）具体的なプロジェクトづくり。
・チャレンジに応える多くのプレーヤーの行動の連携……社会的経済は新しい連携（new alliances）の構築と古いものの革新を進める。
・具体的なプロジェクトにおける連携：各パーティはそれ自身のレベルで、それ自身の活動スタイルで一緒のプロジェクトに参加し一緒に活動する。
・外部との連携：労働組合、地方政府、女性運動など。
・それぞれの流儀・スピードで、しかし共通のゴールを目指してエネルギーと知識の相乗効果を生みだす。
……

かくて、かれらは北から南、東から西へかれらの組織のあいだでの新たな協力を、労働組合、地域自治体、女性運動、そして世界社会フォーラム運動……との連携を強化しつつ発展させることを決めた。[2]
……

　さて、問題は、最後の総括討論のなかでアジアからの参加がインドと日本の2カ国だけというのはいかにも寂しいと発言したのが仇となって、司会をしていたジャンテ氏に日本が中心になって東アジアでの「水平的に、境界を越えての（縦割りを超えた・法形態を超えた・活動分野を超えた・国を超えた）プロジェクトづくり」を薦められるという逆襲を喰ってしまったことである。
　このいわば宿題を帰国後の「報告会」や今回の会議の呼びかけ人となった諸団体間に諮ったところ、この宿題に答えることは日本の実情からするとすぐには難しいということになった。
　「社会的経済」ということばはヨーロッパ、その他での展開の状況とともに、1990年代、富沢賢治氏や川口清史氏などによって紹介され、日本におけるその現状の分析も試みられていた[3]。しかし管轄官庁の縦割り行政にも起因して、日本では残念ながらなじみがなお薄く、実際に「社会的経済」を構成する諸グループが協同であるいは連携して具体的事業に取り組んだことは殆どな

い。とくに NPO と協同組合間、さらに社会的経済の外の労働組合となると、一部を除いては一般的には互いに疎遠でさえある。それぞれはアジアあるいはグローバルな規模で連携を図り交流を進めてはいるが、それらを連携させてモンブラン会議がいうような「境界を越えた（縦割り、法形態、国、活動分野を超えた）プロジェクトづくり」は、国内でそれができていない状況では、あまりにも野心的過ぎるということになった。

　しかし、このようなモンブラン会議の要請はこれをひとまず置いて、日本におけるサードセクターの人びとが互いに考えていることを理解し合い、どこで、どういう連携がありえるか模索することは意味があるということになった。その一つの契機ともなれば幸いだとして、モンブラン会議を主催し、縦割り、法形態、活動分野、国ごとの境界を越えてのプロジェクトづくりを呼びかけた張本人であるジャンテ氏を招請すること、そして上のような社会的経済の革新を進めているヨーロッパ社会的企業の動向をつぶさに報告してもらってわれわれの革新に資したいということになった[4]。

補　論

　以下の議論に先立って社会的経済セクターあるいは「サードセクター」興隆の歴史的意義についてわれわれなりの図解を試みておきたい。

　図1―Aは、共同体的性格の強い前近代的社会のなかで商品経済セクターが広がり（右上三角からの営利・市場セクターの拡大）、前近代的共同性が解体して個が自立してくる近代化・資本主義化の過程を示す。そのなかで新たな共同性としてさまざまなアソシエーションが生まれ、それらの交流のうちに市民的公共性も生まれ始める（下の三角の中から新しい市民的公共性が生まれ、それが上方へ拡大）。

　図1―Bは、歴史を一挙に圧縮して示すが、資本主義経済の展開は階級対立などさまざまな社会問題・社会的亀裂を生み、社会の持続性を危うくした。社会の再生を求めてさまざまなアソシエーションが覇を競う。このなかに社会的経済の源流も生まれ社会的抗争が展開されるが、覇権を制したのは一方でマルクス主義的国家社会主義、他方で社会民主主義的福祉国家であった。しかし、

図1−A 商品経済化と近代化　　　　図1−B 福祉国家化

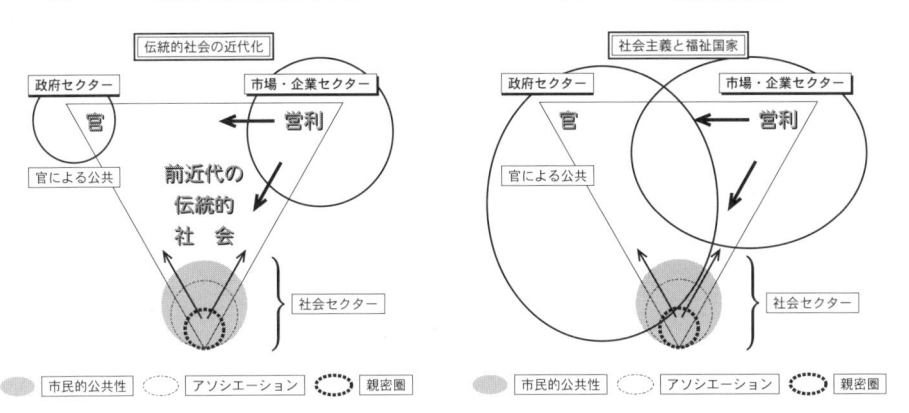

図1−C 新自由主義　　　　図1−D 社会的企業促進と市民的公共性の拡張

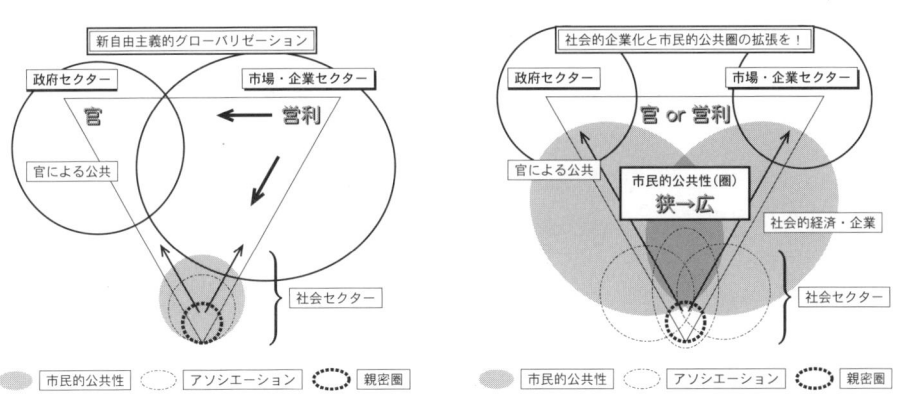

出所：粕谷信次（2003：149-157）の諸図を簡略化

いずれも大きな政府・国家の機能を優越させる（左上の国家の円が過剰肥大化：図1−Aの市民的公共性は左上の国家の公共性の肥大のもとに押さえ込まれた）。そして、前者の国家社会主義は国家セクターが社会全面を覆い、それ以外の二つのセクターの個の契機をあまりにも圧殺することによって破綻し、後者の福祉国家も「公共性の構造転換」（ハーバーマス：平たくいえば、国家的公共性が市民がつくり出す市民参加の公共性では全くなくなって巨大な官僚的機構に転換すると

ともに、市民は「パンとサーカス」を欲しがる国家の顧客になってしまう）を遂げ、ドゥフルニ氏のいうように（後述）、財政の危機、有効性の危機、正当性の危機を迎える。

　図1─C。それ故、新たな〈個と共同性〉のあり方が追求されなければならない段階に逢着したが、さしあたり、あたかも図1─Bの反動のように、「小さな」政府の旗を掲げ、社会経済の運行を民（その中心はもっぱら市場・企業セクターで、市場・企業セクターの円が過度肥大化）に委ねる新自由主義の波が興り広がる。かくて多国籍企業が推進する新自由主義的グローバリゼーションが進行する。しかし、それによって社会的排除、格差の拡大による社会的持続可能性、生態系的持続可能性が一国規模でも、そして、グローバルな規模では絶望的な程度に危うくなってきている。

　図1─D。かくて、近代になって芽生えたアソシエーションを基盤とする社会経済ベクトルの市場・企業セクター（右上）への伸張（経済面におけるベクトルの伸張を見よ）、そして制度化した民主主義を活性化するラディカルデモクラシーの推進による政治次元における市民的公共性の推進（左上の国家に迫るベクトルの伸張を見よ）によって、近代初期に芽生えながら、中途挫折し未完のままの（経済的・政治的・社会的）「市民的公共性」ベクトルの全体社会への拡張（それらの相乗効果による面としての拡延、それこそ「サード・セクター」の革新的伸張・ルネッサンスといえる）。かくてそれによって社会全体が環境的にも、社会的にも持続可能な「21世紀社会経済システム」の構築の展望が可能となる。

Ⅰ─2　ボルザガ・ドゥフルニ編『社会的企業』和訳の出版

「サードセクターから社会的企業へ」

　ところで、モンブラン会議でドゥフルニ氏、ケベックのラロース氏が規定した社会的経済の第3期の「新しい社会的経済」の展開のなかでも、最近（1990年代初から現在）のEUにおける展開には注目すべきものがある。すなわち、ヨーロッパにおける「社会的企業」の登場がこれである。それはドゥフルニ氏をはじめとするEUの社会的経済研究者達に、その実態とそれが社会経済システム

の革新にもつ意義についての共同研究の必要を喚起した。かれらは、EU（12総局）の「特定社会経済研究」プロジェクトのもとに EU 加盟各国の研究者の参加によって「ヨーロッパにおける社会的企業の登場（the Emergence of Social Enterprises in Europe）」ネットワーク（EMES Network）をつくり、1996 年夏から 1999 年末にかけて「社会的企業の登場、ヨーロッパにおける社会的排除との闘いの道具」をテーマに研究した。その成果がボルザガ・ドゥフルニ編 (2001)『社会的企業の登場』"Emergence of Social Enterprises in Europe" として刊行され、ヨーロッパにおける「新しい社会的経済」の展開における最新の革新の状況が明らかにされ始めたのである[5]。そして、呼びかけ人の一人である石塚秀雄氏も翻訳者として加わった和訳が折よく「モンブラン会議報告会」に前後して出版された。

二つのアプローチ —— 社会的経済と NPO ——

EU15 カ国における実態調査とそれをどう理解するか、編者のドゥフルニは緒論のタイトルとして「サードセクターから社会的企業へ」(from third sector to social enterprise) を選らび、新たな革新の性格を一言に凝縮している。以下、もっぱらこのドゥフルニの緒論と両編者による結論によりながら『社会的企業』が明らかにするところを、筆者なりのかなり強引な整理であるが、少しく垣間見ておきたい。

ドゥフルニは「サードセクター」という捉え方に次のように注意を促す。
「民間営利セクターにも、公的セクターにも属さない『第三のタイプ』の経済組織は協同組合やワーカーズコープ、あるいは、労働者自主管理企業にしろ、また社会学者が関心寄せたアソシエーションやボランタリー組織にしろ、以前から存在し長い間これらに関心を寄せる研究者も存在してきた。しかしながら、こうしたアソシエーション・団体を一括りにするという考え方やそれを成り立たせる理論的な基礎が展開されるようになったのは 1970 年代半ば以降であり、それ以前はなかった。」

それはなぜか。「深化する経済危機によって問題が生起するようになって、伝統的な公的セクターと民間セクターの限界が徐々に認識されるようになっ

た。このような背景のもと、両セクターには帰属することのない別の種類の経済組織に対する関心が大いに再活性化された」からであるという。

このように再認識された「サードセクター」に対して、二つの理論的アプローチが国際的に徐々に広がっていると、「社会的経済」アプローチと「非営利（NPO）」アプローチをあげる。フランスから EU に広がった「社会的経済」についてはジャンテ氏の講演に譲ろう。もうひとつの「非営利（NPO）セクター」についてドゥフルニは大要次のようにいう。

「これも深く歴史に根ざしている。とくにアメリカについてはそうである。……しかし非営利セクターが合衆国で法的に規定されるようになったのは主として税法を通じてである。……内国歳入法のもとで税の優遇措置を受けるのに適格であると認められる一連の組織が非営利セクターの中心とみなされている。」

このアメリカでの非営利セクターの規定が、1999 年以降アメリカのジョンズ・ホプキンス大学がコーディネートした広範な国際研究の際の概念枠組みと採用されグローバル化することになったのだが、このプロジェクトで用いられた定義によれば以下のような特徴をもった組織によって非営利セクターが構成される。

・ある程度制度化された公式の組織 —— 一般には、法人であることが前提となる —— である。
・行政から独立した民間組織である。
・自らの規則と意思決定機関をもった自己統治する組織である。
・組織の会員や理事にも組織の所有者にも利潤を分配できない組織である。
・時間の点でも、資金の点でも自発的な貢献に基づく組織でなければならない。会員による自由で自発的な加入によって設立される組織でなければならない。

二つのアプローチの限界

そして、かれが言いたいことはこれら二つのアプローチとも社会的企業の登場といういまサードセクターに起こっている革新のダイナミズムを捉えるには限界があるということである。

「第1に、両者は、すべてを包含する単一の定義をもってサードセクター全

体を直ちにカバーしようと試みる。その結果、それぞれの定義に部分的にしか合致しない状況、セクター全体を通じて見出されるわけでない特徴、あるいは特定の組織にしか当てはまらない性格等々を包含することができなくなる。同時にある種の境界領域に位置する事業体を描くこともできなくなる。

第2に、両者ともに本性において静態的であり、サードセクターがもっている根源的な活力の把握にとってあまり有効でない。

第3に、多くの社会的企業は協同組合の要素と非営利組織の要素とを結合させている。この場合、社会的経済という概念の方が非営利組織という概念よりも社会的企業を包含し易いが、しかし社会的経済という概念でも十分に社会的企業を捉えきることはできない。」

かくして、次のようにいう。

「社会的企業は、非営利セクターあるいは社会的経済セクターのまったく新しい展開であり」、「社会的企業には、非営利セクターと社会的経済セクターという二つの概念を超える分析がふさわしい。」

かれは、社会的（非営利）活動性と企業家活動性とを併せもった「社会的企業」という新しい法人類型の革新的登場を「アソシエーションと財団はより生産的で企業化精神に富んだ行動へと移行し」、「協同組合は（共益だけでなく）社会的目的が第一義性をもつことを再発見している」と表現し、図2をあげている。

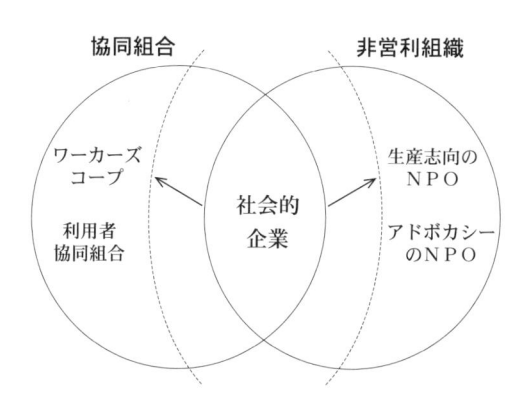

図2 協同組合とNPOの交差空間に存在する社会的企業

出所：ボルザガ・ドゥフルニ、2001、和訳2004：35

そしてこの社会的企業のもつ経済的・社会的役割とその貢献について次のように総括する。

1) 現在進行中の福祉制度の転換への貢献

福祉制度が抱える課題の克服を目指して最近 EU 諸国でも広く実施されてきた政策、一言でいえば社会サービス・コミュニティケアサービスの民営化の帰結はまだはっきりしない。社会サービス・コミュニティケアサービスの民営化による供給と購買の分離は取引コスト・契約コストを予想以上に増大させ、少なくとも若干のケースでサービスと仕事の質が劣化した。このように否定的な結果は主として政府が市場的擬制と営利企業を偏重する諸国で生まれてきた。

しかし社会的企業はうえでみたように「社会的」という呼称と「企業家活動」の二つの契機を結合しているゆえに、この転換において民間組織として所有され管理されるにしても公的な資源、市場的な資源さらに「営利的供給者」や「公的供給者」の活用できない資源をつかって、社会サービスの供給を増加することができるとともに所得分配をコミュニティが望むかたちに近づけることができる。

社会的サービス供給に関してイノベーションを起し、まったく新しいサービスを創出もする。

社会的企業は、その特有の性格のため競争的環境の確立に貢献するが、信頼を基礎とする契約関係の形成に貢献できるし、利潤追求を目的としないために行政および消費者とそこで働く労働者との間にある利害の不一致を調停して消費者の満足と労働者の報酬の適正なる混合様式を他の形態よりもうまく引き出し、生産コストの削減にも貢献できる。

2) 雇用創出

社会的企業は追加的雇用の創出に貢献できる。職につけない人々を労働市場に吸収しようとする労働市場への統合型社会的企業がその典型であるが、この社会的企業は伝統的な企業で仕事にありつく可能性が極めて低い労働者たちを雇用する。さらにその他の社会サービス・コミュニティケアサービスを行うサービス供給型社会的企業等も新しい雇用を創出できる。社会的企業は社会的資源

の動員における優位性、信頼関係に基づいて、社会サービス・コミュニティケアサービス部門がもっている雇用増加の大きな潜在的可能性を顕在化し得る。

3）社会的排除との闘い

しだいに複雑化していく社会にあって社会的排除と闘うためには、もはや失業・貧困と社会的排除の単なる共犯関係を想定するだけでは有効ではない。現金給与と平準化されたサービスを武器に社会的排除と闘うことはいっそう困難である。むしろ比較的小さな特定グループの人びとのニーズを察知して、それに対応できる力量をそれぞれのコミュニティのなかに創出することが必要である。社会的企業は社会的連帯と相互扶助を発展させ信頼関係を広げて社会問題解決のために市民参加―ボランティア活動の促進と利用者参加を通じて―を推進することで社会的資本の創造に貢献できる。

4）地域開発

グローバリゼーションと新しいテクノロジーは企業と地域の結びつきを希薄させ、財の需要増加はもはや生産と雇用の増加をいたるところで生みだすというものではない。新しい雇用は一般的に需要が最初に発生する地域とは別の地域で生み出されるようになった。この過程は開発の進んでいない地域や崩壊しつつある地域に対してきわめて差別的に進行する。このような地域問題に対して、地域に根差した小さな社会的企業が供給する新しい社会サービス・コミュニティケアサービスは、地域に根ざした需要のための源泉を安定化するのに役立つ。地域コミュニティのなかで人々のための新しい雇用を創出し、それを通じて地域開発に貢献する社会的企業は、もし社会サービスだけなく他のサービス―たとえば、環境改善、文化サービス、交通等―にまでその活動を広げれば、将来的にはさらに発展する可能性がある。

5）サードセクター全体の活性化

社会的企業は市場の外部に存在するのでもなく、資源配分の公的システムの外部に存在するのでもない。むしろ、市場と政府という双方の領域における存在理由とルールに基づいてみずからを説明する。社会的企業はコミュニティ

が抱えるある共通の問題に公的資金に必ずしも依存することなく、市民社会と民間組織がどのようにして直接的かつ自立的に取り組むか、その具体的事例となっている。社会的企業家活動としての社会的企業は市民社会の自発的な活力の結果である。

また、一部の国では社会的企業の発展によってアソシエーションと財団はより生産的で企業家精神に富んだ行動へと移行し始めている。財団がより民主的な統治へと少しずつ転換を始め、逆にいくつかの国では協同組合が社会的目的の第一義性を再発見している。

いま、図2にこれらの社会的企業のもつ経済的・社会的役割を書き込めば図3のようになろう。

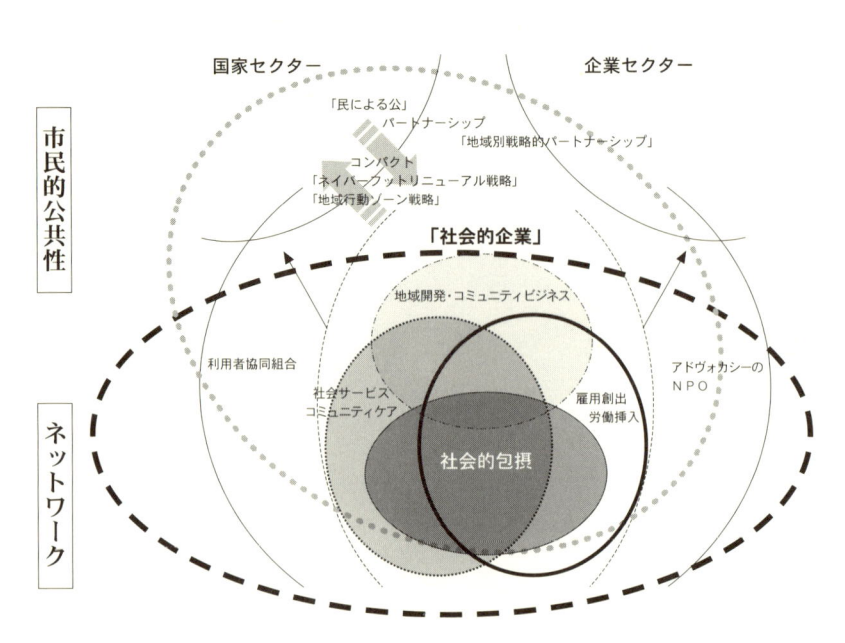

図3　社会的企業の展開

出所：図2を筆者加工

Ⅰ－3　EMES、ISTR 共催「第1回ヨーロッパ・コンファレンス」

ところで、2005年5月、先に紹介した「サードセクター」への二つの代表的アプローチを主導する二つの国際研究者組織、すなわち、「社会的経済」の流れを汲む EMES とサラモンたちの広範な国際比較研究で一挙にグローバル化した趣きをもつ ISTR〔International Society for Third-Sector Research: 市民（シビル）社会、フィランスロピーと NPO セクターの分野における研究と教育を促進する国際組織〕が、国際会議「ヨーロッパ・コンファレンス」を初めて共催した。われわれが忖度するに、うえに見たようなヨーロッパにおける「社会的企業」の広範な展開によるヨーロッパ・サードセクターのイノベーションが、ついに両アプローチをして交錯させるところにまで達したということであろうか（もう一つは、この方が EU にとっては差し迫った課題だったかもしれないが、国連主導で始まった国民経済計算体系の「非営利組織サテライト勘定」のなかへの社会的経済統合問題であろう）。まさに、記念すべき国際会議だといってよい。「ヨーロッパ・コンファレンス」であるにもかかわらず、その魅力は呼びかけ人のなかからも二人もの参加を誘った。参加した一人の佐藤紘毅氏は、会議の模様を次のように伝えている[6]。

「（第一でも、第二でもない―引用者）このセクター領域の呼称概念は論者によっても国によっても異なり、またその実態も地域によりさまざまなことから、少なからぬ混乱も生じている。各国の歴史的状況を背景としてあるいは論者の立場を反映して、『第三セクター』のほかにも、『非営利セクター』、『ボランタリー・セクター』、『社会的経済』等をはじめとし、『市民的経済』、『連帯的経済』、『倫理的経済』等といった概念も使用されており、それぞれの概念の対象も一様ではない。……　アメリカ合衆国の NPO 研究組織たる《ISTR》とヨーロッパの社会的・連帯経済研究組織たる《EMES》が『第三セクター』をテーマに会議を共催した事実のなかには、そうした概念の錯綜を、現実の動きを調査研究し討論することをつうじて解きほぐしていこうとする意図を見出すことができよう。実際、会議においては、第三セクター諸組織についてさまざまな視角から、アメリカ合衆国の例とヨーロッパ諸国のそれとを比較する研究発表がいくつか見られたことは会議の意

図と結びついているものと思われる。」

「会議の報告・討論の中心は何よりもまず『社会的企業』であった。本会議の発表の基底をなしている『ヨーロッパにおける社会的企業研究プロジェクト』(EMES) や『ヨーロッパにおける第三セクター』研究プロジェクト、それに EU および各国の大学あるいは研究機関の調査プロジェクト等に依拠した調査研究の発表が相次いでおこなわれた。」

「社会的企業は、多くの場合、市民の自主的イニシャティブに始まり、その事業の社会性・公益性のゆえに、徐々に、国家・行政の施策に連結するようになった。さまざまな主体（マルチ・ステイクホウルダー）が協力し合って新しい社会サービス、福祉サービス、社会的弱者の雇用機会創出、等々の事業や施策を展開するプロセスは、たんに経済的効果をもたらすのみならず、あらたな社会資本（人的関係性）を生み出し、地域社会を活性化する可能性があろう。

こんにちの世界において、十九・二十世紀的代議制民主主義の形骸化が深刻化していることは十指のさす所であるが、社会的なボランティアの成長や社会的企業などのような市民の自主的事業の形成は、伝統的なさまざまな政治的・経済的利益代表団体がおりなす代議制国家の機能不全の結果であるとともに、伝統的民主主義を補完し代替してゆく一要因ともなりうる可能性を秘めている。さらにヨーロッパにおける市民の社会的・事業的イニシャティブの浸透定着化の現象は、このおよそ 20 年間における政治的・行政的分権化の過程と深く結びついているといえよう。」

「他方、社会的企業や市民的事業が直面する困難や危険についても、パリ会議では論議されていた。社会的企業が抱えるもっとも大きな困難のひとつが、自己資金の確保という問題であろうが、マルチ・ステイクホウルダーの形式のもとで、社会的企業が国家・行政・私的営利事業などとの協働関係のなかで他主体の影響力のゆえにそれに『同型化』（他の２セクターと同型化—引用者）する危険性も指摘されている。エメス（EMES）・ネットワークの調査は、社会的企業の自立的状況を高く評価し、『同型化』現象は少ないと見ているようであるが、パリ会議ではそうしたリスクも議論の対象であった。」

そして、協同組合という佐藤紘毅氏が立脚してきた立場から次のような感想

を述べられる。

　「パリ会議は調査・研究の発表の場であり、運動体の実践的諸問題を議論する場ではないため、協同組合運動にたいする批判等は、当然のことながら見当たらなかった。しかし管見によれば、協同組合陣営は、社会的企業の抬頭自体の内に、伝統的協同組合に対する内在的批判を看取せねばならないのではないか。協同組合を中心とする社会的経済は、地域によっては、その一部分は、社会的企業が有する社会連帯性・外的互助主義を察知してこれを支援し促進しているが、総体としては自己の伝統的な内的互助主義の殻に閉じこもっている。社会的経済と連帯的経済の対立軸が語られるのも故なしとしない。社会的経済が、新たに抬頭する社会的企業等のイニシャティブを透視して、自らの歴史的目的を再想起し、それを自己革新の発条とすることが期待されよう。」

II　分岐点に立つ日本のサードセクター

II－1　日本における「サード・セクター」革新の胎動

　翻って日本の現状をみるとき、日本においても「福祉国家の財政の危機、有効性の危機、正当性の危機」は進行を速めている（さらにいえば、福祉元年と称された1973年は高度経済成長の終焉の年であることが象徴するように、「福祉国家」として十分に成熟する前に危機に見舞われた）。「大きな政府（官）」は願い下げではあり、日本でも「官」から「民」への声が高まっている。だが、サードセクターは活性化しているのか。日本のサードセクターは、「官」から自由になれるのか。そして、もし「官」から自由になったとしても、「民」は「第二セクター」に圧倒されてしまうことはないのか。

　一言でいえば、日本のサーセクターは岐路に立っている。このとき、サードセクターのイノベーションを遂げつつあるヨーロッパの経験には学ぶところが極めて多いと思われる[7]。これが今回われわれがジャンテ氏招請フォーラムをもとうとした背景である。

はじめに指摘したように、日本では「社会的経済」という概念は馴染みが薄く、サードセクターにアプローチする二つの概念ともごく新しいといってよい。しかし日本でも世界に多少遅れ、程度は未だしといえども、世界の潮流と軌を一にして70年代から80年代には『新しい社会的経済』への胎動を、そして90年代とくにその半ば以降その新たな高まりを見出すことができる。

(1)『新しい社会的経済』への胎動

　最初に、この胎動を直感で捉えられるように図を四つあげておこう。
　図4は新聞紙上に報道された社会的紛争を手掛かりに、いかなる問題が時代の争点となっているかを窺ったものであるが、1960年代後半から70年代にかけて争点の性格が大きく変化した。従来、賃上げなど労使関係の紛争が支配的であったが、そのウェイトが急減し、代わって公害反対などの住民運動が激増した。これに物価値上げ反対有害食品、欠陥商品の告発などの消費者運動も加わって、まさに〈いのちと暮らし〉の問題がのっぴきなら問題として社会の前面に登場してきたことが窺える。ここでは省略するが、分類別運動団体数の推移を見ても、以上を反映し、「新しい社会運動」の登場を確認できる。

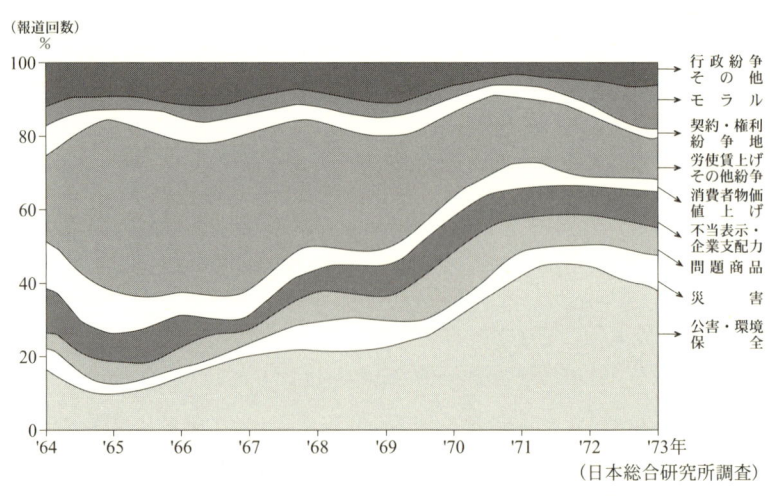

図4　新聞報道にみる社会的コンフリクトの年別構成推移

出所：粕谷信次（1987：227）　原典：日本経済調査協議会『住民運動と消費者運動』

さて、その後はどうか。採りあげる指標は異なるが、ひとびとのボランタリー・アソシエーションによる経済、政治、社会への働きかけこそ「新しい社会運動」

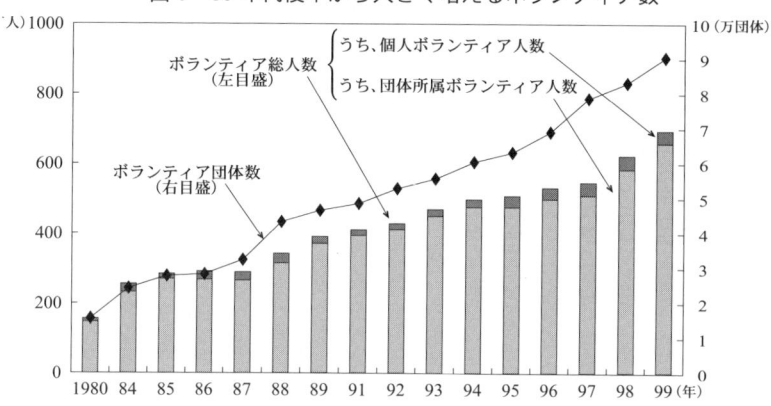

図5　80年代後半から大きく増えるボランティア数

〈備考〉1.（社福）全国社会福祉協議会全国ボランティア活動振興センター「ボランティア活動年報」（1998年）により作成。
2. 1980〜87年は4月時点、88〜89年は9月時点、91〜96年は3月時点、97〜99年は4月時点の人数。
3. 81〜83年は調査されていない。

出所：経済企画庁編（1998：8、14）

図6　90年代後半に急増した「ボランティア」の新聞紙面登場回数

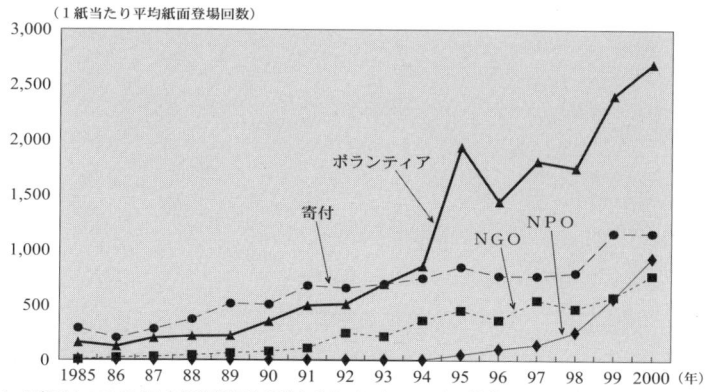

〈備考〉1. 日経テレコン21（日本経済新聞社が保有するデータベース）の検索により作成。
2. 検索した新聞は日本経済新聞、日本経済金融新聞、日本経済産業新聞、日本経済流通新聞、読売新聞、毎日新聞、産経新聞の計7紙。ただし、1紙当たり平均紙面登場回数の計算において、日経新聞系4紙は合計して1紙とした。
3. 検索開始年は、日経新聞系4紙が1985年、読売新聞が1986年、毎日新聞が1987年、産経新聞が1992年。
4. 2000年は、1月1日から8月31日までの8か月間の紙面登場回数を1.5倍して年間の紙面登場回数とした。
5. NGO (Non-Governmental Organization、非政府団体) は「非政府」という点が強調されており、開発、人権、環境、平和問題等に取り組む非営利の市民団体の総称として用いられている。

出所：経済企画庁編（1998：8、14）

のもっとも基礎的な定義であるから、これによってその後の趨勢を大まかには見ることができよう。

　見られるように、ボランティア数、ボランティア団体数ともに1980年代に入っても順調に増え続けているが、80年代末から90年代にかけて更に若干勢いづいた。そして90年代後半に入るとその増加は一層顕著になる。特に95年の阪神・淡路大震災の際には、新聞紙上での報道数の飛躍的上昇に表れているているように、ボランティアに対する社会の関心が一挙に沸騰した感がある。実際ボランティアの人数もこれを契機に更なる高まりを示している。このボランティアに対する社会の関心の高まりを駆動力にして、1998年3月に、「特定非営利活動促進法」（いわゆるNPO法）が国会で成立し、12月に施行された。

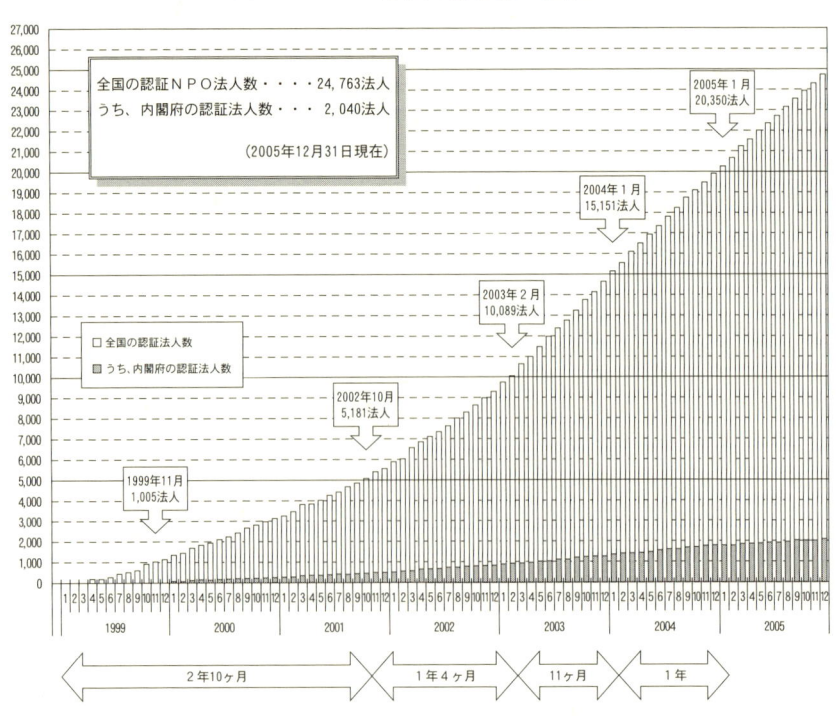

図7-1　NPO法人の認証数の推移

全国の認証ＮＰＯ法人数‥‥24,763法人
うち、内閣府の認証法人数‥‥2,040法人
（2005年12月31日現在）

1999年11月　1,005法人
2002年10月　5,181法人
2003年2月　10,089法人
2004年1月　15,151法人
2005年1月　20,350法人

□　全国の認証法人数
■　うち、内閣府の認証法人数

2年10ヶ月　　1年4ヶ月　　11ヶ月　　1年

出所：http://www.npo-homepage.go.jp/

禁止に近い状態で非常に難しかった民間非営利活動組織の法人格取得が従来に比べれば格段に容易になった。

最近までのNPO法人の趨勢を見れば、図7のごとくである。NPO法の成立は日本における市民力台頭の新たな画期をなすものとして注目すべきであろう。

(2) NPO法制定の意義

呼びかけ人の一人の山岡義典氏はこのNPO法成立の意義について、「NPO法と今後の日本」と題して次のような文章を『生活協同組合』(290号、2000年3月)に寄せた。

図7－2　活動分野

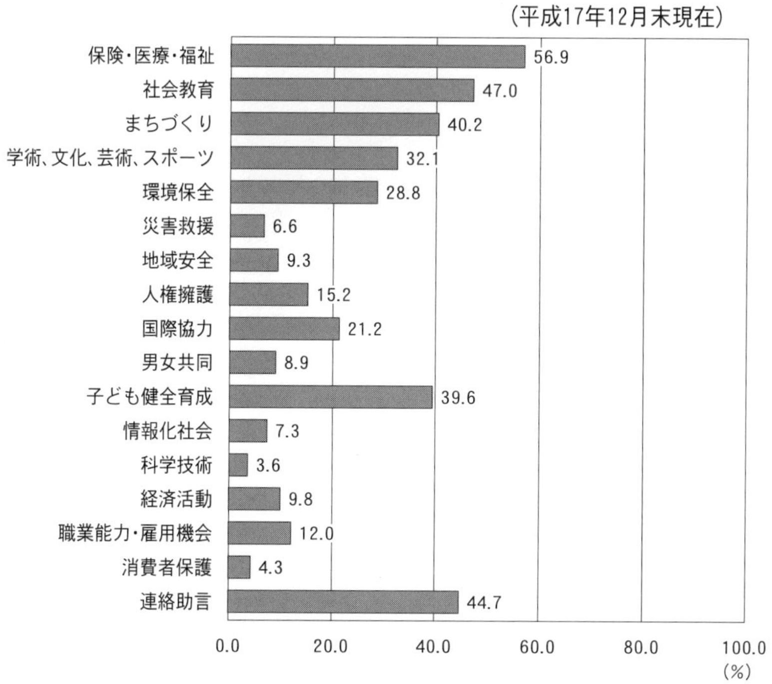
(平成17年12月末現在)
保険・医療・福祉 56.9
社会教育 47.0
まちづくり 40.2
学術、文化、芸術、スポーツ 32.1
環境保全 28.8
災害救援 6.6
地域安全 9.3
人権擁護 15.2
国際協力 21.2
男女共同 8.9
子ども健全育成 39.6
情報化社会 7.3
科学技術 3.6
経済活動 9.8
職業能力・雇用機会 12.0
消費者保護 4.3
連絡助言 44.7
0.0
20.0
40.0
60.0
80.0
100.0
(%)

出所：http://www.npo-homepage.go.jp/

20世紀の末から21世紀の初頭にかけて、日本では一連の制度改革が進む。……21世紀制度改革、略して21世紀改革と言ってもよい。

　1998年12月のNPO法の施行は、実はその先駆、あるいは露払いとしての役割を担うものであった。約100年前に施行された民法が定める公益法人制度（主務官庁の設立許可と監督を骨子とする社団法人・財団法人の制度）に、ささやかながら風穴をあけたものと言うことができる。

　続いて起きるのがこの4月に始まる地方分権一括法の施行。……同時に施行されるのが介護保険制度だ。……社会福祉事業法の改正も準備されている。……21世紀の冒頭に予定されているのが省庁再編、……情報公開法……2002年には教育改革、……非営利法人制度改革も……。

　これら一連の改革の特徴は何か。それはいずれも中途半端でなかなか思い切った改革にはなっていないということだ。……それなりの理由もある。……その一つは内発的な改革であるということだ。……明治維新のような黒船の恐怖や戦後改革のような占領軍の力で英断をもって為されるものではない。

　もう一つの理由は、その制度改革の殆どいずれもが、NPOすなわち市民活動団体などの民間非営利組織が育って初めて有効に機能するものだからである。……それらが十分に育っていない日本社会ではどうしても中途半端な改革にならざるを得ない。そのためにもNPO制度自体の改革に本格的に取り組む必要があるのである。……

　……NPO法は附則で施行3年後（2001年11月末）までに見なおすことを規定し、付帯決議では施行2年後（2000年11月末）までに税制優遇制度の創設も含めた見なおしの成案を得ることをうたっている。……

　この実現は、実は容易なことではない。従来の発想を超える公益概念の確立が求められるからである。

　税制優遇による税収の減少額自体は実は大したことはない。数十億の免税で日本に自助社会の根幹が育ち小さな政府への道が準備されるなら、これほど安上がりの社会政策はない。問題はこのような「民による公共」への政策シフトを認めるかどうかにかかっている。それが「市民公益」の思想の確立という課題だ。もっとも、制度ができれば寄付がすぐに集まるかといえば、そうはいかない。「寄付の文化」の醸成という別の課題もあるが、税制優遇制度創設の運動自体が市民公益

の思想を確立し寄付の文化を築く過程でもあるとも思う。

NPO法の見なおし論議は税制だけではない。法人制度そのものも準則主義に近づける努力が必要だ。

(3) 「新しい社会的経済」(「第三世代／第四世代の協同組合」) の胎動

NPOの台頭の話から始めたが、それは最近における日本の「サード・セクター」の活性化の駆動力としての地位を高めつつあるからである。しかし「サード・セクター」の事業規模や雇用比率からみて、NPOよりはるかに大きな割合を占める「社会的経済セクター」においても、NPOの台頭に劣らないサードセクター革新の担い手として、「新しい社会的経済」、あるいは石見尚氏がいうところの「第三世代／第四世代の協同組合」が出現してきている(石見尚 1988、2002)。

ちなみに、石見氏のいう第二世代の協同組合とは「産業革命とともに軌道にのった工業化社会への順応型の協同組合であ(り)、したがって工業社会の行き詰まりが来た1970年代に入ると、第二世代は例外なく運動の目標を失った。ヨーロッパの多くの国では消費組合から組合員が離れていき、不振組合が続出したのである。」

そして第三世代の協同組合は……一般的には生成過程にある(が)、……その特徴点を次のように挙げる。

　第一は、……功利主義によってではなく、それぞれの社会的目的をもって設立されている組織である。
　第二の特徴としては、働くものの自主管理型ないし経営参加を重視した分権型の協同である。……
　第三の特徴は、社会福祉などのボランティア活動に属する分野をワーカーズ・コレクティブ方式で行うことである。したがって商品の流通過程を取り扱う域を超えて、市場経済の手の届かない社会奉仕の分野にまで、相互の助け合いの手を延ばしている。……
　第四に、第三世代の協同組合の中核をなすのはワーカーズ・コレクティブであ

るが、19世紀の労働者生産協同組合が第二次産業に集中していたのと違って、工業社会の成熟した今日では、第三次産業の分野に多く進出している。……

第五に、エコロジー運動と結びついた協同事業が多くみられる。……

第六の特徴は、地域社会の仕事、例えば児童教育、公園や公共施設の維持管理などをするコミュニティ協同組合が組織されることである。コミュニティ協同組合の方式によって、過疎地域の村おこしまちづくりに成功している例がアイルランド、カナダにある。日本でも龍山森林組合や大山町農協はその例である。……

（そして、最後に）、以上は第三世代の協同組合の特徴を個々に例示したものであるが、分権型の自主管理とエコロジー重視という特徴を一つの協同組合で併せもつというように、多面的な性格を重複的に備えている場合が多い。また、それぞれの協同組合は規模としては小さいので、互いにネットワークを形成する傾向がみられることも特徴の一つとして挙げることができる。異種の協同組合グループが地域的に集積して、地域の産業複合体の形成にまで発展しているのがモンドラゴン協同組合グループである。このグループには、ワーカーズ・コレクティブ方式の鉄鋼、金属、機械、電気器具などの生産工場があり、また「労働者人民金庫」という協同組合銀行をはじめ、消費組合、住宅協同組合、主婦の家事協組、教育協同組合、研究開発機構がある。……そして、たとえば森林組合の旱魃材が工場で製品の梱包財や荷台に使用されるというように、その製品やサービスが相互の取引によって内部循環する。そして発達した協同組合地域社会を形成するまでになっている（石見尚 1988：14-17）

そもそも、第二次世界大戦後の日本における消費生活協同組合は基本的には「第二世代」（主として、信用事業や流通事業を展開する）といってよいが、「第二世代」としての性格をより強める方向に突き進んだヨーロッパとは異なった「社会的」といってもよい特徴をもっている（栗本昭 2004 はそれを「日本型生協モデル」と呼んでいる）。

すなわち、日本型生協は出発の当初から「平和運動」のような社会運動を展開してきたが、とくに、1960 年代末から 1970 年代にかけて、大量生産―大量消費型の高度成長がもたらした諸問題―ゴミや廃棄物の大量投棄、農薬や有害食品添加物などによる複合汚染、そして公害や環境破壊など―に直面して、先

に言及した「新しい社会運動」をも担い始めた。しかも、農薬や化学肥料などの化学物質の使用を控え、有機農業を進める生産者グループ、添加物を加えない食品加工業者との「産直」など、いわば社会制度のイノベーションを推進しながら加わっていったのである。そして、食品の安全性、家族の健康を心配する広範な主婦層を中心に地域コミュニティにおける人と人のつながりを拠り所に班（共同購入組織）をつくりながら、また逆に、班をつくって人と人のつながりを生み出しながら、地域コミュニティを基盤とする日本独特の「市民生協」として急速に成長していった。

いま、栗本昭氏にしたがってヨーロッパ生協モデルと日本型生協モデルを比較すると次のようになる（栗本昭 2004：50-61）。

表1　ヨーロッパ生協のモデルと日本型生協のモデルの比較

	ヨーロッパ生協のモデル	日本型生協のモデル
所有	内部留保中心	組合員出資金中心
利用	一般消費者	組合員のみ（員外利用禁止）
運営	弱い組合員参加	各種中間組織、強い組合員参加
構造	連合会の強い統制力	単協主権、弱い連合会
機能	消費者志向の小売企業	小売企業＋社会運動的側面

出所：栗本昭（2004：51）

しかし、もちろん日本の多くの生協は依然として第二世代に留まる側面を強く持ち、したがって日本型生協の特徴とともにヨーロッパ型生協の特徴も併せるという二面性を持っている。

特にグローバリゼーションの進行に伴い流通のスケールメリットをますます求める巨大流通資本との激しい競争に直面するや、第二世代に留まる多くの生協は巨大流通資本と同じ土俵での競争に巻き込まれ、合併に次ぐ合併や共同仕入れによってスケールメリット追及を余儀なくされていった。こういう事態を前にして、員外利用が制限され、地区や行政区ごとに運営委員会などの中間組織を持ち、単協の独立性が強く全国連合会への商品の結集率低いというような

日本型生協の諸特徴は、巨大流通資本と生き残りをかけた競争という同じ土俵に乗れば、一定の不利な制約条件として捉えられる。さらに、グローバリゼーションのますますの進行を前にして、それは歴史の必然の流れだと見れば、生協の生き残りにはヨーロッパ型生協への収斂が合理的だとする方向が強く打ち出される。

　しかし、栗本昭氏は同論考の中で、同時に日本型が「組合員との関係、コミュニティ（地域）との関係、社会的ディメンジョン」の強さを武器に、ヨーロッパ型からさらに分岐を強める方向もあることを示唆している。ただし、「女性の就業の増加による在宅率の低下、若年層の個人主義の増大と組織離れ、ライフスタイルや嗜好の多様化などの変化は、従来の延長ではない個人対応の事業と組織のあり方を要請している。近年の個配（班によらず個々の組合員のもとへの直配）の拡大はこのトレンドに対する対応であるが、班に代わる組合員間、組合員と生協の間のコミュニケーションと参加の仕組みをつくりあげることが求められている」と条件をつける。

　そして、コミュニティ（地域）との関わりを一層強め、「近隣の班や地区・行政区の運営委員会などの地域をベースにした組合員の参加の場が設けられ、地場産業・商店街との協同や産直を通じた都市と農村の交流、地域の環境・福祉・教育などの問題への取り組み、自治体との災害時の緊急物資支援協定の締結など、生協による『まちづくり』の取り組みは広がりつつある」と指摘する。

　また、社会的ディメンションについて、「日本型生協は創立時点から消費者運動との関わりが深く、消費者組織の中核として自他共に認められている（が）、……近年は食の安全の社会システムを求めるキャンペーンを展開し、大きな成果を挙げつつある」とさらなる前進を強調するが、同時にここでも次のような条件をつける。「阪神大震災を契機にボランティア活動が根付き始め、1998年の特定非営利活動促進法制定以後、NPO法人の数は１万７千を超え、生協活動からスピンオフしたNPOも数多く生れている。このような状況の下で生協の社会的活動も自己完結型から市民主体の社会経済システムをめざすネットワークの中に置き直すことが求められている。」

　果たして、日本の生協はどちらへ向かうのか、ヨーロッパ型か、あるいはう

えの栗本氏の課した条件を整えつつ日本型生協の「21世紀型生協」への展開か？

ここで、是非とも挙げておかねばならないのは、栗本氏の論考を含む中村陽一＋21世紀コープ研究センター編著『21世紀型生協論―生協インフラの社会的活用とその未来』である。

編者の中村陽一氏は「上述の方向性〔『消費生活協同組合』における大きな流れとして、規模拡大と効率追求による（市場）競争志向、常勤職員主導型の運営、組織統合へ向かうベクトルなどを基調とした『販売事業』拡大の追求―引用者〕とは異なる方向がありうるのではないか、そしてそれこそ、今後の経済社会を見据えたうえで真剣に議論すべき方向ではないか」（中村陽一 2004：iv）といい、「21世紀型生協論」を提起している。しかも単なる机上の理想論ではなく、首都圏コープグループの実践事例研究に基づきつつ、まさに栗本氏の課した3条件整備の果敢な取り組みとそれによる「21世紀型生協」への実践的展望を提起している。すなわち、「21世紀型生協像」として次の5つの視点を挙げる（唐笠一雄 2004：242-245）。

①個人対応型事業の可能性／②パートナーとの共同ネットワークの構築／③組合員自ら動かす生協／④協同型コミュニティの形成／⑤生協インフラの社会的開放

そして、「協同組合から地域をみるのではなく、地域に暮らすひとりひとりから協同組合をとらえ直す」新しい事業スタイルや地域『コミュニティへの関与』を含むものとして、NPO サポートセンター機能や高齢者の雇用拡大、女性の自立と効用拡大等社会的な場の開発をこれまでの事業の周りに形成し行くことを始めている。それが広がったとき、首都圏コープグループの中にさまざまな新しい生協運動が誕生しているであろう」という。

ところで、その誕生の時からもっぱら個々人のアソシエーションという基盤を大切にしながら、組合員の強い参加意識による「組合員自らが動かす生協」を、そして「協同組合地域社会」を求め、生協インフラの社会的開放とともに各種

の「新しい社会運動」をもっとも先進的に推進してきた生協グループとして、1970年代中頃牛乳の共同購入から始まった「生活クラブ生協」グループがある。

　石見尚氏は(かれは、最近、「第三世代生協」の延長上に、さらに公共的目的を追求する生協の「第四世代」論を展開している。〈私―共―公〉の連続性を強調するわれわれの立場からすれば、むべなるかなというべきで、それはまさに市民的公共性の広がりを強調するものとして注目される)、生協の「新しい波」の代表例としてこの「生活クラブ生協」を挙げる。事実、生活クラブは、「社会運動コーペラティズム」――最近アメリカで「社会運動ユニオニズム」というものが台頭しているといわれるが、これに倣えば――の、さまざまな仕方を試みている。

　同生協連合会のHP (http://www.seikatsuclub.coop/) にしたがってあげればつぎのようになる。

(A) 市場に出回る商品を買うだけの受け身の消費者であることを止め、人の身体に安全で、環境に配慮した食品や生活必需品を一つひとつ、生産者と協力してつくる。
(B) 協同組合組織を基盤にしながら、社会福祉法人やNPO組織などを形成し、デイサービスセンターや特別養護老人ホームを運営するなど、市民参加による福祉事業を展開。
(C) 積極的に政治に参加する「代理人運動」と呼ぶ、ネットワーク運動。環境保全や福祉制度の充実などをテーマに、政策の実現に取組む。
(D) 利益追求型の企業で雇われるのではなく、自分たちで出資し、運営し、働く、協同組合方式の新しい働き方、ワーカーズ・コレクティブの創造。ちなみに、ワーカーズ・コレクティブの働き方で生み出す新しい価値観として次の諸点をあげている。
　・社会的、経済的自立をめざし、自分の生活スタイルにあった「新しい生き方」「もうひとつの働き方」をデザインする。
　・働く場の領域拡大：より暮らしやすい社会の実現のために誰もが生活する上で必要な「もの・サービス」を目的を同じにしたメンバーで事業化する。
　・地域社会の問題を「働く者・働く場」から提起、解決する。
　・少子・高齢化社会に必要な働き方：男も女も高齢者も元気に働く、働く意志のある人が誰でも参加できる時代にあった働き方として、広く就労の機

会を創出する。
(E) 世界各国のNGOや協同組合との交流・連帯活動

しかし、この生協の「新しい波」は、「日本型生協」においては、多かれ少なかれ他の多くの生協でも見られる。そして、環境生協、福祉生協などのような新たな種類の生活協同組合をも創り出している（前掲の中村陽一＋21世紀コープセンター編著2004、及び現代生協論編集委員会編2005）。

まず、(A)については、程度や規模は様々であれ、殆どすべての日本型生協は試みているといって過言ではなかろう。

(B) も、福祉サービスを提供する福祉生協、高齢者の仕事起しを支援する高齢者生協、そして環境生協などが購買生協とあるいは農業協同組合と連携を図りながら全国各地で見られ始めている。「生活協同組合」のニーズは「消費生活」に限られず、健康、福祉（育児、各種障害者・ホームレス就労等社会的包摂、高齢者介護・社会参加）環境保護・再生、教育・文化、そして様々なコミュニティづくり・コミュニティ開発等々まさに生活全般の問題に共同で対処していくことへ大きく展開し始めているのである。

とくに、関西圏の水がめである琵琶湖の赤潮大発生を契機として出発した滋賀県環境生協の活動は琵琶湖の水質汚染対策から、〈石鹸運動—菜の花プロジェクト〉の全国的展開（さらに最近では、東アジアへの展開をも）を導き、安全な食と（自然）エネルギーの確保、そして環境保護を同時に多面的に可能にするバイオマス循環の本格的拡大を、市民たち自身が担うイノベーションを伴いながら起こしつつあるという点で注目すべきであろう。諸関連を一目で表現する素晴らしい図であると思われるので、紙幅を厭わず掲げておきたい（次頁）。

ここでもう一つつけ加えておくべきことは、戦前のセツルメント活動に起源を持つ、また農民とともに歩む農村医療として広がった医療生協の活動もあるということである〔差し当たり、日野秀逸「現代医療生協論」現代生協論編集委員会（2005）〕——イタリアで近年展開をみている「社会的企業」の代表例としての社会協同組合（B型も含めて）の先駆ともいえる——。

(C) も、「代理人運動」という明確な形に結実してはいないが、特に全国の

図8 菜の花プロジェクト 資源循環サイクル

菜の花プロジェクトは、「資源循環サイクル」のどこからでも参加ができます。

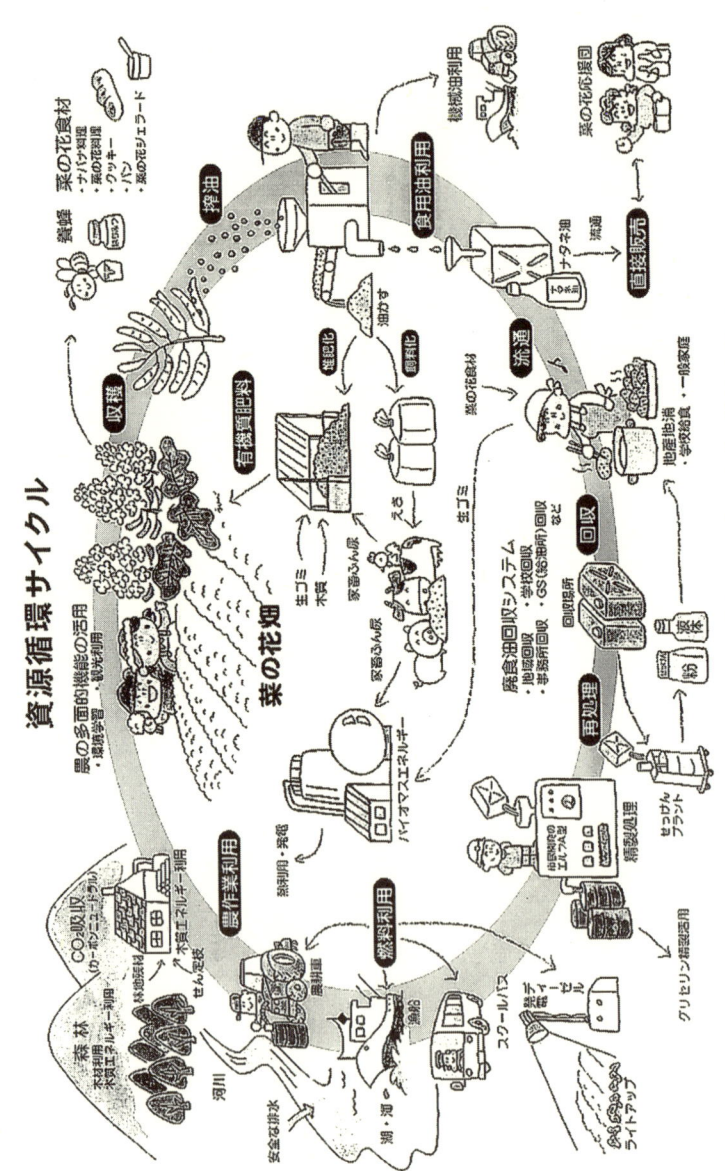

出所：滋賀県県環境生協HP

首長選挙のさいに「勝手連」がつくられることが多くなってきた。その際日本型生協の社会的資源を生かしているところも少なくないであろう。

　(D)　しかし、「新しい波」をもっともよく象徴し、これからの展開の潜在力を秘めているのは、ヨーロッパの例でもそうだが、また、石見氏も強調することであるが、「ワーカーズ・コープ」、あるいは、「ワーカーズ・コレクティブ」であろう。これも、全国各地の生協の中であるいは周辺で展開してきている。

　農協のもとや周辺でも、最近、「ワーカーズ・コレクティブ」が展開している（全国農業協同組合中央会 2001）。

　ところで、うえに触れた「ワーカーズ・コレクティブ」とちょっと異なった流れの「ワーカーズ・コープ」も存在している。

　まず、「ワーカーズ・コープ」（「労働者協同組合」）とは「協同労働の協同組合」であると定義している。「協同労働の協同組合とは、働く人びと・市民が、みんなで出資し、民主的に経営し、責任を分かち合って、人と地域に役立つ仕事をおこす協同組合だ。協同労働とは働く人どうしが協同し、利用する人と協同し、地域に協同を広げる労働です」という。

　そして、「使命―協同労働の協同組合がめざすもの―」として以下のようにいう。

「協同労働の協同組合は人のいのちとくらし、人間らしい労働を最高の価値とします。／協同労働を通じて「よい仕事」を実現します。／働く人びと・市民が主人公となる「新しい事業体」をつくります。／すべての人びとが協同し、共に生きる『新しい福祉社会』を築きます。」（労働者協同組合連合会 HP　http://www.roukyou.gr.jp/）

　当然のことながら、もっとも基本的な経営形態、目的という点で「ワーカーズ・コレクティブ」と殆ど重なり合う。あえて相違点を挙げれば、「ワーカーズ・コレクティブ」が「新しくみいだす価値観」を強調し、「社会的、経済的自立をめざし、自分の生活スタイルにあった『新しい生き方』『もうひとつの働き方』をデザインする」ことを第一に挙げているのに対して、「労働者協同組合」

はまず協同組合が対象とする労働の内容を「協同労働」と定義して、「協同労働」をしきりに強調していることであろう。

それは、おそらくその設立の経緯と必要とされる社会的役割の違いによると思われる。政府が従来おこなっていた失業対策事業を 1970 年代初から徐々に削減しついには廃止してしまった。それに対応すべく、1971 年に、西宮市で高齢者事業団が誕生したのを皮切りに全国各地で「失業者・中高年齢者」の仕事づくりを目指す「事業団」がつくられ、自治体からの委託事業を柱に事業を広げていった。1983 年にイタリアに調査団を派遣し、100 年の歴史を持つ「労働者協同組合」の調査・研究を行い、1986 年に正式に労働者協同組合組織への発展を決定し、1998 年以降労働者協同組合を法的に位置づける運動をおこなっている。しかし、阪神大震災以降大きく広がった NPO・市民活動との連携が広がり、また AARP (全米退職者協会) との交流などを通じて「地域づくり」「仕事おこし」を担う市民事業的な発展と高齢者協同組合づくりや介護保険の開始とともに「ワーカーズコープ方式」による「地域福祉事業所づくり」もこれに加わった。

こうして、当初はとくに失業対策事業の対象者だった相当の数の中高年の失業者に仕事を一度に創出しなければならず、いきおい自治体などの委託事業を柱にしなければならないという切迫した事情がその性格付けに大きく影響していると思われる。しかし阪神大震災以降とくに「地域福祉所づくり」などが始められる最近になるにしたがって、主婦層をはじめさまざまな種類の人々によってその活動が担われるようになり、ワーカーズコレクティブと同じような性格をもつ部分も生まれ、全体として多様性も出てきているように思われる。

このように見てくると日本もまんざらではない。「市民社会の自発的活力の結果」としての「サードセクター」のイノベーションが日本においても進行しているのを確認することができる。以上みたように、ヨーロッパでは一方で社会的排除への闘いと雇用創出事業・運動の相乗的発展を中心に社会的企業がダイナミックに展開しているが、他方ドイツ、フランスなどのように消費生協はグローバリゼーションの中で、多国籍企業と同じ土俵で闘い、それに敗れて消失し社会的企業の勃興に社会的関係資源を供給し得ないでいる。ところが、あ

る意味で日本の生協はうえで見てきたような21世紀型の展開によっては決してヨーロッパのそれに引けをとらない、むしろはるかに豊富な潜在的可能性にも恵まれているといえるかもしれないのである。しかしその期待の前にはなお厳しい現実の壁が立ち塞がり、それを乗り越えるのは容易ではないことも直ちに判明する。

II－2 「『サードセクター』から『社会的企業』へ」の革新の前に立ちはだかる諸困難

(1) NPO法見直し —— 公益法人改革

まず、NPO法の付帯決議にあった見直しはどうなったか。先送りされていた優遇税制について山岡義典（2000）が「実は難しい。問題は『民による公共』への政策シフトを認めるかどうかにかかっている。それは『市民公益』の思想の確立という課題だ」と懸念していたが、それが現実となってしまったのである。

確かに2001年3月、租税特別措置法が改正され、一定の要件を満たしたNPO法人が国税庁長官の認定を受けると認定NPO法人となり、その法人に寄附した法人や個人がその寄附金の一定の額を確定申告の時に所得から控除することができるという制度がつくられた。しかしその認定要件が非常に厳しく、2006年4月現在でもわずか40団体という全体からすればネグリジブルな数に過ぎない。

旧態依然たる民法体系をそのままに、その特別法として「特定非営利活動法人」を追加的に差し込んだのだが、公益―国家、私益―民という二分法が前提であるゆえに、国家（官）のコントロールの強弱の程度に応じて法人格の付与と優遇税制の程度を決めることになる。法人格付与については、公益法人（今度の公益法人制度改改革以前の公益法人―後述参照）の許可に比して緩和したが、優遇税制については本来業務については法人税を非課税としたものの、寄付控除やみなし寄付金は事実上認めないに等しい結果となってしまったのである。

それに対して、NPO関係者などで構成した「NPO支援税制に関する有識者会議」（堀田力さわやか福祉財団理事長ほか11名で構成）が、「認定要件」が厳しすぎるので実効性がないとNPO支援税制の改正に向けた要望書を内閣府に提出した。野党各党も認定NPO法人の要件の再検討、認定期間と更新手続きの

再検討、「みなし寄付金制度」の導入、地方税における支援措置の導入など市民公益を育成・促進するという目的に相応しい税制となるよう抜本的な見直しと拡充を図るための改正を要求した (http://www.npoweb.jp/news/)。

ところで、もう一つの問題である「NPO法人」設立に際しての準則主義への移行も先送りされたままになっていた（行政庁による「認証」が必要とされている）。こうして、政府はNPO法の改正に向けて何らかの対応を迫られていた。他方で「骨太・構造改革」を謳う小泉内閣のもとで財政の縮減・効率化要請も強まり、公益法人の不祥事調査結果を契機に「公益法人制度の抜本見直し」を政治日程に上せたのであるが（2002年3月、閣議決定）、その一環としてNPO法の改正問題をも処理しようと企図したのである[8]。

そして、その後4年の曲折を経て、06年3月10日、政府は公益法人制度改革関連法案を国会に提出し（ただし、税制上の措置はなお先送りされている）、いま最終的決定がなされつつある。この間の曲折は日本における「市民公益」概念が確立するか否か、いまその分岐点にあることを窺わせて興味深い。

図9 公益法人改革の進捗状況

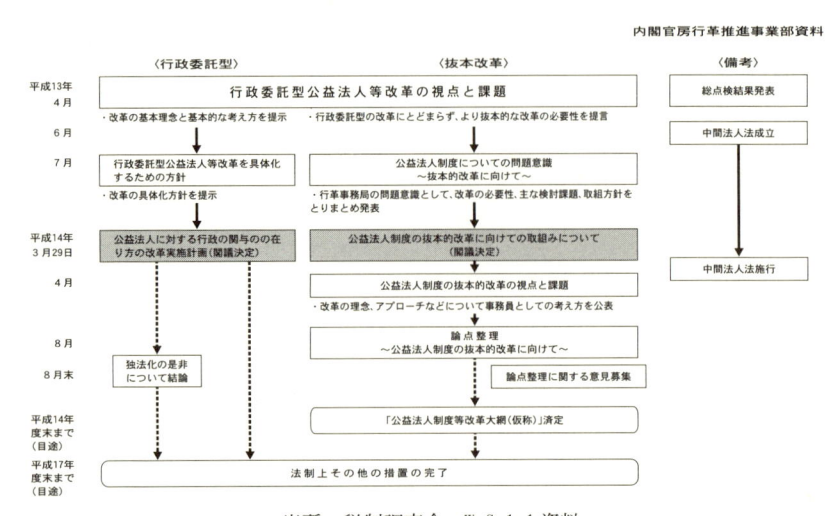

出所：税制調査会・W.G.1-1資料

ところで、用意周到というか、「公益法人制度の抜本的見直し」の閣議決定に先立って、「公益も営利も目的としない団体の社会経済活動が我が国において重要な地位を占めていることにかんがみ、これらの団体の準則主義による法人格の取得を可能とする制度を新たに創設する必要がある」として「中間法人法」を成立させていた（2001年6月）。この「中間法人法」では、中間法人は営利を目的とせず「剰余金」を社員に分配することは許されないとしたにもかかわらず、「営利法人」とおなじように原則課税とされた（もっとも法人の解散に際して「残余財産」の分配は社員総会で決議さえすれば可能となっているので、その点は公益法人、特定非営利活動法人などと異なって、営利法人に通じる原則課税の根拠を与えてしまっている）。

　公益法人制度改革は、終始、内閣府の行政改革推進事務局の主導性が顕著であったが、当初、政府は次のような包括的な法人制度を構想していたように思われる（「論点整理」における「基本検討パターン」）。

　すなわち、公益法人、特定非営利活動法人、中間法人を問わず「非営利法人」に一括し、その設立は準則主義として簡易にするが、税制上は原則課税とする。言い換えれば、すべては、一度は、中間法人と同じように扱う（一階部分）。そのうえで、とくに公益性を税務当局あるいは行政庁が認定すれば税制上の優遇措置が受けられるという、〈公益―国家（官）〉対〈私益―民間〉を根拠とする二階建てを構想したのである。

　「行革事務局」は平成14年度中の「公益法人制度等改革大綱（仮称）」閣議決定を目指し、内閣府大臣の私的懇談会（「公益法人制度の抜本的改革に関する懇談会」）を設置して議論を詰め、平成14年2月、それを政府税調の「非営利法人課税作業部会」に示して税制上の措置の検討を促した。大綱原案作成の議論は大詰めを迎えたのである。そのとき固まりつつあった案はまさに「論点整理」の「基本的検討パターン」そのものであった。

　当時その税調作業部会のメンバーであった（この後はメンバーに再任されなかった）堀田力氏はこのままでは「非営利法人原則課税」という結論が早々に出かねないことを懸念し、2月14日、財務省の了解を得た上で、現状報告と対案および意見募集の呼びかけ文を公表することに踏み切った[9]。

官僚と一部の有識者のみしか議論や決定過程に参加し得ず、情報も不十分にしか開示されない中で大詰めを迎えて NPO 関係者の警戒も高まりつつあったが、ここにおいて NPO 関係者から猛反発が起こった。公益法人協会も中間法人との一体化に反対した。自民党の公益法人委員会の会合でも NPO 法人の扱いに関して異論が出されたのを契機に、「懇談会」、「税調・作業部会」とも延期となった。結局、政府は一般的な「非営利法人制度」はそのままつくるが、当面、NPO 法を除外し、両制度の調整は先送りするというように方針を転換した。そのためにもう一度仕切り直しをし、2004 年 11 月、有識者会議が「報告書」を纏め、それをそのまま次のような内容の一般的な「非営利法人制度」創設に関する大綱として閣議決定した (2004 年 12 月)。

1　現行公益法人法、中間法人法を廃止し、公益性の有無に関わらず準則主義（登記）により簡易に設立できる非営利法人制度を創設する。NPO 制度は今回の改革に含めない。
2　非営利法人のうち一定の要件を満たすものを判断主体が判断して、「公益性を有する非営利法人」とする。判断主体は、特定の大臣のもと民間の有識者からなる合議制の委員会を設置し、判断する。
（ただし、その趣旨に沿う税制上の措置は先送りし、財務省が影響力を持つ政府税制調査会の議論に委ねる。）

　2005 年 6 月、政府税制調査会は上の 1 の準則主義による非営利法人は原則課税、2 の「公益性を有する非営利法人」には、公益性認定と同時に法人税非課税（収益事業部分には課税）と寄付金優遇税制をともに認める方向の提言を纏めた（NPO も含めて一般的に寄付金控除枠の拡大の意向も示した）。しかし、「公益性を有する非営利法人」の範囲は従来の特定公益増進法人よりは多少（？）広がるとしても、一階から二階へ上がれないその他の非営利法人には課税強化にしかならない。
　法制化の準備を整え、2006 年 3 月、政府は、①「一般社団法人及び一般財団法人に関する法律」、②「公益社団法人及び公益財団法人の認定等に関する法律」、③「同上改正に伴う関係法整備のための法律」（③は形式的調整）の公益

法人改革三法案として今国会に提出した。

　①は、上の大綱の1を具体化するもので、特定非営利（NPO）法人には当面手をつけないが、事業の公益性の有無にかかわらず、従来の中間法人と公益法人を新非営利法人（余剰金の分配を目的としない非営利の一般社団または一般財団）に一括りにし、準則主義により法人格を取得できるようにした。法人の設立については中間法人並みの準則主義にしたわけである（同時に、②の裏側として、中間法人並みに原則課税の網をかけることを予定）。もっとも、準則主義にする見返りか、社員総会、理事会の設置、理事の法人又は第三者に対する責任規定、社員による代表訴訟制度、財務状況の一般的開示など株式会社制度と同程度の自立的なガバナンスの確保を要求する。その他で目新しいものとしては、資金調達及び財産基礎の維持を図るため「基金制度」を新らたに設けた。

　しかし、今回の改革の実質上の焦点は②の「公益性」有無の認定主体の問題である。法律案では次のようになっている。

　公益認定について、「行政庁（事業が2つ以上の県域にわたる場合は内閣総理大臣、それ以外は都道府県知事）は、……公益認定をする」（第5条）。つまり主語は行政庁になっている。監督（報告および検査、勧告、命令、公益認定取り消し等）も同じく主語は行政庁。
　ただし、行政庁はそれら公益認定や監督等を行う場合、そのもとに設置する「有識者」からなる公益等認定委員会に諮問し、その意見に基づきこれらを行わねばならない、とする。
　その際、行政庁は申請する法人の事業が主務官庁の許認可に関わる点があれば当該主務官庁の、暴力団関係の有無については警察庁の、納税状況については税務署の意見を聴いてその意見を付して、公益等認定委員会に諮問を行うとする。

　これをどう評価するか。今回初めて公益法人が中間法人並みに、一般社団、一般財団という非営利法人として主務官庁の許可制を脱して設立が準則主義と

なったことは、NPO関係者を含めて一般に一歩前進だとして歓迎している。

ただし、NPOや協同組合などの市民組織からは、新公益法人のガバナンス等運営ルールは市民の団体自治を極力尊重し、活発化させ、さらには育成していくという視点からは問題点や不十分な点があると指摘されている。一般に、主務官庁制を外すので、例え少数でも法律を悪用して私的利益をむさぼるものが出ることを警戒して大きな規模の株式会社にこそ妥当するコストのかかるガバナンス等運営制度を設けている。これを極小規模のアソシエーション的な非営利法人に一律、機械的に適用されるとせっかく出てきた市民公益の芽がつぶされかねない。さらに、それらのアソシエーション的市民組織の内部の民主主義的ガバナンス、さらにそれを育んでいくという契機が全く考慮されていない。直ちに自己利益がぶつかり合う市場社会の大規模な株式会社の社員代表訴訟制等に飛躍してしまっている。

しかし、市民組織関係者の最も懸念する問題はやはり②の公益性認定主体にある。まず、現在の日本の状況ではとても叶わぬことながら、行政から独立した自ら権限を持つ民間の第三者機関ではなく、こともあろうに、すでに触れたように条文上は、認定、監督等の主語は行政庁となっている。しかし、行政庁は、そのもとに置く「公益認定等委員会」に諮問してその意見に基づきこれらを行うとなっているが、実は極めて微妙である。

「公益認定等委員会」の構成は、「有識者会議」のとりまとめでは民間有識者となっていたが、条文では「人格高潔……」となって、民間の文字が脱落している。また、限定された範囲のことと断っているが、非営利組織が公益認定を申請する際、場合によって主務官庁、警察庁、税務署の意見を付して、つまり事前に行政庁が書類を調えて公益認定委員会に諮問するとなっている（事務局の機能が重要となる！）。もっともパブリック・コメントへの回答や国会の委員会の公聴会での参考人意見やそれに対する議員の質問の範囲では、民間有識者からなる委員会が実質的に判断主体となるような解釈が優勢であるような雰囲気がある。しかし、今回の法律では、委員会やその運営の細則、具体的なあり方は規定されておらず、2008年度の施行までに用意する極めて多数にのぼる政省令等に委ねられている。今国会での議論は、他の諸行政改革法案と一括審議で殆ど審議らしい審議なしで駆け足で通過する様相を呈している。衆院の委

員会で一定の付帯決議を付したものの、しかし様々な懸念がありえる。実際に委員の人選はどうなるのか、事務局はどのように構成され、どのように機能するのか。例え民間有識者が委員会委員になったとしても形骸化し、事実上、主務官庁制が残存することにならないか？

　そもそも行政でも、営利企業でもなしえない市民的公益性（市民的公益性は不特定多数の利益とのみ規定してよいのか？）の判定は、行政庁はもとより、民間有識者といえども彼らだけで可能なのか？　諸市民組織は公益認定委員会の委員として市民組織関係者を多数含めることを強く要求している。しかし、さらにいえば、個々の市民組織関係者を委員会に送ればよいということではなく、市民的公共性とは市民、市民組織の間での外に開かれた自由な議論、相互評価（インフォーマルなそれを含めたラディカル・デモクラシー）を前提とする。かくて、外に開かれた市民、市民組織間ネットワークによる相互評価が公益認定の基盤とならねばならない。それは、また、先の市民組織の民主主義的ガバナンスの基盤をつくることにもつながる。

　このような外に開かれた市民、市民組織間のネットワーク的相互評価が公益認定の制度的プロセスに明確に組み込まれていないで、上に述べたように官の介入の余地を残す曖昧な部分が多いとなると、今度の改革が特殊法人や行政委託型法人等の官の私物的公益法人の衣替えによる新しい制度のもとでの生き残り策になり得ないとは決して言えない。その懸念は次のような税制面の懸念に直結する。

　すなわち、今回の公益法人改革法案のもう一つの大きな問題性は、「民間の団体が自発的に行う公益を目的とする事業の実施が公益の増進のために重要となっていることにかんがみ、公益の増進及び活力ある社会の実現に資することを目的とする」（提案理由、総則）とされているにもかかわらず、支援税制が全く切り離されて先送りされていることである。先に指摘したように、支援優遇策をとるのか、あるいは、提案理由や総則は単に名目で、財政再建のために課税基盤を広げる増税路線の一環となるのかわからない（官の私物的公益法人を潰し、その財源を市民型公益法人へ廻すという至極もっともなことも、上の行政庁から独立した市民組織ネットワークがつくり出す相互評価を基盤とする公益認定な

らば、これをなし得るにもかかわらず。また、「税制優遇による税収の減少額自体は実は大したことはない。数十億の免税で日本に自助社会の根幹が育ち小さな政府への道が準備されるなら、これほど安上がりの社会政策はない」という山岡氏の前述の言にもかかわらず）。

堀田力氏等の「民間法制・税制調査会」は「税制の骨格」として次のような建議書を提出している[10]。

1. 一般非営利法人について
   非営利法人は、利益を分配しない限り、その利益を享受する帰属主体が存在しないのであるから、法人税を課すべきではなく、ただ、非営利法人が営利事業と競合する収益事業によって収益を得た時に限り、営利事業とのイコールフッティングを根拠に課税するのが相当である。
2. 公益性を有する非営利法人
   1) 本来事業（関連事業を含む。以下同じ）を非課税とする。公益を実現するための事業だからである。
   2) 非本来収益事業の収益を本来事業に充てる時は、100％のみなし寄附を認める。
   3) 金融資産収益は、非課税とする。
3. 寄付金税制のあり方について
   1) 公益法人の認定と同時に寄付金優遇措置を付与すべきである。その効果ゆえに、公益性の認定要件を狭めてはならない。
   ……
4. 個人住民税の寄付金控除について
   個人住民税についても、寄付金控除後の所得を基準とすべきである。

果たしてこの建議がどの程度受け入れられるであろうか。税調でも「民間が担う公共」という概念が使われ始めたといわれているし、認定NPOの拡大が議論されているともいわれるので、多少とも前進するかもしれない。うえの建議がそのまま実現するようなことがあれば、日本のサードセクター革新の展望は明るくなる。

しかし、たとえその場合でもいくつもの問題が残る。例えば〈営利企業の行

う事業との関係〉がどうなるか、市民的公共の拡大にとってきわめて重要である。この問題が決定的な形で現れたのが、「流山訴訟控訴審判決」[11]である。

流山訴訟控訴審判決の骨子

(1) NPO法人流山ユー・アイネット（以下「控訴人」という）が有償ボランティア活動として行っているふれあい事業に関し、松戸税務署はその剰余金に法人税を課したが、千葉地方裁判所は、2004年4月2日、この課税を認める判決をした。これに対し控訴人は控訴して争ったが、東京高等裁判所は控訴を棄却した。
(2) 控訴審判決の理由の骨子は次のとおりである。
　①ふれあい事業は会員の主観によれば精神的交流であるが、外形的には家事等のサービスであって客観的形態からすれば「請負業」に当たる。
　②1時間当たり800円（会員に600円、控訴人に200円）は謝礼、寄附でなく、サービス提供の対価である。
　③サービス提供の主体は、会員でなく、流山ユー・アイネットである。
　④課税がボランティアのインセンティブを喪失させるという主張は立法論としては傾聴すべきであるが、法解釈としては困難である。

この判決に対して流山ユー・アイネットは承服し難い旨つぎのように反論している。

①ボランティア活動はその外形的行為だけを見れば、ほとんどが「営利事業」あるいは「収益事業」として行われている行為と同じになってしまうのであり、外形だけを抽出して判断するのは誤りである。
②1時間当たり600円は主観的にも客観的にも、会員の労働に対する報酬ではない。200円は主観的にも客観的にもコーディネーターに対する寄附である。
③サービスは、会員の意思と判断で提供されている。
④剰余金は控訴人の役職員の無償活動等により生じたもので、税法上課税が当然とする性質のものではない。

この判決は、「福祉のたすけあい」という「社会的空間」〔コミュニティの社

会的資源を基盤に、サービス利用者、サービス提供者、コーディネーターがつくる協同(互酬・協同・連帯)空間〕に、あえて市場社会の企業形態と雇用関係を持ち込んで、営利企業とイコールフッティングする強引な解釈である。このような社会空間こそ、EMESの「社会的企業」が創出するところの〈市場の内部にあって同時に社会的〉な市民的公共空間である。

もし税調が「民が担う公共」ということを少しでも評価するならば、この社会空間を構成するもののなかには、営利を追及し、それを分配しようとするものは誰もいないことを認めるべきである。かくて、法人税を課税する根拠はなく、むしろ、既存の公共の手が届かない社会的ニーズを充たそうとする「民が担う公共」として、「みなし寄付」や「寄付控除」はもちろんのこと、税を取るどころか、逆に市民から取った税の一部を還元しつつ積極的に支援すべきであろう。

(2)「新しい社会的経済」・ワーカーズ・コープ(コレクティブ)法はできたか?

ところで、ワーカーズ・コレクティブやワーカーズ・コープは、むしろ、企業組織(協同組合・企業組合・任意団体・NPO?——適当する法人形態が未だ法制度として実現していない)そのものをこの社会空間の構成要素でつくりだそうとするものであり、その社会空間を目に見えるように示す、いわばその結晶ともいえる。「アビリティクラブたすけあい」の加藤氏は、ワーカーズ・コレクティブの活動について次のようにいう(加藤昌雄2004)。

> 「メンバーみずからが協同で出資し、労働し、運営し、経営する。通常、営利企業では資本家(出資者)と経営者が別々に存在し経営者(事業主)が労働者に賃金を支払うのだが、ワーカーズ・コレクティブにおいては経営と労働が分離されず不可分のものとして機能する。換言すると、構成メンバー全員が皆対等・平等に権利と義務を持ち、何かあれば協同・連帯して責任を取る運動・事業体である。」

もっとも分りやすいのが、——「社会やコミュニティのため」という一般的なミッション(使命)を一つの企業形態のなかに具体的に取り込んだともいうべき——サービス利用者をもメンバーに加えた「たすけあいワーカーズ」であろう。日本に

おける「障害者社会事業所」やイタリアの「社会協同組合 B 型」にも見るように、社会的に排除された人たちを社会的に再包摂するのにはもっとも有効な「社会的企業」の形態である。

ところが、ワーカーズ・コレクティブにしろ、ワーカーズ・コープにしろ、ヨーロッパではごく一般的になっているのに、日本では未だ制度として認められていない。「市民活動促進法」(NPO 法) 制定運動の高まりのなかでそれに連携しつつ、それぞれ、「ワーカーズ・コレクティブ法（案）」、「労働者協同組合法（案）」を数次にわたって発表している。しかし、「市民活動促進法」は自民党の反対意見を入れて、「市民」という言葉を落として「特定非営利活動促進法」として成立したが、「ワーカーズ・コレクティブ法」、「労働者協同組合法」とも未だ日の目を見ていない。

このことと直接関連するが、両法の制定促進運動のなかで、「統一協同組合法」制定あるいは「協同組合基本法」制定も提案された。ともにヨーロッパ諸国では珍しくない。

「統一協同組合法」は一本の協同組合法で、どんな分野のどんな協同組合にも適用される法である。協同組合基本法も、協同組合を促進していくという基本的なところを大きく初めに定め、その精神に沿ってそのときどきの必要で個別の法を柔軟につくり易くする。ともに、現在の日本のように、それぞれの分野（というよりも官の縄張り）ごとに、それぞれ別々に〇〇協同組合法、△△協同組合法をゼロから出発して立法し、それぞれの主務官庁の認可、指導を受けなければならないのと異なる（戦前の産業組合法は、統一協同組合法であった）。

まだ縄張りのない新しい分野の協同組合だと特につくりにくくなる。だから、「統一協同組合法」なり、「協同組合基本法」をつくれば、いろいろな協同組合をつくり易くなるという脈絡で提案されたのである[12]。

たしかに、先ほど見たように、生協の「新しい波」の台頭はワーカーズ・コレクティブやワーカーズ・コープのみならず、環境生協、福祉生協など従来の狭い共益を超えて公共性を追求する、新しい分野の「社会的」にして「事業的」な活動のために、協同組合という企業形態を困難に直面しつつもそれを乗り越えて生み出した。しかし、「統一協同組合法」なり、「協同組合基本法」があれば、

それらの協同組合づくりははるかに容易であったろうし、さらにさまざまな協同組合が生まれ、日本の社会的企業の厚みとウェイトはより大きなものになり得るであろう。しかし、残念ながら「統一協同組合法」も、「協同組合基本法」も問題提起にのみ留まっている。

ところで、ワーカーズ・コレクティブ法の立法運動を進めてきたワーカーズ・コレクティブ・ジャパンは、今回の公益法人改革のなかで、公益法人改革オンブズマンの浜辺哲也氏の提起するNPOと協同組合との新たなハイブリッドともいうべき「出資型非営利法人制度」の創設にその半歩の前進（その後に経営と労働をも自ら担う真性のワーカーズ・コープを展望する）を見出そうとした。いま、その骨子をみれば次のようになっている。

　　　　公益法人改革オンブズマン「非営利法人一般法に出資型法人を規定する必要性」
　　　　　　　　　　　　　　　　　　　　　　　　　　　　　　2004年5月19日
1　出資型非営利法人に対するニーズ
　　出資を財産の基礎とする非営利活動への潜在的な需要は大きいが、これに適した法人制度がないため任意団体のまま活動を続けるものや、NPO法人と民法組合、NPO法人と商法の匿名組合を重複して設立する例がある。
2　NPO法の不備
　　出資を基礎に活動することを前提とした法設計となっていない。NPO法制定の過程で、出資を必要とする市民活動は、NPO法の対象から外された。それ故、介護保険に参加するためにNPO法人格を取ったワーカーズはやむなく出資を寄付や融資として扱っている。NPOバンク、風力発電は、事業に必要となる数億円の出資を集めるため、事業を運営するNPOとは別に民法の事業組合や商法の匿名組合を作るという手間を負っている。
3　中間法人法の不備
　　残余財産の分配が可能となっており、法人の非営利性や公益性を利害関係者にアピールすることができない。また、会費や寄付に法人税が課されるなど非営利法人に必要な税制が措置されていない。
4　協同組合法の不備

各種協同組合法は活動目的や事業が狭く限定され、設立要件も詳細であり、縦割りの主務大臣認可が必要とされる制度であり、多様な非営利活動の受け皿として機能できない。

　再三の要望の後、今回、出資型非営利法人制度の創設は「拠出型非営利法人」（出資と拠出は本来意味が異なるが）として組み込まれる展望が出てきたかのように思われたが——それでも、「流山判決」が示す問題がのこり、寄付控除などの優遇税制はおろか、収益事業として課税される懸念が残っている——、結局は、そのような新たな非営利法人類型はできず、一般社団が採用可能な単なる「基金」制度に矮小化されてしまった。

　以上、われわれは、一方でNPO（さらに事業化するNPO）や「第3世代、第4世代」の協同組合の新しい波の展開として現れている日本におけるサード・セクターの広がりと活性化、そしてそれを駆動する「市民力」の台頭はNPO原則課税案を拒否させる程に高まってきていることを確認する。しかし他方で、山岡義典氏が21世紀社会を活力に富んだ市民社会として構築する際の鍵となるものとして提起した「民による公共」の認識は未だしということをも確認させられるのである。

　なるほど、政府は「財政危機」から「小さな国家」を標榜する。しかし、日本の「公（官）」は「公—私」の中間的社会空間としての「民による公共」の公共的性格を理解しないから、なお、「公益」判断権と「公金」運用権を握って放なさず、ようやく立ち上がりだした市民的公共空間にも、とかく、「私」（営利セクター）の物差しを当て、その収益ないし対価——「社会的企業」が「社会的」であるがゆえに動員する社会関係的資源（ボランティア労働、寄付、社会的信頼、連帯等々）によってはじめて確保されるにもかかわらず——に課税しようとする。依然として、「公（官）—私（営利企業）」二分法が日本におけるサードセクターのブレイクを阻んでいるのである。

　さらに、起こり得る最悪の事態は、「社会的企業」が「社会的」であるがゆえに動員する各種の社会関係的資源（ボランティア労働、寄付、社会的信頼等々）を、営利企業（低賃金、劣悪労働条件の非正規労働にますます多く依存する）との

サバイバル競争に動員することになり、地域の労働者の賃金、労働条件を引き下げるように機能するばかりでなく、結局は、「社会的企業」を存立させた社会的関係資源をボロボロにしかねないことである。

その先に見えてくるのは、中間領域、市民領域のない、「(依然として権威的な)小さな国家」と「(輸移入労働力をも含む非正規・未組織労働者の劣悪労働条件に支えられる)企業セクター」の二分法の荒涼として殺伐たる世界である。

かくて、日本のサードセクターは「公―私」二分法を打ち破り、その間の中間的社会空間を EU のごとく「社会的企業」の勃興によってダイナミックに拡大展開するか、あるいは今すぐうえに言及した「公―私」二分法の荒涼として殺伐たる世界へ転落するか、いま、まさに分岐点に立っているといえよう。そうとすれば、われわれの課題はかなり鮮明になってくるのではないだろうか。

III　われわれの課題は何か

III-1　「民の公共」を求めての連携

いままで、「公―私」二分法を有効に打破し得なかったのはなぜか。一つには、NPO 法の制定に向けての運動には NPO のみが、今回の公益法人改革においは準則主義化と支援税制措置を求める NPO が、当初、公益法人とともに原則課税の中間法人と一括りにされて原則課税にされかかったとき、NPO セクターが反撃すべく沸き立ったものの、その後、NPO がその改革から切り離されるとともにクール・ダウンしてしまった。協同組合セクターも、その一部の新しい波の「ワーカーズ・コープ」や「ワーカーズ・コレクティブ」がそれぞれに相応しい制度を求めて立法運動をおこなっても、あるいは統一協同組合法、協同組合基本法を提起しても、NPO セクターはもとより、協同組合セクターの第二世代的な主流もクールだったといえる。いわんや農協や労働組合においておや。

もし、これらの運動がはじめから有機的に連携していたら、例えば、現実に

は日の目を見なかったが、公益法人オンブズマンが提起した「非営利協同法人法」制定運動に類する運動がなされていたら事態はどう展開したであろうか。その「非営利協同法人構想（案）」（2003年9月13日）とは大要次のようなものであった（渡辺哲也2003）。

　新しい非営利法人制度は、NPO法の限界（要行政庁認証、出資規定なし、政治活動制限）や中間法人法の問題点（課税原則、残余財産の分配可能）を克服し、さらに、構成員が出資して地域コミュニティの利益のために事業を行うワーカーズコレクティブのような協同法人も包含した制度とする。
　イ　一般通則（一階）
　　・法人の活動目的：営利以外を目的とすることのみ規定。
　　・非営利性：剰余金及び解散時の残余財産を社員で分配しないことを規定。出資配当をゼロ又は一定利率以下に制限。
　　・準則主義：行政の関与なく登記のみで設立できるものとする。
　　・出資規定：オプションとして出資と協同基金に関する規定を置く。
　　・課税原則：法人税は厳格な非営利性故に非課税とする。
　　・収益事業：法人税法上の収益事業については非営利故に軽減税率で課税。
　　・組織体制：社員総会、理事、監事に関する規定を設ける。基本財産の要件は設けない。
　　・情報公開：NPO法人並みの情報公開規定。インターネットの活用を図る。
　　・政治活動の制限：法人制度には政治活動の制限規定を設けない。
　ロ　特別規定（二階）
　　・特別規定（二階）として一般通則（一階）の上に、新公益法人、NPO法人、ワーカーズ法人など、法人類型毎に規定を設け、様々な特色を持つ法人活動に見合った規定と優遇措置を設ける。
　　・ネットワーク連合組織の規定を設ける：非営利セクターの協同を図る組織。準則主義、法人税非課税、寄付税制の対象とする。
　　・非営利協同基金の規定を設ける：非営利セクターの資金循環を促す基金。準則主義、法人税非課税、寄付税制の対象とする。
　ハ　税法で規定する事項

・寄付促進税制：財務構成又は事業分野に関する客観的基準で寄付控除の対象となる法人を選定。
　　ヘ　政策的に推進すべき事項
　　　・民間評価機関（含む情報公開センター）：非営利法人の情報公開と評価を支援する機関の標準的要件を非営利セクター自らが設け、準則主義で民間評価機関の設立が活発化する環境を整える。

　同構想（案）は、何故、NPOと協同組合の統合が必要かと問うて次のように言う。

①事業基盤として重要な出資金：継続的に財サービスを提供する事業には建物、設備機器が必要となるが、NPO向けの融資制度も黎明期にあり、まとまった設備資金を得る方策として社員による出資が重要となる。ところが、公益法人、NPO法人、中間法人には、出資に関する規定がない。
②協同組合の準則主義化：各種協同組合は、その組合類型毎に事業内容が細かに限定されており、また組合設立にも縦割りの大臣認可を必要とする。諸外国では、協同組合の基本法、統一法があり、協同組合の基本的な組織内容を備えていれば法人格を取得できる。
　　・中小企業等事業協同組合法に基づく企業組合は比較的柔軟に設立できるとされるが、大臣認可が必要である上、営利企業に分類され、組合員と地域の福祉向上を非営利で追求するワーカーズコレクティブの理念を反映した制度ではない。
③運動論
　　・行政と営利企業に二分された社会構造に第三勢力として市民社会が拡大していくことが待望される。それは、NPO法人のみならず協同組合も含めた非営利協同セクターとして把握されるべきものであろう。
　　・今般、政府側から寄付や会費も含めて非営利法人を原則課税とする提案がなされたが、非営利法人は非分配制約を課していることを看過して競争条件を均等化するため原則課税とすることは当然という意見が根強い。この論法は、近い将来、協同組合の軽減税率の見直しにも及ぶ議論である。

・法人の分配原則を無視した競争条件の均等化論、原則課税論に対抗するには、公益法人、NPO法人のみならず協同組合、ワーカーズコレクティブが連携して対抗案を提示していく必要がある。

　運動論まで提起されているが、サードセクターが第一セクターと第二セクターの間の隙間を埋めるだけに留まらず、21世紀社会経済を社会的にも環境的にも持続可能な新たな社会構造に転換するべく、第一セクター、第二セクターのあり方や機能にその影響力を十分に及ぼしえるほどにセクターの力量を拡大することは容易なことではない。そのためには、特別規定（二階）に見える新公益法人、NPO法人、ワーカーズ法人など社会的経済・企業としてサードセクターの一員たろうとする多様な社会的経済・企業がそれぞれの特徴を発揮するとともに、サードセクターのユニークな一員として相互に認め合い、相乗効果を求めて連携・協同してサードセクター全体の力量を拡大することが必要である。

　今回、NPO法人が中間法人、公益法人とともに「非営利法人法」に一括されて「原則課税」とされかかったとき、NPO陣営は反対運動を盛り上げて差し当たりNPO法はそのまま存続することになった。それは、それでその力量を評価できよう。しかし、「非営利法人法」の対象として残されたのは中間法人と公益法人だけになってしまった。中間法人は残余財産の非分配を強く主張するほど社会的経済・企業性が強くない。公益法人は官との癒着、天下り、税の無駄遣いとの指弾が厳しく、みずから新たな市民的公共性を創出する社会的経済・企業としての革新力を十分にアピールできていない。NPO陣営がひと安心してクールダウンしてしまったことが、先に見た「新非営利法人法」の様々な弱点や懸念、とりわけ公益認定主体、公益認定基準、そして支援優遇税制の懸念されるあり方に影響を与えてないだろうか。もし、「新非営利法人法」が弱点をもてば、今度はそれがNPO法改正の内容に影響を与えないでは置くまい（すでに、2005年12月より、内閣府のもとので「国民生活審議会総合企画部会NPO法人制度検討委員会」がNPO法人制度の見直しを始めたが公益法人改革の帰趨を前提にしている）。

　NPOは未だ行政庁の「認証」制度の下にあり、当初からの課題である設置準則主義を獲得してない。これからの見直しで準則主義を獲得したとき、その

まま公益認定と支援税制（法人税非課税と寄付金優遇）を獲得できるのか、やはりNPOも「新非営利法人」と同じく二階建てで、二階に上がるのに行政庁のもとの「公益等認定委員会」の意見に基づく行政庁の認定を必要とするのか、あるいは、支援税制はもっぱら税務署の判断によるのか、「新非営利法人法」が実際にどのように施行されるようになるのかに影響されよう。それゆえ、逆に、NPO陣営が「新非営利法人法」の施行までに、再三強調している「公―私」の中間的社会空間としての「民による公共」というコンセプトを市民、市民組織のあいだでの自由な開かれた議論、相互評価（インフォーマルなそれを含めたラディカル・デモクラシー）を通じて確立することに成功すれば、先ほど挙げた様々な懸念を払拭し、「公益認定等委員会」の公益認定を「市民的公益」認定の方向へ実質的に寄せることが可能となろう。今からでも遅くないのである。

　同じことは、協同組合セクターとNPO、新公益法人セクターとのあいだでも言える。協同組合が「新らしい社会経済」あるいは「社会的企業」として「サードセクター」革新のポジティブなアクターたろうとするならば、縦割りの主務官庁の認可制度のもとに留まることは出来ないが、あろうことか、協同組合は未だ縦割りの主務官庁の認可制度のもとにある。新非営利法人は少なくとも一階は準則主義、NPOは行政庁（主務官庁ではない）の「認証」もとから準則主義を窺おうとしている。主務官庁の許認可制度のもとにあるのは社会的経済といわれるものでは協同組合だけになってしまった。
　市民的公共空間の結晶ともいうべきワーカーズ・コープやワーカーズ・コレクティブはその活動に相応しい法人形態を必要とするが、それはいつまでたっても実現しない。「統一協同組合法」も「協同組合基本法」も全く現実味を帯びない。協同組合は官の認可（公―私二分法の承認？）の代償としてか、軽減税率を享受している。しかし、「非営利協同法人構想（案）」の運動論の2に見えるように、「非営利法人は非分配制約を課していることを看過して競争条件を均等化するため原則課税とすることは当然という意見が根強い。この論法は、近い将来、協同組合の軽減税率の見直しにも及ぶ」ことは間違いあるまい。
　かくて、協同組合も「社会的企業」として「サードセクター」のアクターたろうとするならば、上で述べた市民的公共性拡大・促進の連携・協同の陣形に

本腰を入れて積極的に加わっていくことが不可欠となってくるのである。「非営利協同法人構想（案）」の運動論の３でいう「法人の分配原則を無視した競争条件の均等化論、原則課税論に対抗するには、公益法人、NPO法人のみならず協同組合、ワーカーズコレクティブが連携して対抗案を提示していく」ことは残念ながら実現しなかった。しかし、それは、いまからでは遅すぎるといって放棄するにはあまりに重要な課題なのではなかろうか。農協や労働組合陣営との連携ができればさらに望ましく、長期戦を覚悟して取り組むべき課題であろう。

　さて、これからその可能性を追求していくが、その前にここで、ワーカーズ・コープとワーカーズ・コレクティブ法制定運動の一つの転機になるかもしれない提言がなされていることに触れて置きたい。
　「第３世代／第４世代協同組合」論を首唱してきた石見尚氏は、最近、「協同労働法制のニュー・バージョンの必要性」を訴え、とりわけコミュニティにおける協同組合間協同の推進を強調し、従来それぞれ別々に進められてきたワーカーズ・コープとワーカーズ・コレクティブの、制定運動のみならず、事業連携をも提起している（「社会的企業研究会」2006年４月10日における報告では、さらに設立準則主義化を主張されたが、すぐ上に示唆したように、まさにそうなくてはならないであろう）。
　協同労働（労働者協同組合）の団体として、労協（労働者協同組合連合会）、ワーカーズ・コレクティブ、農村グリーンツーリズムによる村おこしグループ、障害者社会事業所グループの４つのグループを挙げ、およそ次のようにいう（石見尚「協同労働法制のニュー・バージョンの必要性」『所報・協同の発見』協同総合研究所、2006年１月）。

　　協同労働の４つの団体に属する個々の組織は事業的に専門に分化しており、単独では地域社会の総合的なニーズに対応できない。A.F.レイドローがいう「協同組合地域社会」を目指すとすれば、各種協同労働の事業や活動が、互いに足りないところを補って連携する地域ネットワークをつくることが必要になる。労働者協同組合グループは「地域福祉事業所」を全国に１万ヶ所つくる計画で進んでいるが、

......事業所の自主性を基礎としつつセクトの枠を超えて地域単位で提携する「協同労働の協同組合」が必要である。......地域における「協同労働の協同組合」は都市型にしろ農村型にしろ自己完結的な組織ではないので、以下の補完的な二次組織が必要になる。①事業連合、②非営利協同基金の信託財団および協同労働金庫、③協同労働開発機構（現場と一体感で結ばれるシステム開発、市場開発、学習・研修の二次組織）

モンドラゴン協同組合（スペイン・バスク自治州）をネットワーク化したような「協同組合地域社会」像が彷彿としてくる。しかし、この地域ネットワークは、われわれとすれば、この協同労働の協同組合の地域ネットワークをのみならず、この後すぐに叙述を展開していくように、NPO、各種協同組合、新非営利法人などの社会的経済・企業の各構成要素をはじめ、地域社会に埋め込まれたその生死が地域経済とともにあるコミュニティ・ビジネス、さらには（後述するような）地域に顔を向け、今まで蓄積したその社会的資源を開く労働組合もその構成員とするそれこそ多様で重層的なネットワーク群を考え、その中でも最も基盤的なネットワークの一つ（それは内的にも多様な自立した基礎事業体間のネットワークとして構成される）として考えたい。

Ⅲ－2 「社会的企業」の起業、新結合としての革新（innovation）

しかし、もちろん、市民的公共性の領域を官と企業的民との間に広く拡げていくためには、連携・協同の陣形を組む各セクター当事者達そのもののダイナミックな展開がその基礎になければならないことはいうまでもない。それゆえ、まずは、何であれ、「市民的公共性」の拡張を牽引する「社会的企業」の澎湃とした起業が必要であるが、ドゥフルニ・ボルザガ『社会的企業』が提起しているのは、まさに、NPOセクターと社会的経済セクターとのハイブリッドへの双方からの跳躍である（前掲図2）。

今回の公益法人改革において、先に触れたように、「非営利協同法人法」構想の一部として「出資型非営利法人」が一部のNPOとともに、ワーカーズ・コレクティブによって推進されようとしたが、「基金制度」に矮小化されてし

まった。もしそれが実現していたらそれは日本における新法人形態としての、NPO と協同組合のハイブリッド第1号となったであろう。しかし、それは今後の課題である。

　この両者のいわばハイブリッドのダイナミズムは、翻訳者でもあり、呼びかけ人のひとりの石塚秀雄氏が別に訳して伝えるところによれば、先にみたように、社会的弱者や社会的排除を受けたものの労働市場への挿入（統合）分野だけで、EU11 カ国に展開するその企業組織形態の多様さは、実に 39 種類に及ぶという（石塚秀雄 2004）。

　このような「社会的」にして、「企業的」な組織のブレイクこそ、日本における「民による公共」、すなわち、「市民的公共性」を本格的に形成させるための岩盤をつくりだすものである。それゆえ、われわれは、何はともあれ、世間一般にそして自らも無理だと思う限界を超えて「社会的企業」を起業していくことであろう。NPO は NPO を超えて、協同組合は協同組合を超えて、共済は共済を超えて、そして労働組合は労働組合を超えて。

　では、社会的企業はいかなる分野で、あるいはいかなる分野へ向かって起業すべく、清水の舞台から飛び降りるべきか。われわれは EU の社会的企業の場合はどうだったかはすでに見た（前掲図 3）。社会的サービス、コミュニティケアサービスと雇用創出の相乗的重合がメイン領域で、そのうえに社会的包摂と地域開発がサブ領域として重なる。自らいくつもの領域に跨ることによって、あるいは他の社会的企業と連携することによって「社会的企業」はそのダイナミズムを獲得する。

　ところで、日本の場合も「社会的企業」〔NPO の事業化、「新しい社会的経済」（＝「第三世代／第四世代生協」）〕の胎動がどのような分野でどのようにみられるか、ごく荒っぽいタッチではあったが、われわれはすでに見た。

　「社会サービス・コミュニティケアサービス」としては、福祉（育児、各種障害者・ホームレス就労等社会的包摂、高齢者介護・社会参加）、教育・文化、そして様々な「コミュニティの協同労働」（労協）をになう「社会的企業」群の胎動が見てとれた。とくに医療生協のような試みはイタリアの社会的協同組合 B 型を髣髴とさせる。それらは同時に「社会的包摂」「雇用創出・労働挿入」機能をも

併せ持つ場合が多い。そして、「雇用創出・労働挿入（統合）」については、他の領域・機能を合わせ持ちつつ、ワーカーズ・コレクティブやワーカーズ・コープ群が台頭してきていた。「地域開発・コミュニティビジネス支援」についても様々な「まちづくり」NPOやアソシエーション群が生れている（コミュニティビジネスは営利企業といえども、コミュニティの社会的、環境的持続可能性を自らの持続可能な発展の条件とする故に社会的企業の生態に重なってくる。それ故コミュニティビジネスとの連携は全ての面で重要であるが、特に雇用創出、地域開発・活性化においては不可欠であろう）。しかし、現在までのところ、それらはヨーロッパの展開に比べればなお未成熟といわねばならない。

　ところが、日本の生協は食品の安全性、家族の健康を心配する広範な主婦層を地域コミュニティにおける人と人のつながりを拠り所に班（共同購入組織）をつくりながら、また逆に、班をつくって人と人のつながりを生み出しながら、地域コミュニティを基盤とする地域市民である組合員が動かす性格の強い日本独特の「市民生協」として急速に成長してきた。そして、初めは安全な食品の確保のための産直などからから始まったが、やがて組合員の生活・いのちのニーズ全般、生きいき生きること、環境保護・再生、まちづくりなどなどへと広がり、ついに、それらを自らつくり出すプロシューマー（生産者＝消費者）となろうとする。かくて、消費生協は、福祉生協、環境生協、そして、現代のプロシューマーとしてのワーカーズ・コレクティブ（コープ）、事業NPOを広範に生みだすインキュベーターの役割を果たしてきたといえる。先にみた、社会運動コーポラティズムの代表者としての生活クラブ生協、日本型生協の「21世紀型生協」への転生に向けて飛び立ちつつあるパルシステム（首都圏コープ）グループなどはその典型的代表者である。しかも、それは、富士山のように広い裾野をもつ可能性がある。生協は実に日本の全世帯の3割を組織する〔組合員1600万人、ちなみに、地域によっては、たとえば兵庫県は68.2％、宮城県59.7％、京都府48.1％、北海道47.1％、宮崎県42.7％と4割を超える県もある（栗本2005：25）〕。つまり、日本の社会的企業の展開には、それを後押しすべく、ひょっとするとヨーロッパを凌ぐ巨大なマグマがそのエネルギーの供給源として横たわっているのかもしれない。しかし、残念なことに、未だ、可能性は潜在的可能性に留められているが。

さらに、もうひとつ、これまた未発現であるが、生協と同じような潜在的可能性をもっているかもしれないものに農協（JA）がある。日本の農協は、一部生産と生産物の販売事業のみならず、購買事業、信用事業、共済事業等の諸事業を総合的におこなう総合農協として展開してきた。かつて、レイドロー（1980）は、地域に根ざし、事業ごとに分離された協同組合ではなく、それらを総合的におこなう単協の総合性を高く評価し、そこに協同組合地域社会の展望を見出した。しかしその時はなお食糧管理制度のもと政府の政策執行機関としての性格が強く、褒め過ぎの嫌いがあった。生産物（米）の市場は政府の一手買い上げで、米価交渉と各種補助金の獲得に最大の集団的エネルギーを注ぐ政治的圧力団体としての性格が顕著であったことを否めまい。しかし、新自由主義的グローバリゼーションの進行のもと、農産物の自由化はついに聖域とされた米にまで押し寄せ、今、いっきょに日本の農業はその多面的機能もろとも崩壊の危機に追い込まれている。

　多国籍企業にとって、より多くの、より高率の利潤の獲得を目指して途上国であろうと先進国であろうと地球上無差別に、何処でも、何時でも、生産、流通、金融・投資、開発、サービス等々の何の活動でも自由に可能なグローバル市場が望ましい。自動車、エレクトロニクスを先頭とする日本の多国籍業も地球上のあらゆる地域を何でも出来るそのような自由市場に取り込もうとしている。それには日本国内の諸規制撤廃のテンポ、程度を高めることが必要となる。かくて、「総合規制改革会議」は、2002年12月、従来の国家的政策としての「食料・農業・農村」の振興、そしてその政策推進の機構としての農協という従来の農協の位置付けを放棄するにも等しい規制緩和を答申した。独禁法適用除外を外し、株式会社の農業参入を認め、米政策と生産調整への政府関与を廃止し、日本農業をグローバルな自由競争市場に投げ込む方向を打ち出したのである。そして、メキシコ、フィリピン、タイ等々とFTAを締結し、WTOでは上限関税の大幅な引き下げに応じることで、日本の多国籍企業のために上記の自由市場を獲得しようとしているのである。

　しかし、それはいよいよリスクを増すこれからのグローバル社会の中で、安全な食料の安定的な供給や環境的にも、社会的にも多面的機能をもつ日本農業を放棄することを意味する。それは単に農業や農家の問題だけではなく、実は

都市市民の問題でもある（谷口吉光2004）。

　たしかに一方で、大農式のアメリカ、カナダ、オーストラリア農業、そして穀物多国籍企業と同じ土俵・市場でのサバイバル競争に挑むべく、経営主体の集中・統合・株式会社化による大規模化、効率化、いわば農業の工業化を推進しようとする動きも一部には出てきた。だが、それはアジアモンスーン地域の小農生産を基盤としてきた日本農業（それは他のアジア諸国にもいえることである）に明るい展望をもたらし得るのだろうか。

　しかし他方で、「農家が農家以外の市民（非農家市民）とつながりを持ち、工業的農業と市場経済とは違った価値観を共有しながら農産物の販売や交流が出来るような農業」、「それに加えて、教育・環境・医療・福祉など食料生産とは違った分野で（の）農業の社会貢献」を地域で推進することによって農業再生の可能性を追求する動きが出てきている。桜井勇氏（地域社会計画センター）は後者の分岐を展望しつつ、これからの農協の結集軸と展望を次のようなところに求める（桜井勇2005）。

①組合員・家族・地域住民のニーズ（健康・福祉、所得機会、生きがいなど）に基づく。
②安全な食料・食品の供給するために〈地産地消のネットワークづくり〉を行う。
　・直売所〔ファーマーズマーケット（加工・惣菜を含む）〕づくりと都市生協との連携。
　・都市住民の組織化（地区外准組合員制度の活用、都市生協との連携）
　・伝統的な調理方法などの普及
　・次世代への取組み（学校給食での地場農産物、農業体験、食育など）
③高齢化対応
　そして、地域社会対応の重視と"農"を軸とした地域協同組合づくり（環境、保険・医療・福祉）

　しかし、先に指摘したように、なお、ヨーロッパに比して未成熟であることは否めない。それらの間に連携は乏しく市民的公共性を広げられない。かくて社会的企業の展開も未だしで、萌芽を探す程度に過ぎない。しかし、世界市場をそのまま自らの土俵とし、地域の人々の上空に超越するのではなく、生協、農協が〈地域の人々のいのちと暮らしの危機に応える〉ような、〈その地域の人々

が主体的に参加し自ら動かす〉ような生活者＝生産者協同組合となるとともに、多様な NPO をスピン・オフするインキュベータとなるならば、その潜在的可能性はいっきょに顕在化するのではなかろうか。すなわち、図1―D で見た社会的企業ベクトル（あるいは後掲図 12 の市民的公共ベクトル）がいっきょに太く、長く伸びる。そうしたとき、それらの連携・ネットワークの力量は一挙に増し、市民立法も一挙に進み、図の市民的公共性ベクトルも一挙に太く、長くなり、市民的公共空間もぐっと広がる。

そうなったとき、さらに社会的企業ベクトルの伸びと市民的公共性ベクトルとの相乗作用はもう一次元高まり、政権選択・政権参加の問題へまで及び得る。

Ⅲ―3　政策・支援環境（パートナーシップ、コンパクト）構築、まずはネットワークづくりから

サッチャーの新保守政権からブレアの「第三の道」政権への転換について、塚本一郎氏等の研究が興味深い事態を明らかにしている。

「1980 年代以降、アングロ・サクソン諸国を中心とする欧米各国では、公的部門の効率化を図るために、民間の経営手法を行政現場に導入するニューパブリックマネジメント型の手法による行政改革が実施されてきた。」（西村万里子 2004 : 191）……「従来のボランタリー組織に対する自治体からの補助金方式に代わって、自治体とボランタリー組織・営利企業間に契約方式が導入され、自治体との契約獲得をめぐってボランタリー組織、民間営利企業の間に競争原理の導入が始まった。」（同 : 193）……

しかし、「第一に、市場メカニズム適用の限界として、契約や業績評価による上へのアカウンタビリティの強化は図られたものの、利用者に対するサービスの質、情報のアクセス、選択の課題、公平性の確保については十分な成果をあげることができず、住民や利用者本位という下へのアカウンタビリティが実現できなかった……。第二にマネジリアリズムの限界として、組織内関係における目標・成果の重視が組織間にわたる関係の信頼や評価に適さなかった……。」

「97 年に政権についた労働党政権は、保守党政権下の効率性重視・コスト偏重に

より生じたサービスの質の低下や格差の拡大等の問題を踏まえて、社会的公正を備えつつ経済的効率性をめざす『第三の道』を提唱した。労働党政権はこうした問題の原因がコミュニティ社会との協働の欠如にあったと考え、市場中心の公共サービス改革から住民参加、ボランタリー組織や住民とのパートナーシップによる民主主義的な公共サービスへと政策理念の重点を移す決定をした。」（同：199）

そして、労働党政府は社会的排除対策（保守党政権下の市場化偏重で生じた格差の拡大、失業、低熟練、犯罪、健康の低下、家庭崩壊等の問題を社会的排除として表現した）を公共政策の最優先課題とし、そのためにはボランタリー組織とのパートナーシップが不可欠として、ボランタリー組織との間でコンパクト（政府は、ボランタリーセクターの独立性の確保、長期的透明な資金の提供、政策の決定・実施・評価への参加の保証などを約束するというコンパクト）を中央・地方自治体レベルで結びながら各種の社会的統合政策を実施していったのである（同：205）。

EUにおける社会的企業の台頭の背景には、ブレア政権の「第三の道」ばかりでなく、ヨーロッパ諸国の多くの国で労働組合の組織率も一定の高さをなお維持し、社会民主党政権も珍しくなく、市場化のグローバリゼーションの波に洗われながらも「ソーシャル・ヨーロッパ」を頑迷に守ろうとしている政策環境があることは軽視すべきではないだろう。したがって、われわれも政権問題にまで至らずとも、一定の政策環境、支援環境ということを無視し得ない。ところが、いま、われわれはそのような政策環境にはない。むしろ、逆境にあるというべきであろう。しかし、塚本一郎氏が、同時に次のことを指摘していることに注意したい。

「社会的企業の役割が政府にも認識されるようになった背景には、社会的セクター側のネットワーク力がある。たとえば、SEL（Social Enterprise London）のような社会的企業の中間組織支援組織はロンドンのみならず全国レベルで同じような社会的企業のネットワークづくりを支援してきたし、ロビー活動を活発に展開してきた。……非営利系シンクタンクも政府の社会的企業支援政策に大きな影響を与えて（いる）。……すなわち、社会的企業が政府に認知される背景には、社会

的ネットワーク、すなわち、「社会的資本」を創造するその能力に負うところが大きいといえる。(塚本一郎 2004：249-250)

すなわち、それを可能にするためにも、まずは、NPO の、協同組合の、共済の―とりわけ、協同組合地域社会への方向へ楫をきった生協や農協が社会的企業をスピン・オフするインキュベータ化になるよって―、それぞれ自身の限界を超える飛躍とかれらの間での、また、それを超える社会的ネットワークづくりが最初の一歩を踏み出す従来欠けていた必要条件としてあがってくるのである。そして、これは、かなり大きくわれわれの自由になる主体的選択のうちにあるといえないだろうか。ここで、石見尚氏の協同労働法制のニューバージョンも想起される。

Ⅲ―4　岩盤からの革新――「社会的企業」の起業を通してジェンダー平等化――

さて、以上、日本における社会的企業の、したがってまた、市民的公共空間の飛躍的拡延の可能性を期待できる潜在的契機に焦点をあててきたが、ここで、その典型的代表ともいうべき、ワーカーズ・コレクティブ（コープ）がもつ潜在的可能性の巨大さについて考えてみたい。

かつて、宮本太郎氏は「社会的経済促進プロジェクト」の研究会で、いま、ヨーロッパでは、「社会的排除」の問題がクローズアップされており、それに対処するものとして「社会的企業」の出現が注目されてきていること、そのいくつかの実態調査へ出掛けた話などを前置きして、福祉国家・スェーデンの揺らぎとそこにみられる非営利セクターの新たな動きを紹介された（宮本太郎 2003）。

周知のように、スェーデンは「大きな政府」的福祉国家の典型例で、高率の国民負担率を課するけれど、きわめて完備した社会保障を国家セクターが提供している。そのスェーデンにも「個人化」（ベック）とグローバル化の波が及ぶとともに、長期失業等々の「社会的排除」問題が出現してきている。それに対するスェーデンの政策の特徴は積極的労働市場政策の強化であるが、架橋的労働市場（transitional labor market）をつくることによって、それをなそうとしているところにある。

積極的労働市場政策というのは、労働市場から何らかの理由で排除されたものが再び労働市場へ戻るのが困難になってきているが、できるだけ早く、スムーズに再び労働市場に戻れるように、さまざまな支援を――自助に放任するのではなく――積極的におこなっていく政策である。さまざまな社会的排除問題に対してそれに相応しいさまざまな支援をおこなう。そのあり方の一つが架橋的労働市場モデルと呼ばれるものである。宮本氏はそれを図10のように示される。

　この図において、Vは失業した場合、職業訓練を施して労働市場に復帰させる従来の積極的労働市場政策を表わす。I、II、III、そしてIVは、それぞれ労

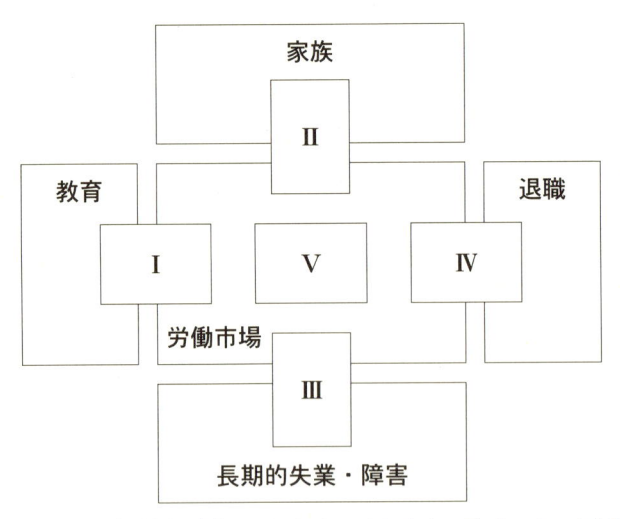

図10　架橋的な労働市場モデル

```
                家族
                 II

   教育                     退職
    I        V         IV

             労働市場
              III
          長期的失業・障害
```

G. Shmidt のモデルをもとに作成。cf. G. Shmidt and B. Gazier, The Dynamics of Full Employment, Edward Elger, 2002

	福祉国家における政策領域	社会的経済における担い手
I	高等教育、リカレント教育	フリースクール等
II	自治体育児・介護政策	育児・介護サービス組織（ワーカーズコレクティブ等）
III	障害者政策・長期失業対策	媒介的労働市場組織、自助運動組織
IV	高齢者雇用促進政策	高齢者協同組合等
V	積極的労働市場政策	企業支援組織、就労支援組織等

出所：宮本太郎（2003：30）

働市場と教育、家族、長期的失業、そして退職を架橋する橋で、セイフティー・ネット、あるいは、むしろ安心とリフレッシュ、新しいフレクシブルな仕事・生きがいの場となる橋を表している。この橋は自由に人生何度でも教育し直すリカレント教育（Ⅰ）や育児・介護（Ⅱ）のように行ったり来たりしてフレクシブルに就労を続けられるようにする橋である。とくに、右下にある社会的経済における担い手群は、このような社会的包摂に有効で、しかも左下の福祉国家の政策と営利企業も含んだ福祉ミックスのコーディネーター機能を果たすものとして有力である。

いま、この図に社会的企業群の展開を重ねると（前掲図３参照）、社会的企業群はもはや労働市場と教育、家族、長期失業・障害、退職への（あるいは、からの）橋というよりも、むしろ、新しい働き方の場、社会参加の場、市場と社会のさまざまな新結合を試みて自ら起業する場として新しい社会システムの中の一つのセクター、しかも革新を発信するセクターとしての広がりをもつことも展望できる。

それだけではない。宮本太郎氏はさらに図 11 を提示される。この図では真ん中にワーカーズ・コレクティブが置かれているが、「ワーカーズ・コレクティブの部分はより広く『社会的企業』に置き換えてもよい」という。われわれは、

図 11　無償労働支援、有償労働支援の３つの次元

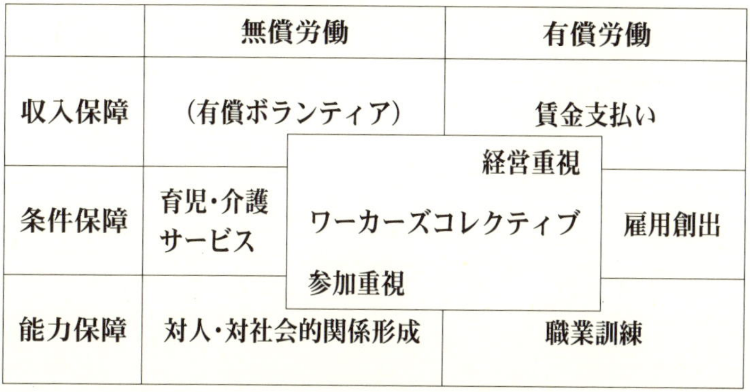

	無償労働	有償労働
収入保障	（有償ボランティア）	賃金支払い
条件保障	育児・介護サービス	経営重視／ワーカーズコレクティブ／参加重視	雇用創出
能力保障	対人・対社会的関係形成	職業訓練

出所：宮本太郎（2004：冊子）

Ⅲ　われわれの課題は何か　223

ここに、うえでみた図10の「社会経済の担い手」群はもとより、「社会的企業」群の全体を置きたいと思う。

ここで宮本太郎氏がいっていることは「社会的企業」がジェンダーの平等化に向けて大きく寄与する可能性を秘めているということである[13]。

まず、ジェンダーの平等化のあり方には、いままで主としてつぎの二つのモデルがあった。

①ケア労働同等評価モデル（ドイツのように、家庭内の女性の家事・ケア労働のような無償労働の価値を評価して、賃金は家族手当などを含む世帯主賃金、社会保障も世帯保障でそれだけ高額となる）。
②両性稼得者モデル（アメリカやスェーデンのように、女性も男性と同じように労働市場に登場する）。

　両性稼得モデルには、アメリカのように政府の福祉支出を削減させて、働かないと食べられないようにするワーク・ファースト・モデル（まず労働を！　しかし、これでは、ジェンダー平等の両性稼得モデルに近づくというよりは、女性の貧困を高めてしまう）とスェーデンのように、女性が外で男性と同等に働けるように政府がさまざま支援を積極的におこなうアクティベーション・モデルがある。

しかし、ともに限界がある。

①は同等評価というけれど、もともとジェンダー固定的で、根本的な限界があるばかりでなく、グローバリゼーションによる競争の激化のなかで一人で世帯分の高い賃金を稼ぐのが難しくなるとともに、家族も一生パートナーという時代ではなくなってきた。
②についても、アメリカのように強制型であれ、スェーデンのような支援型であれ、労働市場に人びとを動員していくことがベストなのか。男も女も働く、しかも労働生産性が高くなると仕事につける人の数は相対的に少なくなり椅子取りゲームみたいになってくる。そのうえ、労働市場における男と女の職域分離が依然顕著に残り、フェミニストたちは不満をもっている。

そこで、次のようにいう。

1) 無償労働、ケア労働の社会的評価を高めながら、2) 女性の労働市場での活躍を保障する非営利の無償労働代替サービス（介護や育児サービス）を提供し、同時にそこに新たな就労の機会を創出する。同時に、3) 労働市場の論理を生活世界の論理に沿って改革し、4) 両性ケア労働提供者モデルの提起するような、有償労働、無償労働を両性が共に担う関係を実現していく。このような展開が期待される。

そして、「図11は、ワーカーズ・コレクティブの活動が、無償労働、有償労働のそれぞれの領域にまたがり、かつそのなかで市民の自律的な活動を支援していく、あるいは活動空間を形成していく、その軸心にあることを示している」という。

つまり、人びとの働き方においても、親密圏内の無償労働と雇用関係の下にある有償労働（賃金労働）との間に、新しい連帯・社会的な働き方の空間（活動空間）——いってみれば、「有償ボランティア労働」（あるいは、ベックの「市民労働（対価は市民給付）」）[14]の空間——を広げ、「社会的排除」に遭っているさまざまな働き方（生き方）を参加させて、「社会的統合」をダイナミックに推進するばかりでなく、そこに親密圏のアンペイド・ワークを引き出してくることも可能になるということである（補論）。

補　論

なお、拙稿（2006）においてこの論点を深めるべく「有償ボランティア考」なる項を設け、「親密圏アンペイド・ワーク」、「無償ボランティア労働と有償ボランティア労働」、「市民労働・市民報酬＝市民的公共（性）労働」、「公務賃労働」、そして「（営利企業）賃労働」の関係を論じ、特に、〈「有償ボランティア労働」→「市民的公共（性）労働」←「公務賃労働」〉の関連における左右両項の〈中間項＝中間空間・次元〉の創出の論理とその重要性を強調した（ただし、この論理は、「無償ボランティア労働」という働き方の多様性の重要性を消極的に考えるのでは少しもなく、むしろ、その重要性、特に過渡期における重要性を強調するためのものでもある）。これは、次項で言及するアメリカ

の新しい労働運動として注目される「社会運動ユニオニズム」における「生活賃金」運動[15]が切り開く論点にも繋がると思われる。

また、さらに、この「市民的公共(性)労働」の延長線上の遥か果てにであるが、「ベーシック・インカム構想」論の空間が広がってくるのではないかという見通しも提示しておいた。参照を乞いたい。

Ⅲ−5　必要条件—労働運動の革新とそれとの連携

しかし、ここで大きな課題にぶつかる。「労働市場の論理を生活世界の論理に沿って改革して」というが、宮本太郎氏も言うように、「今日のワーカーズ・コレクティブが、単独であるいは公的セクターとの連携で、無償労働代替を保障するまでの規模には達していません。また、労働市場の中で一定の競争力を発揮しているといっていいと思いますが、労働市場のルール変更をもたらすような影響力とアドボカシーを実現しているとはいえない……。その意味では、福祉国家の変容のなかで、ジェンダー平等を切り開くワーカーズ・コレクティブの潜在的可能性はまだ十分に発揮されているとはいえない。」(宮本太郎 2004：21)

現実には、「日本ではワークフェア的な方向がまず目立つ」。つまり、「労働市場に生活世界の論理が浸透するというよりは、逆に生活世界が廉価な営利社会サービスに浸透され、労働市場はむしろその搾取的性格が強められていくことになりかねない。」(同：19)

かくて、ここに、ますます増える非正規・未組織労働者の労働条件のさらなる悪化と「社会的企業」が依拠する社会関係資源の消耗を防ぎ、逆に生活可能な「生活賃金」、あるいは「ディーセント・ワーク」(ILO)の獲得とさらなる社会関係資源の豊富化が必要となる。そのためには、〈コミュニティの非正規・未組織労働者の組織化、ワークシェアリングを進める労働組合〉と〈雇用創出・労働市場への再包摂、社会的に排除されたものの社会への再包摂、介護・保育などのコミュニティ・ケア、ひいては地域開発を進める「社会的企業」セクター〉——そして、9図の家族、退職、教育、長期失業・障害との間に架かる橋ともなり、あるいは、より積極的に生活世界のアンペイド・ワークとペイド・ワークの中間領

域に新たな質の「市民労働」領域をつくりだし、就労創出を進める「社会的企業」セクター——との連携・協同が必須となる。

　いま、この連携・協同の要となるべき連関を図示すれば、図12のようになろうか。この中で最も枢要な連携・協同の契機は、第一に、労働組合がその本来的活動である未組織労働者・非正規労働者の組織化を進め、正規労働者と非正規労働者との賃金、男女職域差別、その他の労働条件の格差を縮小し、就労をディーセントにする最低限の労働条件（「生活賃金」）を確保し、地域における労働条件切り下げ競争に歯止めをかける契機である（「生活賃金」へ向かっての右からの矢印に注目されたい）。実は、それはより具体的に言えば、多様でフレクシブルな働き方を可能にするワークシェアリングや男女の職域分離（ペイド・アンペイド労働の男女分離）の是正とワンセットで進めねば成果を挙げにくい課題である。そしてこの後者の課題は〈労働市場の論理を生活世界の論理に沿っ

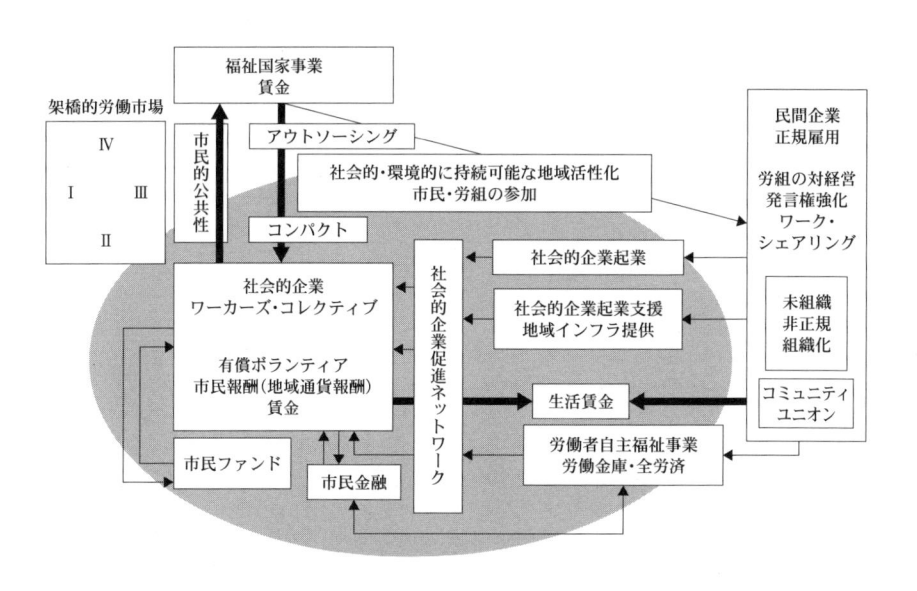

図12　労働組合と社会的企業連携の新次元

て改革)していこうとするワーカーズ・コレクティブをはじめとする社会的企業促進運動の課題に重なってくる。かくて両者は互いに頼もしい援軍と成り合わねばならないのである。

 そして、この図12で、もう一つの枢要な連携・協同の契機は(「生活賃金」へ向かっての左からの矢印がこれを示す)、社会的企業促進を通してのインプットで、これもまた前者に劣らず難しいことだが、社会的企業に就労を望むすべての人々に(世帯主の所得が低い人々、あるいは、なんらかの理由で自立を確保するために有償労働を必要とする人々も含めて、さらにいえば、図10における周辺外部の島々にいる人々、すなわち、(Ⅰ)リカレント教育、訓練を受けている人々、(Ⅱ)出産、介護、その他家族のために一時、家族内労働に専心する人々、(Ⅲ)高齢で退職した人々、(Ⅳ)長期失業、各種障害で社会的に排除されている人々も含めて)、その就労をディーセントにするに足る報酬(「生活報酬」＝生活賃金)を確保する連関を創出していくことである。

 そのためには、すぐ上で述べたことであるが、社会的企業が新たな市民的公共性を担う「市民労働」を創出する故に、市民が直接拠出する寄付、会費、出資、そしてボランティア労働などの社会的関係資源ばかりでなく、当然、市民が納めた税の還元があって然るべきであろう。市民立法、行財政への市民参加を推進し、例えばイギリスの例にみられたような自治体にコンパクト等を締結させ、市民の税金を還元させる類のこともできよう。また、ドイツの自治体の一部ですでに現実となっているベック等のいう「市民報酬(市民賃金)」[14]もその一つのあり方であろう。

 ここで、われわれは、衰退著しいアメリカの労働運動の活性化を図るものとして注目されだした「社会運動ユニオニズム」と呼ばれるアメリカ労働運動の新しい流れ、特にそれを最もよく体現し、その流れを牽引する「生活賃金」運動[15]の広がりに思い至る。というのは、「生活賃金」運動は、従来、組合運動から排除され、「底辺へ向けての競争」の下、劣悪労働条件を余儀なくされてきたマイノリティや女性などの非正規雇用労働にも「ディーセント」で「生活できる賃金」を確保すべく、まず、自治体が関連する仕事で働く人々の賃金を自治体に最低賃金以上に引き上げさせようというアメリカで広がり始めた運

動であるが、これは労働運動の側からであるが、公共を巻き込むという点で、「市民報酬(市民賃金)」運動に重なると思われるからである。すなわち、労働運動の再生を展望する「社会運動ユニオニズム」と、われわれの「社会的企業」促進との連携、共闘の最も成功的な帰結は、〈「市民報酬」→「生活賃金」〉の実現にあるが、ともにその駆動力の源泉は、共益を公益に、特にコミュニティの公益に開いて獲得する市民的公共性の広がりにある。

かくて、われわれが追求してきた〈社会的企業の起業—それらの間の連携強化—「市民的公共性」の拡延とそれによる親(プロ)社会的企業促進政策—社会的企業の起業〉という連関は、日本における「社会運動ユニオニズム」の興隆とそれとの図12の左からの矢印が示すような様々なルートを通しての連携とそれによって可能となる両者の相乗作用によってはじめてスパイラルな拡大を享受し得る。

しかし、その前途はなお遼遠である。日本経済がバブル経済に浮かれた後に「平成長期不況」に落ち込み、いよいよ高くなるグローバリゼーションの高波に洗われる中で、日本企業は、激しくなる競争での生き残りを図るべく正規労働者を削減し、それに換えるに解雇を自由に行え、しかも格段に低い賃金で雇用できる非正規労働者の雇用をもってすることになった。連合労働運動は国民的規模での労働者の結集を背景に諸制度、諸政策形成に参加して、働くものの労働条件、生活条件の改善を進めることを企図して出発したはずである。しかし、うえのような流れの中でこれに対抗する政策形成を政府に迫るどころか、押し切られことのみ多く、そのレーゾンデートルを疑われるに至ったと言わねばならない。さらにこの間、第二次産業から労働組合組織率の低い第三次産業への産業構造の転換ということもあって、2005年6月末現在、労働組合組織率は推定組織率18.7%(厚生労働省「平成17年度労働組合基本調査」)となり、日本における労働者の80%以上を組織の外に放置するという事態になってしまった(もっとも、組織率18.7%の組織労働者のうち全国組織としての連合に加盟しているのは、そのうち約3分の2で、他は、少数派全国組織としての全労連や全労協、あるいはその他の独立系全国組織や全国組織に加盟していない組合である。それらを含めても、18.7%に落ち込んでいるのである)。労働組合の政策形成への発言力

Ⅲ　われわれの課題は何か

もいよいよ小さくなるのを免れない。

　そのなかで、組織労働者の外部に放置された80％以上の働く人々、とくに、大企業の生き残りをかけての淘汰切捨てや過酷な大幅コストダウン要求を迫られる下請け中小企業やその下のさらに零細な小企業で働く人々、首都圏一極集中やグローバル化による産業空洞化によって沈み込む地域中小・零細企業やバブルで膨らみ、その破綻とともに収縮する土建や建設産業からはじかれた未組織の非正規労働者群、そしてリストラ、失業、家庭内のアンペイド・ワークを間に挟みながら、派遣・社外、季節、フルタイム、あるいはより短時間のパート労働を転々と替わったり、あるいは流れ流れてホームレスに落ち込む他ない未組織の非正規労働者群は、バブルとその破綻の、グローバリゼーションの、そして「痛みを伴う構造改革」の「痛み」を集中して受ける。

　かくて、「痛みを集中的に受ける」彼ら自身が自ら新たな労働運動を生み出さざるを得なかった。例えば、1980年代中頃から、「組合のない職場に企業内組合をつくろう」という組織化から転じて、「一人でも入れる労働組合に入ろう」という呼びかけと組織化が始まった。コミュニティ・ユニオン全国ネットワークはその始まりを次のように語っている（http://www11.plala.or.jp/kobeunion/zenkoku_shoukai.html）。

　　コミュニティ・ユニオンの誕生
　1975年頃からサービス業、卸・小売業、飲食店などでの雇用が急速に拡大しましたが、その多くが不安定雇用・低賃金の主婦パートでした。こうしたなかで、1981年頃から労働組合の地域組織（地区労）を中心にして、「パート110番」などによる労働相談活動が広がりました。ある日、江戸川区労協の「パート110番」の相談に訪れたパート労働者が「私たちでも入れる組合があればいいのにね」と言ったのがきっかけとなり、1984年に"ふれ愛　友愛　たすけ愛"を合言葉にした江戸川ユニオンが結成されました。コミュニティ・ユニオン運動のはじまりです。
　「コミュニティ」とは「社会」「生活協同体」、「ユニオン」は労働組合です。これまでの日本の労働組合の多くが企業ごとに正社員だけを対象に組織されてきたのに対して、コミュニティ・ユニオンは、地域社会に密着して、パートでも派遣

でも、外国人でも、だれでも 1 人でもメンバーになれる労働組合です。
　働く事業所はさまざま、職種はもちろん、雇用形態も正社員、パート、アルバイト、派遣、契約、嘱託、フリーター、そして失業者もいます。だから、どこまでいっても同じ顔しかでてこない金太郎飴ではなくて、それぞれのユニオンがさまざまで豊かな「顔」をもっています。

　「リストラの横行とパートなど立場の弱い働き手の増加で、地域ユニオンの存在感は増している。組合員約 900 人の東京ユニオン委員長で、全国ユニオンの事務局長に就任した高井晃さん（55）によると、東京ユニオンの労働相談件数は年間約 3 千件という。」と「朝日新聞」（2002.11.5 朝刊）は伝えている。(http://www2u.biglobe.ne.jp/~ctls/com_union.html)

　この間、連合に対抗しようとしてきた少数派全国組織の全労連や全労協も、従来から地域での不安定で劣悪な労働条件を強いられる非正規の未組織労働者の組織化志向を連合と比べれば相対的には強くもっていたが、さらに力を入れ始める。
　そして、連合もまた、非正規の未組織労働者に対するこのような対応の圏外でいられなくなくなり、むしろ、労働運動の社会性の再生を求めて、歴史的ともいえる挑戦に打って出ようとし始めたのである。
　すなわち、「企業別組合の限界を突破し、支援を求める働くものすべてに貢献する社会運動として、再出発する必要がある」。この方向に変革できないときは、「質・量ともに労働運動の基盤は崩壊する」との「連合評価委員会最終報告」（2003）がでるが、連合はその認識を真剣に受け止めざるを得ない。かくて、いま、「労働運動の社会性をより一層高めていくためには、地方連合会・地域協議会を主体に、地域社会の要請に応え得る活動と体制の確立が不可欠であり、その具体化を図る」ことに乗り出そうとし始めたのである。「地方連合会・地域協議会改革の具体的実施計画（案）」（連合2005）には、次のような注目すべき文章がみえる（以下は、引用者の視点から大胆に圧縮・整理した、抜粋をまじえた紹介である）。

「連合運動は……運動（活動）と財源を地方・地域にシフトし、地域のより多様なニーズへ対応していくとともに、本来の姿である組合員が主役の運動の構築を急がなければならない。」

「従来の活動に加えて、今日の地域社会で求められているのは、地域住民としての組合員や市民の生活上のさまざまな悩みを解決していくこと、さらには住みやすい地域社会を創造するために勤労者の立場に立った政策提言を不断に行う『主体』と拠点」である。地域協議会は、次に掲げる機能を発揮するために地道な活動を実践し、地域社会で頼りにされる『地域に顔の見える』存在を目指す」として、次のような機能をあげている。

労働組合として当然のことながら、未組織労働者の組織化・組織拡大や中小・地場労組支援や地域における労使関係の確立が追求される。

・中小・地場・パートなど非正規雇用労働者に対して、「地域ユニオン」結成も展望し、労働相談や労使紛争解決に取り組み、交渉機能を高めるとともに、彼らからから日常的に頼りにされる拠り所となる。
・離職者・失業者の就職支援のために、行政との連携、労使就職支援機構の活用、スキルアップの職業能力開発・訓練。

さらにそれらは次のように地域の生活世界との関わりに広がる。

・さまざまな生活相談の個別解決の積み重ねを政策としてまとめ、行政に対して政策提言していく。
・多様な知恵、市民運動のパワーと連携して連合運動・市民運動に取り組むべく、NPO・ボランティア団体とのネットワークの構築。
・労福協、労金・全労済、その他協同組合などと連携した共助。
・退職後の退職者の拠り所、労働運動への参加の場づくり。
・法律相談、多重債務問題、税務相談、介護や育児・女性の相談、市政全般にわたる相談、定年前のライフサポート相談等々勤労者の多岐にわたる生活上の相談。
・住みやすい環境、街づくりに組合員の知恵やノウハウを持ち寄り、地域興しをプランする。

そして、それは、いま、次のような「地域協議会強化―『地域に顔の見える』連合運動」として、その第一歩を具体的に歩みだそうとしている（高橋均 2005）。

- 80.8％の未組織労働者にアプローチする。
- それは、職域の延長線上だけでは無理で、地方連合会と地域協議会（地協）の責任で「生活地域」でアプローチする。
- 全国300地協で自前の事務所と専従者を配置（2005年、まず、モデル地協100選定）。
- 上に挙げた地域の働く人々のさまざまな問題の相談を受け、これらをクリエイティブに解決するように努める。
- 2007年以降、団塊世代が大量に企業から解放され地域に供給されるが、彼らをも組合員として扱い、地域での活動に期待する（「生涯組合員構想」）

　そして、われわれにはその次が注目される。

- 地域協議会の運動スタイルを自前主義から転換させ、労働者福祉協議会、労金・全労済、NPO・市民団体と連携して問題解決にあたるというネットワークを重視し、地域協議会専従者はそのコーディネーターとして機能し、「あそこへ行けば解決の糸口が見つかる」ワンストップサービスの「場」をつくる。

　ここに、先に12図で示した構図に少なくともそのビジョンとしては若干は近づくものを見出せるだろうか。この連合の新たなビジョンに呼応するかのごとく、基本的には団体としての労働組合が会員となっている労働者自主福祉事業・運動（労働金庫、全労済）も、従来からおこなっている剰余金の社会還元としての福祉、環境、教育、文化事業や福祉基金等への寄付や助成を超えて、「NPO、地域コミュニティ、日本の社会的経済ネットワークの形成をも求めて」、「NPOセクターのプラットフォームへ」というような地域への新たな関わりを模索し始めている（労働者福祉自主福祉協議会は「労働者自主福祉運動の現状と課題・中間報告」を纏めつつある。茂呂成夫 2005）。例えば、労金は、次のようにそのNPO施策を位置づけ、すでに2000年より金融業務の一部として「NPO

事業サポートローン」を開発し、続いて「社会貢献定期 NPO サポーターズ」の取り扱いを始めている（山口郁子 2005）。

- ・NPO による社会的事業を支えていく資金循環が必要／・NPO との連携で運動のウィングを職域から地域へ
- ・非営利・協同セクターとの連携による事業・運動展開／・退職後の働く場、生きがいの場としての NPO の可能性

　しかし、われわれはこの転換のビジョンがどれほど現実のものになり得るか、実はかなり心もとなく感じるのを禁じえない。労働運動の存在感が今よりも大きかった時期のかつての総評時代の「中対（中小企業対策）オルグ」でさえ尻つぼみのうちに消えてしまったが、その悲劇というよりも喜劇的縮小再生産に陥らないであろうか。現在、労働組合側のポテンシャリティは当時よりも遥かに低下している。もし、かつてより有利な条件があるとすれば、逆説的であるが、かつてはなお相対的に力をもっていたがゆえにできなかったこと、すなわち、「共益を公益に開くこと」、労働組合が蓄積した社会的資源をコミュニティへ、市民的公共空間に開くことと、そして、もう一つは市民的公共性を追求する社会的企業が台頭し、連携の相手として展開してきていることである。

　しかし、その両者の連携・協同が進み、一方で社会的企業の澎湃たる展開によるサードセクターの革新と、他方で労働運動の「社会運動ユニオニズム」への真の転換への展望が見えてくるのは、少なくとも、いままでもっとも周辺に追いやられていた、しかし、〈いのちと暮らしの営み〉という〈大地〉の役割を担ってきた女性たち、しかし家族内アンペイド・ワークという「蔭・外部」と低賃金で不安定な非正規労働という労働市場（そして職場という労働現場でも）周辺に排除されていた女性たちが、〈労働市場の論理を生活世界の論理に沿って改革していく〉このフィードバック・ルートの主人公としての存在を獲得したときであろう。

　たしかに、コミュニティ・ユニオン運動において元気のあるところは女性の活躍が目立つ。また、次のような「女性ユニオン」も登場してきている。

女性ユニオン結成宣言（http://www.f8.dion.ne.jp/~wtutokyo/020-kesei.htm）
　長い間わたしたち女性は、職場で家庭で悶々と悩んできました。ひたすらその悩みに耐えてきました。しかし今日、現実は、さらに厳しくなってきました。若い女性の就職難、中高年女性のリストラ、解雇いがらせ、セクシャルハラスメントなど女性への差別が公然と行われています。このように切捨てられ、差別されている私たち女性は泣き寝入りしかしかたがないのでしょうか。
　イイエ、そうではありません。今日、ここに私たちはこうして集まり、「女たちによる」「女たちの」「女たちのための」活動を始めようとしています。女性自らが自立して運動を継続させていくことは、容易なことではありません。充分な資金もありません。時間も限られています。このような私たち女性がより集まってこの「女性ユニオン東京」を担っていこうとしているのです。
　これは試練といえます。この試練を乗り越え、私たちの働く権利を勝ち取らなくてはなりません。そのためには、私たち一人一人の自立と連帯が必要です。そして私たち「女性ユニオン東京」の存在をあなたのすぐそばの女性にしらせていくことは、さらにこの活動を力強いものにしていくのです。
　ぜひ私たち女性の力を結集しましょう！　ファイト、女たち　女たち、ファイト

　また、ユニオン（労働組合）ではないが、各種の男女雇用均等を目指す市民運動組織も、「ワーキング・ウェメンズ・ネットワーク」（http://www.ne.jp/asahi/wwn/wwin/）、「均等待遇アクション21」（http://www15.ocn.ne.jp/~kintou/）、「おんなのスペース・おん」（http://www.asahi-net.or.jp/~bd7k-mtst/）、「働く女性の人権センター・いこ☆る」（http://homepage3.nifty.com/hatarakujosei/）、「ワーキング・ウェメンズ・ヴォイス」（http://www.geocities.jp/wwvfukuoka/）等々、多く立ち上がってきている。

　しかしそのコミュニティ・ユニオンにしても、「女性ユニオン」などは別にして、事実上は男性主導がなお多く、連合にいたっては加盟単産のうち女性委員長は今度連合に加盟した「全国ユニオン」のみである。
　かくて、ワーカーズ・コレクティブ等社会的企業が〈労働市場の論理を生活世界の論理に沿って改革する〉ために労働組合に期待する役割を労働組合が十

分に果たせるようになるためには、労働組合自身がジェンダー平等化へ向かって高いハードルをいくつも越していかねばならない。

労働運動について言えば、〈様々な社会的排除を社会へ再包摂していく営み・運動〉と連携・協同・共闘できる手掛かりやルートに少しでも接近できるようになるには、従来の労働組合、労働運動のあり方を少しでも変えていかねば難しいだろう。むしろ、ワーカーズ・コレクティブ等の社会的企業運動と21世紀における労働運動再生の運動はどちらが先にということでなく、互いに連携・協同して一緒に進んでいかねばともにその企図の実現は叶わないであろう。

この連携・協同・共闘がなったとき、非正規・未組織労働者の組織化による「生活賃金」の獲得とともに、社会的企業労働報酬の「市民報酬」としての獲得、そしてさらにその基礎の上にたつワーク・シェアリングの獲得によって、両性ケア労働提供者モデルが提起するような有償労働、無償労働を、そして家族親密圏内アンペイ・ワークを両性が共に担う関係を実現していくことにはじめて成功し得るのではなかろうか。

さて、以上、われわれは、日本における社会的企業のダイナミックな展開の前に立ちはだかる困難をいかに克服するか、われわれの課題の困難さと同時にそこに潜む大きな可能性を見てきた。いま、以上の議論を一望すべく、図13を掲げておきたい（次頁）。

最大の困難は、官の公と企業の民との間の市民的公が欠落していたことであったが、それはまずはサードセクター内の連携・連帯が殆どなかったことの別の表現であった。しかし本節の以上までの叙述はすくなとも次のことを明らかにしてきた。すなわち、生協は、新自由主義的グローバリゼーションの大波が怒涛のごとく押し寄せるなか、巨大流通資本と激烈な競争を強いられているが、そのなかからサバイバルを賭けて「21世紀型生協」への転換を探り始めた生協が現れてきたこと。今や文字通りの崩壊に瀕しつつある農業・農村・農協からその再生を求めての真性のレイドローの示唆する方向への転換の試みが見られるようになってきたこと。そして、組織率20％以下に転落し、対企業交渉

図13 社会的企業の展開

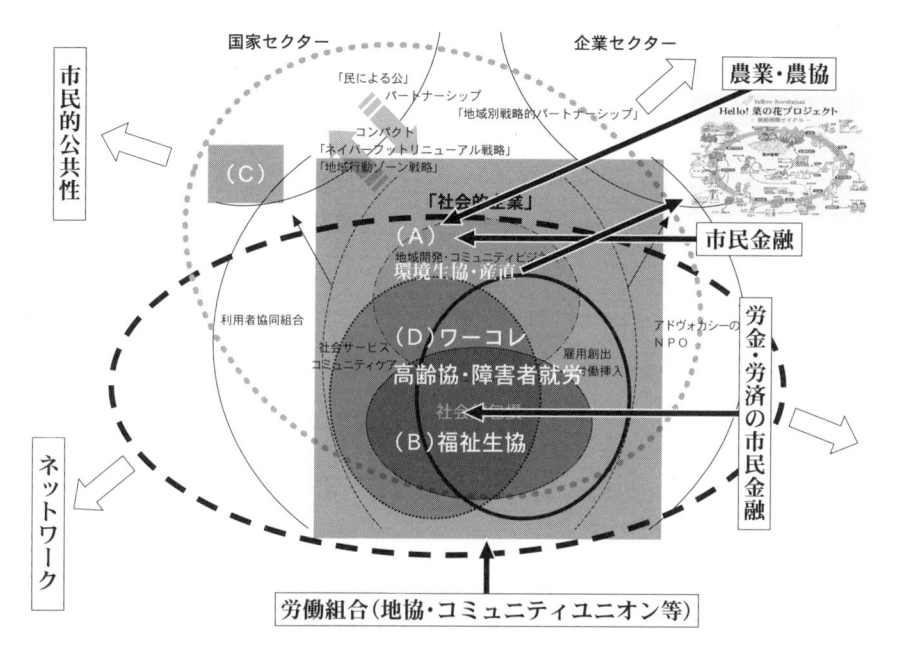

出所：図1を筆者加工

力、社会的正義の体現能力を殆ど失ってしまうという危機に追い込まれての労働組合のまさに崖っぷちの再生の試みも動き出そうとしてきたことである。そして、そこには一つの共通点があるということであった。それは、今まで自己のためにのみ蓄積してきたそれぞれの社会的資源をいのちと暮らしの営みがなされている地域コミュニティに開き、地域コミュニティとともに生きようとし始めたことである――そのほかにサバイバルを図る道を閉ざされて――。その一環として、互いに連携し合い、各種、多様な形態の社会的企業のインキュベーターになることに戦略的重要性を置き始めたことである。そしてジェンダー差別を克服しようとする女性パワーは、社会的企業の地域における展開に巨大なエネルギーを供給し始めている。そこに、いま、長年、企業に縛り付けられていた団塊世代の巨大なエネルギーも注入されようとしているのである。

Ⅲ　われわれの課題は何か　237

われわれの課題は、なお、潜在的可能性に過ぎないこれらの連関を顕在化することであろう。そうでなければ、市民的公共領域のない「公と私」の二分法の荒涼として殺伐たる世界—それは、おそらく、環境的にも、社会的にも持続不可能であろう—へ転落していくのを免れまい。

おわりに ── 本シンポジュウムの意義 ──

　富沢賢治氏が呼びかけ人のメッセージで触れているように、いままでとかく疎遠で、連携・協同どころか、互いに交流することさえなかった日本の第三セクター諸組織、市民、市民団体が、いま、こうしてこの潜在的可能性の顕在化のために一堂に会し得たことはまさにそこへ向かっての画期的な第一歩を踏み出しつつあるといってよい。しかも、モンブラン会議の創始者のひとりのジャンテ氏を迎えて、ILOの後援のもとに国連のウタント・ホールでわれわれが一堂に会し得たのはさらに意義深い。

　けだし、図13に示めされたようなわれわれの課題はグローバリゼーションがますます進行する中では、孤立した封鎖経済に留まれば果たされる可能性はない。社会的企業群のダイナミックな勃興→それらの間でのネットワークづくり→市民的公共性の生起とその拡大→その市民的公共性（圏）を中央—地方政府の立法・行財政へのインプット→親（プロ）社会的企業政策環・諸制度の促進→社会的企業群の一層ダイナミックな展開。この〈市民的公共性（圏）ベクトル〉と〈社会的企業促進ベクトル〉のスパイラルな相乗的拡大は、いまや、ローカルなコミュニティレベル→サブナショナルなリージョナル・レベル→ナショナル・レベル→国境を越えるリージョナルなレベル（EU、東アジア共同体？）→グローバルなレベルへと展開していくことが要請される。

　図14（次頁）はナショナルなレベルへの展開を、また、つぎの図15（240頁）は、さらにグローバルなレベルへの展開を図解した試みである。もはや、説明を省くが、モンブラン会議が、「協同組合、共済、アソシエーションなど社会的経済の各領域で、それぞれ社会的経済は実践され、また、それぞれの領域の

図14 市民的公共性（圏）拡延の多様なルート

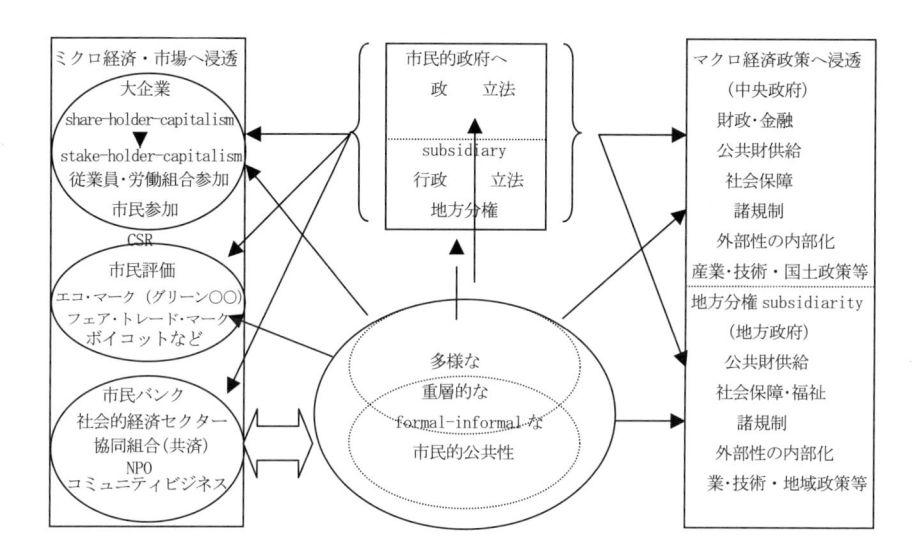

```
ミクロ経済・市場へ浸透              市民的政府へ                マクロ経済政策へ浸透
  大企業                          政    立法                    （中央政府）
  share-holder-capitalism                                     財政・金融
  stake-holder-capitalism          subsidiary                  公共財供給
  従業員・労働組合参加             行政    立法                  社会保障
  市民参加                         地方分権                      諸規制
  CSR                                                         外部性の内部化
                                                              産業・技術・国土政策等
  市民評価
  エコ・マーク（グリーン○○）                                   地方分権 subsidiarity
  フェア・トレード・マーク                                      （地方政府）
  ボイコットなど                                                公共財供給
                                   多様な                      社会保障・福祉
                                  重層的な                     諸規制
  市民バンク                    formal-informal な              外部性の内部化
  社会的経済セクター               市民的公共性                  業・技術・地域政策等
  協同組合（共済）
  NPO
  コミュニティビジネス
```

出所：粕谷信次（2003）

うちでは会合をもち、あるいは協力し合っているものの、それぞれは個別に活動しており、社会的経済全体の大きさが結果として目にみえにくい。反グローバリズムの運動も単発的であり、ダボス・タイプの資本の国際化に対抗する社会的経済の動きについてもあまり聞こえてこない。とりわけ、世界中の社会的経済の具体的な協働が十分に促されていないことから、社会的経済の発展の可能性が生かしきれていない。」との問題意識のもとに開催され、そこで合意された行動目標は、まさに、図14に示された社会的経済促進ベクトルと市民的公共性ベクトルの相乗をグローバルなレベルにまで及ぼし、オルタナティブなグローバリゼーションのあり方を求める第一歩と位置づけることができよう。

図15 「新たな公共性」のグローカルな性格

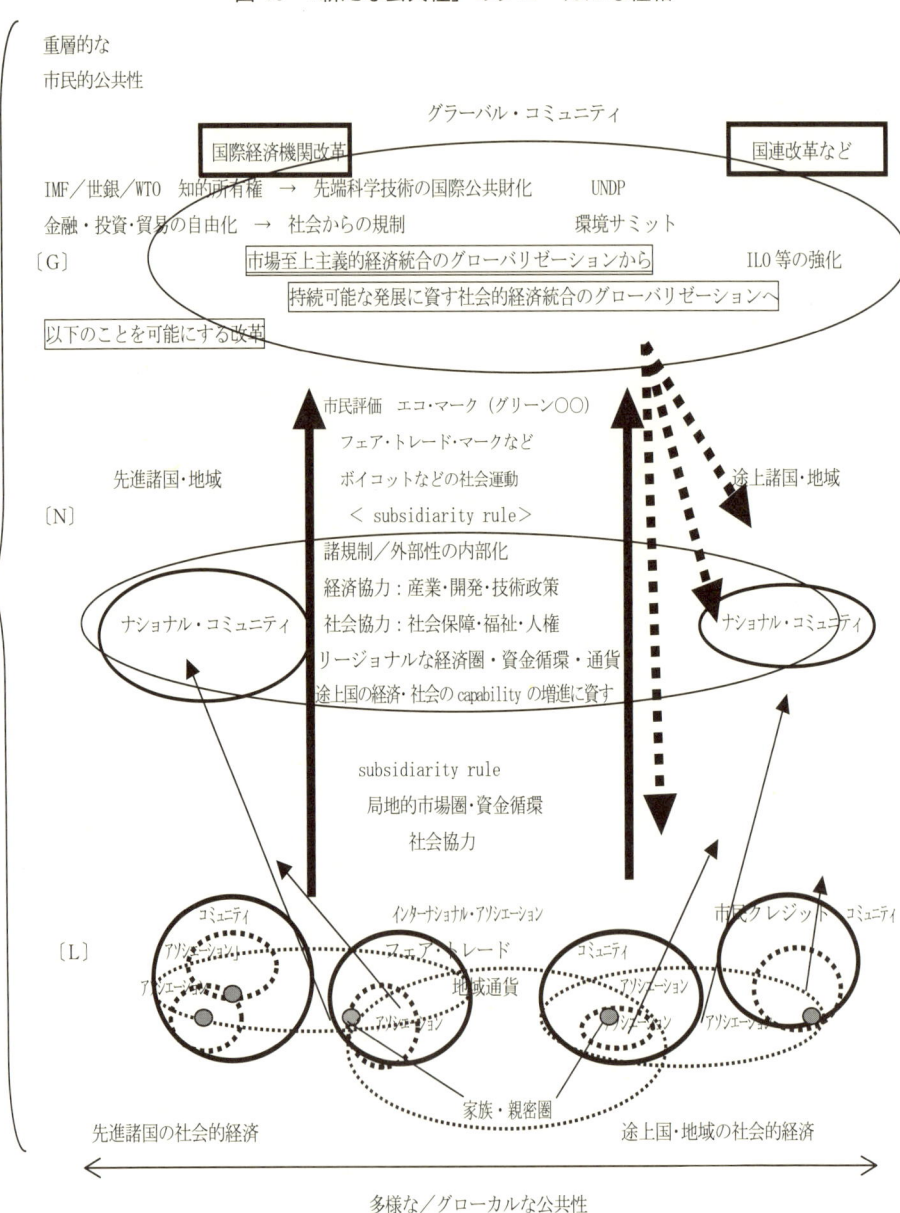

重層的な
市民的公共性

グラーバル・コミュニティ

国際経済機関改革　　　　　　　　　　　　　　　　　国連改革など

IMF／世銀／WTO　知的所有権　→　先端科学技術の国際公共財化　　UNDP
金融・投資・貿易の自由化　→　社会からの規制　　　　　　　　環境サミット
〔G〕
　　　　　　　　　　市場至上主義的経済統合のグローバリゼーションから　　　ILO等の強化
　　　　　　　　　　　持続可能な発展に資する社会的経済統合のグローバリゼーションへ
以下のことを可能にする改革

市民評価　エコ・マーク（グリーン○○）
フェア・トレード・マークなど
ボイコットなどの社会運動
＜ subsidiarity rule ＞

先進諸国・地域　　　　　　　　　　　　　　　　　　　　　　　　途上諸国・地域
〔N〕
　　　　　　　　　　諸規制／外部性の内部化
　　　　　　　　　　経済協力：産業・開発・技術政策
　　ナショナル・コミュニティ　社会協力：社会保障・福祉・人権　　ナショナル・コミュニティ
　　　　　　　　　　リージョナルな経済圏・資金循環・通貨
　　　　　　　　　　途上国の経済・社会のcapabilityの増進に資す

subsidiarity rule
局地的市場圏・資金循環
社会協力

コミュニティ　　　　インターナショナル・アソシエーション　　　　市民クレジット　コミュニティ
アソシエーション　　　フェア・トレード　　　コミュニティ
〔L〕アソシエーション　　　地域通貨　　　　　アソシエーション
　　　　　　　　　　　アソシエーション　　　　　　　　　　アソシエーション

家族・親密圏

先進諸国の社会的経済　　　　　　　　　　　　　　　途上国・地域の社会的経済

←――――――――――――――――――→
多様な／グローカルな公共性

出所：粕谷信次（2003）図12を簡略化

〈注〉
(1) Benoît LÉVESQUE, Marie-Caire MALO and Jean-Pierre GIRARD (2000) 参照。
呼びかけ人の一人の石塚秀雄も早くからケベックの社会的経済のダイナミックな展開に興味をもたれ、それを紹介している。石塚秀雄 (2005)。
(2) CJDES ホームページ http://www.cjdes.org/TEMP_MONT/galerie_mont.html、より抄出。ただし、後日送られてきた Executive Summary（市民セクター政策機構 2005 に資料として収録）によって若干補足。
(3) 日本への社会的経済の紹介については、J. ドゥフルニ、J. モンソン編著 1992（富沢賢治、内山哲朗、佐藤誠、石塚秀雄、中川雄一郎、長岡顕、菅野正純、柳沢敏勝、桐生尚武訳 1995）、Moreau, Jacques, 1994（石塚秀雄・中久保邦夫・北島健一訳 1996、富沢賢治・川口清史（1997）、など参照。
他方、すぐ後にドゥフルニが、もう一つの第三セクターの捉え方としてあげる非営利組織（NPO）の日本への紹介もほぼ時期を同じくしている。Drucker, Peter F. 1989（上田惇生・佐々木実智男訳 1989）、Salamon, Lester M. and Anheier, Helmut K. 1994（今田忠監訳 1996）。なお、和訳されていないが、The Johns Hopkins Center の国際比較研究を挙げておけば、Salamon, Lester M. and Anheier, Helmut K. eds. (1998)、Salamon, Lester M. (1999) などがある。
(4) 日本プロジェクトは、大仰にも「モンブラン会議のリージョナル化」Regionalization of the Mont-Blanc Meetings と名づけられたが、われわれはすぐにはそのまま進められず、まずは日本国内での社会的経済諸セクター、労働組合、市民・市民団体の連帯 やネットワークの形成を進めたいと主張した。ジャンテ氏等モンブラン会議事務局とのメールの遣り取りや各国の取組みを紹介するモンブラン会議の「ニューズレター」は、市民セクター政策機構 (2005) に資料として収録されている。
(5) EMES は、その後も、次のようなプロジェクトを進め、その成果を出版するとともに多くのワーキング・ペーパーを EMES の HP から発信している。
PERSE プロジェクト (2001-2004)：労働統合分野における社会的企業のパフォーマンス (the Socio-Economic Performance of Social Enterprises in the Field of Work-Integration)
TSFEPS プロジェクト (2001-2004)：ヨーロッパにおける保育サービス (Childcare Services in Europe)

ELEXIES プロジェクト (2002-2003)：ヨーロッパにおける社会統合のための社会的企業 (Social Integration Enterprises in Europe)

出版物としては、ボルザガ・ドゥフルニ編『社会的企業』の他、Evers, A. and Laville, J.-L. eds. (2004)、Borzaga, C. and Spear, R. Eds. (2004) などがある。

(6) 佐藤紘毅 (2005)
(7) 以上のような、「社会的企業」の台頭による、ヨーロッパ・サードセクターのイノベーションは、たしかに、日本でも NPO や協同組合関係者や研究者の間にすでに関心を呼び起こしている。『社会的企業』の和訳者を含む呼びかけ人およびその周辺の人々はその先端にあり、ヨーロッパ社会的企業の調査や研究をリードしている。

たとえば、近年、日本 NPO 学会では、塚本一郎、柳沢敏勝、山口浩平他 (2002、2004)、北島健一、中村陽一、清水洋行、藤井敦史 (2005)、あるいは、服部崇・服部篤子、出口正之他 (2005) によって、「社会的企業」や「ソーシャルエンタープライズ」をテーマに織り込んだ報告やパネル討論、ワークショップが組織されたり、著書や報告書も刊行され始めた。また、アーバン・コミュニティ・プラットフォーム「日英社会的企業交流プロジェクト」が「都市再生とソーシャルエンタープライズ（社会的企業）」というフォーラムを開催している。しかし、これらはもっぱらイギリスのそれに集中している。そのイギリスについては、ごく最近、協同組合、クレジット・ユニオン、開発トラスト、コミュニティ・ビジネスなど組織類型ごとに概説し、法人格・財政構造を始め社会的企業の制度等を包括的に紹介する Social Enterprise London (2001) の翻訳 (2005) も現れている。また、中川雄一郎 (2005) も、かなり歴史を遡りつつ、イギリスのワーカーズ・コープを紹介している。

それに対して、しばらく以前から生活クラブ・ワーカーズ・コレクティブ関係者は、イギリスも含め、ヨーロッパ・カナダの協同組合を訪問・交流する旅を企画していたが、近年、イタリアの社会協同組合の活動、とりわけ障害者就労を通して社会参加を支援するしくみづくりに集中して、交流を深めている（佐藤紘毅編 2004『社会的に不利な立場の人々と B 型社会協同組合』市民セクター政策機構、佐藤紘毅・伊藤由理子編 2006『イタリア社会協同組合をたずねて』同時代社）。このイタリアの社会的協同組合については、協同組合総合研究所も調査を行い、調査報告 (2004) を出しているが、田中夏子 (2004) は社会経済学視点から理論的にも、また歴史的、文化的背景においても、そして、とくに実態的にも優れた分析を加えている。

また、宮本太郎は、後に触れるが、ポスト福祉国家の福祉ミックスにおいて、社会的企業が重要な役割（ジェンダー問題も含めて）を担い得ることを、ワーカーズ・コレクティブ（コープ）を例に挙げて提起している。
　　さらに、『大原社会問題研究所雑誌』も No.560-561 と 2 号にわたって『英国の福祉改革の動向と到達点』(1)、同 (2) と特集号を組んでいる（そのなかに、ソーシャルエコノミーを正面から扱った中島理恵 2005 も含まれている）。
(8)　以下、公益法人改革に於ける政府・行政事務局の動きは、基本的に、http://www.gyoukaku.go.jp/about/index_koueki.html からの行政改革事務局資料に基づく。
(9)　堀田力「非営利法人制度改革に関し、ご意見・エールをお寄せください」(2003.2.14) http://www.sawayakazaidan.or.jp/i_index.htm
(10)　堀田力・山田二郎・大田達男「建議書」(http://www.npoweb.jp/news/)
(11)　さわやか財団「控訴棄却―流山裁判控訴審」(http://www.sawayakazaidan.or.jp/i_index.htm)
(12)　堀越芳昭（1999）、および堀越芳昭「協同組合基本法の提案」http://jicr.roukyou.gr.jp/hakken/2000/023/tokushu-horikoshi.htm、および、炭本昌也「統一協同組合法とワーカーズ・コレクティブ法を結ぶ」ワーカーズ・コレクティブ・ネットワーク・ジャパン編（2001）
(13)　宮本太郎（2004）によるが、引用を混ぜて、引用者がまとめた部分もある。まとめが著者の理解と違う場合は引用者の責任である。
(14)　伊藤美登里（2003）
(15)　アメリカにおける新しい労働運動としての「社会運動ユニオニズム」については、グレゴリー・マンツィオス編（戸塚秀夫監訳 2001）、ケント・ウォン編（戸塚秀夫・山崎精一監訳 2003）、国際労働研究センター編著（2005）、また、社会運動的労働運動とは何か、先行文献の整理として鈴木玲（2005）などかなり多くなっており、『大原社会問題研究所雑誌』も社会運動的労働運動論の概念と現状について特集を組んでいる。また、日本の労働運動はそれから何をどう学ぶかという議論も本文で触れたように、コミュニティ・ユニオン、連合、その他含めて盛んになっている。
　　「生活賃金」については、まず、ステファニー・ルース（荒谷幸江訳編 2005）「アメリカにおける生活賃金運動」、また、日本でのその検討については、小畑清武（2005）「生活賃金運動と日本の課題について考える」国際労働研究センター編著（2005）

〈参照文献〉

石塚秀雄（2004）和訳、C. ダビステ、J. ドゥフルニ、O. グレゴワール「EU の労働挿入社会的企業：現状モデルの見取り図」EMES　WP、『いのちとくらし研究所報』第 9 号、2004 年 11 月

─── (2005)「ケベックの社会的経済、序説」都留文科大学研究紀要第 61 集、2005 年 3 月。

伊藤美登里（2003）「Ulrick Beck の『市民労働』─職業労働、家事労働以外の第 3 の労働に─」『社会運動』市民セクター政策機構　no.282、2003 年 9 月

石見　尚（1988）『第三世代の協同組合─系譜と展望─』論創社

─── (2002)『第四世代の協同組合論─理論と方法』論創社

─── (2006)「協同労働法制のニュー・バージョンの必要性」『所報・協同の発見』（協同総合研究所）No.162 号、2006.1

小畑清武（2005）「生活賃金運動と日本の課題について考える」国際労働研究センター編著（2005）

粕谷信次（1987）「生活を変革する社会運動 ─『生活主体の形成』─」川上忠雄・佐藤浩一・粕谷信次・成島道官ほか著『社会観の選択』1987、社会評論社

─── (2003)「グローバリゼーションと『社会的経済』─グローカルな、新たな『公共性』を求めて、あるいはハーバーマスとの批判的対話」『経済志林』（法政大学経済学会）第 70 巻 4 号、2003 年 3 月

─── (2005)「社会的経済の促進・世界の動向─初めての社会的経済の世界会議・モンブラン会議に出席して─」『大原社会問題研究所雑誌』No.554、2005 年 1 月

─── (2006)「『平成大不況』はいかに克服するか：日本における『社会的経済』促進戦略─続グローバリゼーションと『社会的経済』」（その 3）（『経済志林』第 73 巻 3 号、2006 年 3 月）

加藤昌雄（2004）「『流山裁判』から考えるアビリティクラブの活動」『GOOD NEWS』no.41、市民福祉サポートセンター、2004 年 6 月

唐笠一雄（2004）「首都圏コープグループがめざす『21 世紀型生協』─生協インフラの社会的開放をめざして」中村陽一（2004）

北島健一（1997）「社会的経済の思想と理論─フランスを中心に─」富沢賢治、

川口清史編（1997）

北島健一・藤井敦・清水洋行（2005）『イギリスの社会的企業の多元的展開と組織特性―平成15年度～17年度科学研究費補助金による研究成果・中間報告書

北島健一・藤井淳・清水洋行ほか訳（2005）『社会的企業とは何か―イギリスにおけるサード・セクター組織の新潮流―』生協総合研究所（生協総研レポートNo.48）

共同連（2002）特定非営利活動法人・共同連『障害者労働研究会全国調査報告・21世紀における障害者の就労と生活のあり方とその環境条件に関する総合的調査』関西障害者定期刊行物協会

栗本 昭（2004）「海外比較のなかでの21世紀型生協論」中村陽一＋21世紀コープ研究センター（2004）

経済企画庁編（1998）『国民の生活白書（平成12年版）』大蔵省印刷局現代生協論編集委員会編（2005）『現代生協論の探求』コープ出版

ケント・ウォン編戸塚秀夫・山崎精一監訳（2003）『アメリカ労働運動のニューボイス―立ち上がるマイノリティ、女性たち―』彩流社

国際労働研究センター編著（2005）『社会労働ユニオニズム―アメリカの新しい労働運動』緑風出版

桜井 勇（2005）「農業をとりまく情勢と農村再生の可能性」社会的企業研究会第7回研究会報告、2005年10月

佐藤紘毅編（2004）『社会的に不利な立場の人々とB型社会協同組合』市民セクター政策機構

佐藤紘毅（2005）「ヨーロッパ第三セクター討論会議に参加して」『月刊・社会運動』（市民セクター政策機構）No.304、2005年7月

佐藤紘毅・伊藤由理子編 2006『イタリア社会協同組合をたずねて』同時代社

市民セクター政策機構編（2005）『社会的経済の促進・世界の動き―社会的企業による第三セクターの形成へ―』同機構・ブックレット14

社会的経済促進プロジェクト編（2003）『社会的経済の促進に向けて』同時代社

ステファニー・ルース（荒谷幸江訳編 2005）「アメリカにおける生活賃金運動」国際労働研究センター編著（2005）

鈴木玲（2005）「社会運動的労働運動とは何か―先行研究に基づいた概念と形成条件の検討」『大原社会問題研究所雑誌』No.562、563合併号、2005年9.10月

炭本昌也（2001）「統一協同組合法とワーカーズ・コレクティブ法を結ぶ」ワーカー

　　　　　　ズ・コレクティブ・ネットワーク・ジャパン編（2001）
全国農業協同組合中央会（2001）『JA女性組織の活性化と農村女性ワーカーズ育成の方向』
高橋　均（2005）「地域協議会強化とワンストップサービスへの展望」「第6回社会的企業研究会報告」および『社会運動』No.308、2005年11月より
田中夏子（2004）『イタリア社会的経済の地域展開』日本経済評論社
谷口吉光（2004）「日本農業を守る産直をめざして―首都圏コープの産直―」中村陽一＋21世紀コープ研究センター編（2004）
塚本一郎（2004）「NPOと社会的企業」塚本一郎・古川俊一・雨宮孝子編著（2004）
塚本一郎・古川俊一・雨宮孝子編著（2004）『NPOと新しい社会のデザイン』同文館出版
戸塚秀夫（2003）「解題―アメリカの新しい労働運動について」ケント・ウォン編著（2003）
富沢賢治（1997）「新しい社会的経済システムの理論」富沢賢治・川口清史編（1997）
富沢賢治・川口清史編（1997）、『非営利・協働セクターの理論と現実―参加型社会システムを求めて―』日本経済評論社
中川雄一郎（2005）『社会的企業とコミュニティの再生：イギリスの試みに学ぶ』大月書店
中島理恵（2005）「EU・英国における社会的包摂とソーシャルエコノミー」『大原社会問題研究所雑誌』No.561、2005.8
中村陽一＋21世紀コープ研究センター編（2004）『21世紀型生協論』日本評論社
西村万里子（2004）「NPO／政府のパートナーシップとニューパブリックマネジメント型改革」塚本一郎・古川俊一・雨宮孝子編著（2004）
日野秀逸（2005）「現代医療生協論」現代生協論編集委員会（2005）
堀越芳昭（1999）「欧米諸国の協同組合法制」『協働の発見』89号
宮本太郎（2003）「ヨーロッパ社会的経済の新しい動向」社会的経済促進プロジェクト（2003）
―――（2004）「非営利セクターの新しい役割―福祉政策による労働支援とジェンダー平等―」月刊『社会運動』296号、2004年11月（同『月刊・社会運動雑誌』冊子版）
茂呂成夫（2005）「労働者自主福祉運動の現状と課題・中間報告のポイント」第6回社会的企業研究会報告2005年9月
山岡義典（2000）「NPO法と今後の日本」『生活協同組合』（290号、2000年3月）

山岸秀雄・菅原利夫・浜辺哲也（2003）『NPO・公益法人改革の罠』第一書林
浜辺哲也（2003）http://www.houjin-ombudsman.org/
山口郁子（2005）「社会的事業と金融」第5回社会的企業研究会報告『社会運動』No.308、2005年11月
レイドロー（1980）『西暦2000年における協同組合』日本協同組合学会訳編、日本経済評論社
日本労働組合総連合会（2005）「地方連合会・地域協議会改革の具体的実施計画（案）」
ワーカーズ・コレクティブ・ネットワーク・ジャパン編（2001）『どんな時代にも輝く主体的な働き方』同時代社

Beck, Ulrich (1986), *Riskogesellschaft : Auf dem Weg in eine andere Moderne*, Suhrkamp Verlag.（東廉、伊藤美登里訳 1998『危険社会』法政大学出版局
Benoît Lévesque, Marie-Caire Malo and Jean-Pierre Girard (2000) "The old and new social economy: the Quebec experience" in Jacques Defourny, Patirick Develtele and Benidicte Fonteneau, eds. (2000)
Borzaga, C. and Defourny, J., eds. (2001), *The Emergence of Social Enterprise*, Routledge, London.
Borzaga, C. and Spear, R., eds. (2004) *Trends and Challenges for Co-operatives and Social Enterprises in Developed and Transition Countries*, Edizioni31.
Defourny, Jacque and Develtere, Patorick & Benedicte Fonteneau, eds. (2000), *Social Economy - North and South*, Katholieke Universiteit Leuven / Univesite de Liege. Centre d' Economie Sociale.
Defourny, Jacques & Monzon, Jose L. eds. (1992) *The Third Sector : Cooperative, Mutual and Nonprofit Organization*, De Boeck-Wesmeal, s.a.(和訳 1995：富沢賢治、内山哲朗、佐藤誠、石塚秀雄、中川雄一郎、長岡顕、菅野正純、柳沢敏勝、桐生尚武、『社会的経済—近未来の社会経済システム』、日本経済評論社)
Drucker, Peter F. (1989), *The New Realities*, Drucker, Peter F.,（上田惇生・佐々木実智男訳1989『新しい現実』ダイヤモンド社）
Evers, A. and Laville, J.-L. eds., (2004) *The Third Sector in Europe*, C Edward Elgar, heltenham.

Mantios, Gregory, ed.(1998), *A New Labor Movement for the New Century*, Monthly Review Press.(戸塚秀夫監訳 2001『新世紀の労働運動――アメリカの実験』緑風出版)

Moreau, Jacques (1994), *L'Economie Sociale Face a L'Ultra-Liberalisme*, Paris, Sylos.(石塚秀夫・中久保邦夫・北島健一訳 1996『社会的経済とはなにか――新自由主義を超えるもの』日本経済評論社)

Salamon, Lester M.and Anheier, Helmut K.(1994), *The Emerging Sector*, The Johns Hopkins University, Maryland University.(今田忠監訳 1996『台頭する非営利セクター』ダイヤモンド社)

Salamon, Lester M.(1999), *Global Civil Society : Dimensions of the Noprofit Sector*, The Johns Hopkins Center for Civil Society Studies, Baltimore, MD.

Salamon, Lester M. and Anheier, Helmut K.ed.(1998), *The nonprofit sector in the developing world*. Manchester University Press.

Spear R., Defourny J., Favreau L., Laville J-L. eds.(2001), *Tackling Social Exclusion in Europe. The Contribution of the Social Economy*, Ashgate, Aldershot.

V

呼びかけ人の期待

呼びかけ人のメッセージ集（順不同）

堀内光子（ILO 駐日代表）

富沢賢治（聖学院大学）

津田直則（桃山学院大学）

鈴木不二一（連合総合生活開発研究所）

斎藤縣三（共同連）

山岸秀雄（NPO サポートセンター）

栗本　昭（生協総合研究所）

佐藤芳久（生活経済政策研究所）

田中夏子（都留文科大学）

佐藤紘毅（市民セクター政策機構）

本阿弥早苗（21 世紀コープ研究センター）

菊地　謙（協同総合研究所）

柏井宏之（市民セクター政策機構）

社会的企業・市民国際フォーラムによせて

堀内　光子 (ILO駐日代表)

　国連の社会問題への取り組みが大きくなったのは、グローバル化の進展と市民社会組織の力が増してきた90年代からといえます。今年は10周年ですが、95年コペンハーゲンで開催された国連社会開発サミットは、人々中心の開発を国際政策の前面に押し出しました。

　グローバル化の進展による影の部分－すなわち国の内外での貧富の格差拡大－がはっきりと認識されてきたこともあって、サミットは、貧困、失業そして社会的疎外という、今日の深刻な三大課題に、世界が迅速に、効果的に対応するために開かれました。当時のガリ国連事務総長は、世界のリーダーたちがサミットで合意したこれら三つの社会問題に取り組むためのアクションは政治的重みを持っている、と言明しましたが、社会問題への対応には全てのアクターが連帯して行動しなければ、真の永続する解決はできないことも、訴えました。

　世界の社会正義課題の中心に据えられた貧困、失業、社会的疎外は、ディーセント・ワークの実現なくして解決はなく、サミットでの中心的目的も生産的雇用の拡大でした。社会的企業はディーセント・ワークを作り出す最も強力なツールの一つであるばかりでなく、貧困を減らし、社会的疎外と戦い、持続可能な開発への強力なツールでもあると思っています。すなわち、社会的企業は、貧しい人々や社会的に不利益な立場にある人々のエンパワメントを行い、さらなる能力を発展したい人々に働く機会を与え、そして人々がお互いに助け合い、社会保護を提供できるものだからです。

　私たちが「人間」として生きる21世紀にするために、「効率」だけではない、「公正」の実現を目指して、多くの方々がその強力な方策を実践し、パートナーシップを強化することはとても大事です。今回はそうした方向に向けての貴重な機会の一つと期待しています。

〈なお、東京・大阪の「T・ジャンテ氏招聘市民国際フォーラム」には国際労働機関（ILO）の後援をいただいています〉

社会的企業・国際フォーラムの開催を祝って

富沢　賢治 (聖学院大学・教授)

　1992年にICA（国際協同組合同盟）の第30回大会が東京で開催された。そのとき私は、日本協同組合学会の会長として協同組合研究フォーラムの実行委員長を務めた。10月23日と24日の2日間にわたって開催されたフォーラムには、海外から50名、国内から56名が参加し、翌年には英文の報告集が刊行された。

　これを契機として協同組合研究者の国際的交流が格段に進んだ。フォーラムの最終日には、各国の協同組合関連研究所の国際的交流を進めようという提言がなされ、そのための具体的プランも提示された。日本側の提案としては、私が、日本における協同組合関連研究所の連絡会議の設立を提案した。それ以来この課題を果たすべく、私は私なりに、努力してきたつもりである。

　「私なり」という意味は、こうである。私は1980年代から「社会的経済」の問題に関心を持ち、現代の社会問題の解決のためには、協同組合セクターを含む民間非営利セクター全体の拡大強化が必要だと考え、そのように主張してきた。そして、反対論もあったが、労働組合もこの運動に参加すべきだと考えていた。それゆえ、機会を捉えては、協同組合、NPO、労働組合などの間の連携強化の必要性を訴えてきた。

　しかし、日本のタテ社会構造は、協同組合運動、社会運動、労働運動などにも根強く残存しており、当初は、異質な運動にたいする相互反発が強く、民間非営利セクターの諸組織の蛸壺状況はなかなか改善されなかった。

　だが、92年のICA大会からの15年間で、運動を取り巻く環境は、かなり変化している。

　95年のICA100周年大会では、7つの協同組合原則のうちの1つとして「コミュニティへの関与」が強調された。95年の阪神淡路大震災以降、増加し続けているNPOの多くは、「地域社会に根ざす組織」（CBO．Community-based Organization）としての性格を強く持っている。労働組合も地域問題に関わり始めている。企業の社会的責任も問題とされている。このような流れのなかで今日、「社会的企業」という問題が人びとの関心を惹きつけるに至った。

　社会的企業をテーマとする今回の市民国際フォーラムは、民間非営利セクターの拡大強化の必要性を痛感する熱心な運動家たちが個人的・自主的な集まりを積み重ねて組織してきた。それぞれの運動家がそれぞれの組織を背負っているが、このフォーラムの組織過程では、組織のセクト性が極力抑えられてきた。このようなスタンスは、民間非営利セクターの拡大強化にとって不可欠である。

　私は、この国際シンポが、民間非営利セクターで働く人びと、種々の研究所、それらを支える諸組織の連携を強め、日本における新しい社会の創造に役立つことを心から願っている。また、貴重な時間を割いて来日するジャンテさんに感謝し、国際連帯の一層の進展を願っている。

非営利世界の連帯をめざして

津田　直則（桃山学院大学）

　労働組合、協同組合、NPO その他の非営利世界の連帯をめざす運動が日本でも必要だと主張してきた一人として、ジャンテ氏の訪日を機会に運動が一歩前に進むことになり、大変喜ばしいことです。運動はまだまだ未熟で試行錯誤が続くでしょうが、このような連帯の必要性は全国レベルでも地域社会の現場でも認識が高まっていくことでしょう。

　私は、労使協議会の法制化運動を推進している労働組合と研究者の全国組織「経営民主ネットワーク」に10年ほどかかわり、機関紙『経営民主主義』に投稿してきました。昨年は、労働組合は非営利組織の一員として CSR（企業の社会的責任）の推進や他の非営利組織（協同組合や NPO）との連帯に力を入れる必要があることを主張しています。

　また、2001年から労働者協同組合の法制化運動を進める「関西市民会議」の代表として活動していますが、2003年秋に大阪で開催した関西協同集会では、関西市民会議のメンバーである労働者協同組合・高齢者生協等と NPO・市民団体のつながりを深める企画を盛り込みました。これは非営利世界の連帯をめざす一環として位置づけています。

　全国レベルで非営利団体の連帯があればさまざまな課題への取組が容易になるでしょう。例えば、労働組合は、非営利の世界とつながる CSR の問題に、NPO などの非営利組織と連帯して取り組めば社会的信用が高まります。NPO は、公益法人改革の法改正が迫っている中で労働組合などの連帯があれば法の改悪を阻止できます。労働者協同組合は、法制化運動で労働組合の協力があれば力強い見方になります。私は、これら非営利組織の諸団体の理念の根底には共通の「非営利価値」の世界があると主張しています。また、営利企業、非営利組織、地域社会を横断する「非営利価値」を基礎にして、非営利世界を体系的に研究する必要性を感じています。現代社会で重要な公共性、公益性、倫理性などは非営利価値をベースにして展開できるでしょう。

　地域社会のレベルでの非営利世界の連帯も次第に課題が明確になっていくと思われます。今回のジャンテ氏を囲むフォーラムは「社会的企業」がキーワードになっています。私は、今年（2005年）の春と秋に、近畿労働金庫の地域共生推進センターの法橋聡氏と組んで、NPO、協同組合、有限会社、株式会社など経営形態が異なるが非営利で地域課題に取り組む団体を招き、市民対象のコミュニティ・ビジネス講座を開催しました。社会的企業の名称は出していませんが、企業家的発想で非営利に取り組んでいる興味深い団体にいくつも参加していただきました。

　日本でも地域社会には社会的企業と呼べる組織や団体が多く活動しているようです。しかし、単独で悪戦苦闘しているところも多いようです。非営利の活動を事業として成り立たせる支援体制を考えるのも今後の課題だと思われます。「社会的企業の支援システム」を創り上げるには、地域社会レベルでの労働組合、NPO、協同組合など非営利世界の連帯が必ず必要となるでしょう。

グローバル化の中での連帯原理の
再構築と新しい公共の創出

鈴木不二一（連合総研・副所長／共同事務局）

　経済のグローバル化がますます進む中で、21世紀初頭の世界は揺らぎの中にあります。その揺らぎの震源は、一方での「経済の統合」と、他方での「社会の分裂」の間の矛盾です。ヒト・モノ・カネ・情報が、かつてないスピードで地球上を行き交うようになりました。各国・地域間の経済的相互依存関係は深まっています。市場経済による世界の統合はたしかに進んでいます。けれども、さまざまな側面で、世界に大きな亀裂が生じているのも現実です。

　貧困の広がり、内戦・虐殺、南北格差拡大、環境破壊など、地球レベルでの諸問題の深刻さは一向に解消されていません。グローバル経済の「勝ち組」と「負け組」、「富める者」と「貧しき者」、「持てる者」と「持たざる者」の間の格差は、国際的にも、また各国の国内においても、ますます拡大しつつあります。社会の二極化、社会的に排除されてしまう人々の増加などに示される「社会統合」の危機は、いまやグローバル化の中での「新しい文明病」として世界を席巻しつつあるかにみえます。

　こうした事態を、しかしながら、経済のグローバル化のせいにすることは誤りでしょう。そもそも、経済のグローバル化そのものの是非を論じても意味はありません。また、それは止められるものでもないでしょう。われわれが現在の苦境に陥っているのは、グローバル化への適応が不適切なだけです。つまりは政策選択の問題なのだといえます。たしかに「政府の失敗」はあります。けれども、だからといって政府を極小化し、市場に委ねればよい、とする「市場至上主義」の主張は、「羹に懲りて膾を吹く」類の過ちといえましょう。「政府の失敗」は、政策の是正をもって正すべきであって、「何もしない」という「政策の不在」によって代替すべきものではありません。

　われわれは、価格シグナルという「市場の声」を無視しては経済生活を営めません。けれども、同時に連帯原理に基づく社会なしにも生きられないことを忘れてはならないでしょう。そうである以上、市場の要請である「効率」と、連帯原理の核となる「公正」をいかに両立させるかに、衆智を集めなければなりません。

　グローバル化の中で、経済生活を再び社会の中に埋め戻し、新しい「公共」を確立していくことの重要性はますます高まっています。そこに、「社会的経済」の実践の現代的意義があるといえるでしょう。

　現在、経済生活を社会の中に埋め戻すためのさまざまな試みが、世界中で展開されています。とりわけ、「社会的企業」という新たな概念のもとに結集しつつあるヨーロッパの運動の経験は、われわれの関心をひきつけます。このたび、ヨーロッパにおける社会的経済のオルガナイザーであり、第一線の理論家でもあるジャンテ氏との対話の機会を得られたことは、われわれの衆知を研ぎ澄ます絶好の機会であると考えます。

大阪フォーラムの開催は
新たな連帯をつくりだせるのか

大阪フォーラム実行委員会　代表　**斎藤　縣三**（共同連）

　社会的企業研究会の手による、T.ジャンテ氏の招聘という、わが国における社会的企業─社会的経済の充実化を求める貴重な試みは決して東京＝中央だけではなく全国各地で開かれる必要がある。少なくとも東京と対比される大阪では必ず開かれるべきであるという思いが、大阪実行委員会を生み出すもととなった。限られた時間の中でNPO・労働組合・協同組合などの連携による実行委員会が急遽形作られることとなった。

　このフォーラムが民間非営利事業セクター間のこれまでの壁をいささかでも取り壊し、より新たなる社会的企業の可能性を開いていくことを大なる目的としているならば大阪実行委員会の形成そのものが既に一つの地域的な実験として始まっているといってよい。しかしながら大阪フォーラムは東京とはいささか異なった趣きを有している。それは何か。

　大阪フォーラムの中味を形づくる、パネルディスカッション及び記念講演後のセッションの試みにそれは如実に現れている。大阪フォーラムの重要なテーマは、「社会的排除を受けた人々をいかに包摂しうるか。そこにおける社会的企業がもつ設計を明らかにすることである。」実行委員には、ホームレスの人々に働く機会を提供するNPO、障害がある人ない人の共働を求めるNPO、引きこもりの若者に働きの場を創出するNPOなどが中心的な役割を担っている。そもそも大阪は部落解放運動の確固たる歴史を有している。在日朝鮮人、韓国人の運動についてもそうである。

　全国一の寄せ場を有する釜ヶ崎は大阪に位置する。障害のある人の働く場作りの運動も東京にはない発展がみられる。まさに大阪は新たな様々な社会的排除を受けている人々の坩堝でありそこからの変革のエネルギーに満ちている。

　戦後のわが国の社会運動や労働運動を振り返るとき、国民春闘の歴史や生協の興隆などをみても、これまでも労働組合や共済組織、協同組合などの非営利民間セクターの側自体が社会的排除を担う側であったといわざるを得ない側面がある。近年急速に増殖するNPOにあってもそこから脱しているとはとてもいえない。今年ヨーロッパで社会的経済を発展させようとする社会的企業の新たな動きはまさにこうした排除の問題に正面から取り組み、いかに社会的包摂（インクルージョン）を進めるかを自らの最大の課題としている。

　しかしながら、例えば様々なハンディを持つ人々の社会的包摂、社会参加を進めるイタリアの社会的協同組合はヨーロッパにおいても注目される存在であるが、その社会的包摂の取組みがうまくいっているかといえば必ずしもそうとはいえない。いくつもの限界や課題を有していることは私の数少ない訪問体験からも実感しえた。いうまでもなく社会的協同組合がわが国における社会的企業の実践にとってのモデルであることは確かであっても、確実な答えではまだ無い。

　このフォーラムが民間非営利セクターのこれまでにない垣根を超えて交流と連帯を促すだけではなく、社会的企業のわが国における創出をどう進めていくべきかという連帯の質を実践的に問うものであることを期待したい。その答えを求めて今、一歩が進み始めた。

サードセクター発展の社会的戦略

山岸　秀雄 (NPO サポートセンター・理事長)

　NPO 法施行 (1998 年) から 7 年、NPO (民間非営利組織) は 23,000 法人を超えて、1 か月 400 法人が誕生し続けるペースで拡大し続けている。
　NPO の社会的役割は社会問題 (福祉、環境、まちづくり、教育、雇用、他) の解決と社会システムの変革である。市民の社会参加と市民事業を促進することによって、例えば、高齢社会や団塊世代を始めとする定年者の社会的活動や雇用の場としても、様々な社会的ニーズに対応する「道具」として NPO はますます欠かすことができない存在になっている。
　NPO はまた行政、企業に次ぐサードセクターとしての市民セクターを形成することによって、日本社会の根本的再生の役割を果たそうとしている。
　しかし今、NPO は苦闘している。資金、税制を初めとする社会制度、自立のための事業化、行政との協働、人材育成、と課題が山積している。最大の課題は常に資金問題であるが、2005 年度の実質的な国の NPO 予算は激減するなど、NPO は早くも冬の時代を迎えている。欧米諸国は NPO・NGO を 60 年代末の社会的・国家戦略のもとで発展させ、市民参加・市民セクター発展の基盤を整備し、市民社会の新しい姿を構築してきた。
　日本は、今こそ NPO 発展の歴史的観点にたった社会的戦略会議を設置して、大胆な戦略的パートナーシップ (行政、企業、市民の協働)、NPO への社会的投資を実現する時である。
　市民セクター自身の主体的課題も大きい。NPO は課題を抱えながら、急激な発展の中にあるが、協同組合 (生協) や労働組合は大きな壁に直面している。大きな社会変化の中で自らのミッションとメンバーのニーズが大きく開いて、求心力を低下させている。各セクターは個人と社会の課題を解決するための力の結集が緊急の課題になっている。サードセクターという共通のポジションに立って、セクター内の強固な連携の模索が要請されている。具体的には政策力、人材育成力推進の協働事業化を推進することを提案している。これはサードセクターと社会との多様な連携によって実現可能である。そのために 10 年近く前から NPO サポートセンターが推進してきた「産官学民」による地域プラットフォームのプロジェクトがある。首都圏だけでも 10 地域、40 大学が参加している。
　NPO・サードセクターと大学連携を軸に行政、企業・商店街など、多様な連携による地域・社会の課題解決の地域プラットフォーム上で「政策」と「人材育成」の協働事業化が始まっている。
　日本のサードセクターは市民セクター確立のための連携をつくり、NPO、生協、労組の事業部門での協働、再編を進めながら、新しい社会的企業への脱皮を図り、社会的課題と経済的課題を同時に解決していく、主体としてのポジションが急務だと考えている。

市民の協同とサードセクターへの期待

栗本　昭（(財)生協総合研究所）

　21世紀における経済社会は効果的な政府や効率的な企業ばかりでなく、強力な市民社会によって支えられなければならないことについては幅広いコンセンサスがあると思われるが、市民の協同のネットワークによるサードセクター（市民セクター）の形成については掛け声ばかりでなかなかすすんでいない。

　それは市民の協同の主体である各種協同組合、NPO、労働組合などははそれぞれ別個の法律に基づいて別個の所管官庁によって規制されるなかで、異なる組織文化を育み、お互いについてよく知らず、同一のセクターに属するというアイデンティティを持っていないことが原因となっている。しかし、市民の協同が信頼社会づくりに向けて役割を果すべきとすれば、相互理解のもとに共同行動の枠組みを作ることが必要となる。サードセクターに属する組織間の提携と交流をすすめ、相互理解をすすめるために、4月から各団体のシンクタンクや支援組織を中心として社会的企業研究会を設けて毎月学習会を開催してきたが、今後運動面のネットワークをさらに強め、制度改正のためのロビーイング、研究調査等における共同行動を追求することを課題としたい。

　さらに、サードセクターの各種事業間の提携は、セクター概念を実質化するために極めて重要である。生協、消費者グループと農協、漁協の間には産地直結、商品開発を通じた事業提携があり、また生協からスピンオフしてその事業委託を受けているワーカーズ・コレクティブやNPOもあるが、まだ全体から見ると事業提携は点の存在に過ぎない。協同組織金融機関や共済組織は資金リソースをもち、他の協同組合やNPOは資金ニーズをもつが、両者の間で事業上の提携も始まったばかりというのが現状である。アメリカの非営利セクターやヨーロッパの社会的経済セクターがそれぞれの国の経済社会システムにおいて果している重要な役割を参照しながら、信頼社会を支える事業面のネットワークを形成することが課題である。

　さらに、セクターの運動と事業のネットワークを拡大する上で、一般の人々にも行政やメディアにも認知されることが重要であり、学問研究の場における内外のネットワーク作りが重要である。国内には日本NPO学会、日本ボランティア学会、日本協同組合学会、国際公共経済学会などが活動しているが、相互の交流はきわめて少ない。国際的にはジョンズ・ホプキンズ大学を中心とする国際非営利セクター比較プロジェクトや国際第3セクター研究協会（ISTR）が非営利組織研究の場であり、国際協同組合同盟（ICA）の調査委員会やドイツ語圏の大学を中心とする国際協同組合学会が協同組合研究の場であるが、提携や交流の機会は限られている。この他、サードセクターの組織、事業、将来展望について研究をすすめている大学、研究所、シンクタンクは多数存在しており、これらのネットワークを強めることによって活力あるサードセクターの形成と民主的な市民社会の確立を後押ししていくことが求められている。

連帯経済研究との連携の模索
――「社会的企業」研究会・ジャンテ氏招請に寄せて――

佐藤　芳久（生活経済政策研究所）

　これまでの非営利経済論は、協同組合論の側から従来より提起されてきた。しかしそれは、セクター論に傾いていてマクロ経済的な視点が弱いのではないか――早稲田大学の西川潤先生の問題提起を受けて、私ども研究所が同先生を中心に「ポスト資本主義の社会経済像の研究－連帯経済の現代的意義と展望」という研究をはじめたのは、今から1年ほど前のことでした。

　非営利セクターが市場、政府、コミュニティなど諸セクターといかに連動（連携）するか、市場原理主義社会に対するオルタナティブとしての社会経済像をどう浮かびあがらせることができるのか。

　当研究会では、福祉、地域政策、企業の社会的責任、協同組合、倫理的ファイナンス、ジェンダー等、資本主義経済のオルタナティブに関連して、報告と討論を続けてきました。

　とくにヨーロッパの地域社会再生をめぐるさまざまな実際のなかに確認したうえで、それに相当する動きを、理論だけでなく現実の日本社会のなかに見出す作業を進めてきたところです。

　そういう折に、日本における社会的経済を展望し、非営利セクターと市民社会セクターその他諸セクターの連携、交流を図るための「社会的企業」研究会が発足することになりました。

　日本では、協同組合、共済組織が広く存在しますが、これら組織の横断的結びつき、またNPOやアソシエーション、労働組合との連携、協力関係は必ずしも緊密であるとはいえませんでした。

　今回、招請するT・ジャンテ氏は、社会的経済に関するオルガナイザーであるとお聞きします。ヨーロッパにおける社会的経済の実状、連帯経済発展の展望、課題等を伺い、日本での「社会的企業」の担い手たちの連携への具体的な示唆を得ることは、国内、国際両面での「水平的に、境界を越えての（縦割り、法形態、国、活動分野ごとのアプローチではなく）プロジェクトづくり」（ジャンテ氏）に向け、グロバリゼーションの中で、市民社会が国境を越えて、グローバル主義経済に対応する一つのオルタナティブを指し示す契機になりうると思われます。

　今回のジャンテ氏招請が、日本における社会的企業の今後の展開と連帯経済研究の礎となることを期待しています。

ヨーロッパ「連帯経済」への期待

田中　夏子（都留文科大学）

　このたび、ヨーロッパの連帯経済の最前線で活躍するジャンテさんの来日が実現し、日本における非営利・協同の運動に関わるものの一人として、大変心強い次第です。
　といいますのも、まさにこの時期、日本の非営利・協同事業は、新自由主義的な流れの中で、「市場化」にむけた「受け皿」として位置づけられかねない危険に直面しており、その意味で、きわめて重要な段階に来ていると思われるからです。
　もとより、ヨーロッパにおいても、NPOや協同組合を、「人間が大事にされる仕事と暮らし」の創造主体としてではなく、市場原理の担い手として積極的に位置づける動きがいたるところに存在しますが、全体として、連帯経済は、自らの価値と行動原理、そして豊かに存在するさまざまな実践をつなぎあいながら、本来の目的を見失わないよう、踏みとどまってきた経過があります。その「踏みとどまり」がどのような攻防のもとで展開してきたのか、私たちにとっては示唆深い経験です。さらにまた、連帯経済が、市場経済に対して、その暴走にストップをかけるべく、どのような「再規制」機能を発揮しているかも、私たちの今後の歩みに大きなヒントをもたらしてくれることが期待されます。こうした問題関心のもと、私自身は、次の四点において、ヨーロッパの連帯経済に学んでいきたいと考えています。
　第一に、EUにおける「社会的なるもの」は、「規制緩和」と「再規制」の緊張関係によって形成されてきましたが、その際「再規制」のベクトルを強化し、実体化する担い手として、連帯経済の役割が大きいと思います。福祉事業や雇用対策を非営利事業組織が引き受けること自体は、「民営化」「規制緩和」の流れに乗ずることではありますが、一方的な市場化によるサービスの低下や公的責任の縮小に対して、福祉や労働を公の責任につなぎとめつつ、事業内容を当事者主体で高度化していく流れは「再規制」を意味するからです。
　第二に、「再規制」機能を備えた連帯経済が成り立つ背景として、事業の持続性を経済合理性によってのみ構築するのではなく、地域社会に対する多様な働きかけ（障害という異文化理解、共生や社会的公正の発信等）によってはかろうとする方向性が存在しますが、まさに、「地域社会」との「連帯」のあり方も私たちにとって重要な課題となります。
　第三に、上記の多様性を確保するファクターとして、ヨーロッパの地域社会には、集権的な社会に対する警戒感と、当事者主権を重視するアソシエイティヴな活動への日常的なコミットメントが厚みをもって存在していますが、人々のイニシアティヴを保障するような方向での、連帯経済の担い手と公務労働者側との協働のあり方にも着目をする必要があるかと思います。
　第四に、「社会的排除との闘い」など、EUの連帯経済が蓄積し、体現してきたスローガンが、ときとして、新自由主義の陣営によって、本来の意図とは異なる形で読み替えられ、排他的な展開に利用されるような局面も出てきている中、その危険性を自覚し、常に、スローガンや価値概念を、自分たちで具体化し、高度化していく工夫が連帯経済には求められるかと思います。そのような、価値の発信と豊饒化にも学ぶところが多いかと思います。

ジャンテ氏フォーラムに期待する

佐藤　紘毅 (市民セクター政策機構／イタリア研究者)

　フランスの「社会的経済」領域で活躍するジャンテ氏を迎えて、わが国の「第三セクター」、「NPO」、「アソシエーション」、「社会的経済」の領域の人々が初めて一堂に会して討論する事実の意義は大きいと思われる。フランス起源の「社会的経済」概念に則して考えれば、わが国には巨大な社会的経済領域が存在している。私自身は「社会的経済」の一員としての実生活の経験をもちあわせず、近年、共鳴者として関心を抱くにいたった一個人にすぎないが、歴史的に見て、社会的経済とは、市場経済を受け入れつつその荒波に抗してそのなかに社会性ないし人間性の要素を織り込んでゆく試みを表現する概念であったと考えている。社会的経済を構成するとされる協同組合、共済組合、社会的アソシエーションのなかに身をおく人々は、洋の東西を問わず、市場原理万能の政治に対して批判的であり、社会的経済の積極的要素の拡延の必要性を痛感しているものと思われる。

　協同組合の歴史を念頭におけば、社会的経済が誕生してからすでに150年以上が経過しているこんにち、協同組合を中心とする社会的経済は幾多の国々および地域において確実に定着している。この事実は、一面では、社会的経済が市場経済のなかに着実に地歩を築いてその主役一員にまで成長していることをものがたり、他面では、社会的経済が市場経済のなかに包摂されていることを意味するであろう。世界を席巻するグローバリゼーションの状況のなかで、その否定的諸現象に対して、社会的経済のこの実態がどのような作用をおよぼすのか、どのような機能を果たすのか、興味の湧くところである。

　フランスでは「社会的経済」とならんで「連帯的経済」が語られているという。これはグローバリゼーションの局面のなかで苦しむ人々と連帯をはかり、彼らの参加する市民事業が織りなす領域を指すものであろう。それは、「社会的企業」と呼ばれる、未だ曖昧模糊とした、だが歴史的現局面のなかで社会的に排除された人々を確実に射程にいれて、その人々の社会的包摂、社会的参加をめざす一群の事業体を指すものであろう。

　「社会的経済」はこの新興の「連帯的経済」を促進するのか、包摂するのか、傍観するのか、忌避するのか。社会的経済の歴史的特質が問われる問題であるように思われる。

　世界の協同組合陣営においては、種々の会合で反グローバリゼーションの戦略・戦術が論議されている。ヨーロッパの社会的経済は、連帯的経済とどのような関係を打ち立てているのか。ジャンテ氏の見解はどのようなものなのか。彼の講演が楽しみである。

　翻ってわが国における「第三セクター」や「社会的経済」は、この問題にどのように立ち向かえるのか。ヨーロッパの経験に学びながら早急に回答を用意しなければならないであろう。

T・ジャンテ氏招請に寄せて
―「社会的企業研究会」で期待するもの―

特定非営利活動法人　21世紀コープ研究センター
本阿弥早苗（常任理事・事務局長）

　1950年半ばからの高度経済成長と、時の政府が進めた所得倍増計画は豊かな消費生活を可能にした資本主義国家の光である。オイルショックでその終焉を迎えるが、敗戦日本が経済を武器にわずか30年余りで一応の社会資本の整備まで行い、安定した国民生活を作り上げたのは、今思えば驚異だ。戦後民主主義の中で育った若者が社会悪や矛盾に立ち向かった全共闘運動の高揚と挫折、高度経済成長の陰である公害や食品汚染を告発する消費者運動の激しさ。そんな事を体感しながら成長した私は、自ら「価値」を創出・実現できるシステムはないだろうかと思い、学生時代に出会ったのが「協同組合論」だった。この共益型のシステムは「日々の営みの中から出される小さな呟きを大きな運動」にし、やがては社会の地殻変動を起こす可能性を秘めていると感じた事を思い出す。「身近な生活から発する已むに已まれぬ思い」、そういう「思い」を仕組み化し社会化できれば、そこに市民型社会が創造されるのではないか。それが私の生活協同組合への接近である。

　今、日本社会はその軸足を大きく変えようとしている。かの全共闘世代すなわち団塊世代のリタイアが始まり、世界に類を見ない少子高齢社会に突入する。日本と日本人を支えてきたこれまでの社会的共通資本は、もはや制度疲労をおこし我々を支えてくれそうにない。アメリカ型のグローバリゼーションは、「勝ち組」と「負け組」に国も人も分類し、果たしてそれは「安全」と「豊かさ」を私たちにもたらすのか。そんな問い返しも駆け巡っている。環境問題もグローバルな地球規模で捉えなければならない課題となって迫ってくる。子供の頃、身の回りで完結した生活の在り様は、はるかな過去のものであり、世界のどこかで「安全」でない事は、私たちの「安全」も「安心」も脅かすものになっている。

　今を生きるものは、未来を生きるものに何を伝え、何を残していくのか。

　たとえば、私たちが享受してきた社会資本をそのまま維持する事が出来ないのなら、地域共同体を再構築し相互扶助の新たな仕組みを自らの手で創ろうではないか。私たちの「くらし」にとっての必要性、そういう規模で持続可能な経済活動を、「勝ち組」でも「負け組」でもないあり方を、追求していきたい。そのためには、地域資源を有機的にネットワークできるインフラが必要だ。パルシステムグループでは「21世紀型生協」の研究を始めて5年になる。そろそろ具体性も出てきた。個配という無店舗事業は、商品を週一回宅配している。この地域循環のインフラを様々な組織の社会的活動に活用してもらうとしたら、どんなに豊かな社会的経済の創出となるだろうか。しかも生協組合員を単純に全国規模でみれば、2200万人もいるのである。生協のこの仕組みを、どこでも利用可能にモデル化出来れば、それは困難を抱える国の人々にとっても有効だろう。

　「自由・平等・友愛」を熾烈な歴史を経て勝ち取った国で、モンブラン会議が開催された事には感慨深いものがある。私たちも様々なセクターと志を紡ぎ、新たな価値を創出するための機会として大いに期待したい。「一人は万人のために、万人は一人のために」。

「社会的企業」における労働の質

菊地　謙（協同総合研究所）

　協同総合研究所の中川雄一郎理事長（明治大学教授）は『社会的企業とコミュニティの再生　イギリスの試みに学ぶ』(2005、大月書店）の中で、「社会的企業」の定義を次のように述べています。
　「社会的企業は、地方のコミュニティのニーズおよびほかの特別なニーズに根ざした社会的目的をシチズンシップを基礎にして達成するために、財およびサービスの生産と供給を継続的に遂行する市民事業体である。社会的企業の事業活動と経営はそれに自発的に参加する人たちの意思決定によるステークホルダー型の民主的管理に基づいて実践され、またその事業活動と経営によって生じる利益（剰余）は、主にコミュニティに再投資されることから、個人の間には分配されないか、あるいは分配を制限されるか、いずれかである。このことは、社会的企業の事業と経営が利潤最大化の動機によってではなく、「人びとの労働と生活の質」と「コミュニティの質」の双方を向上させるという社会的目的を達成する非営利の動機によって遂行されることを意味する」
　低成長もしくは成長なき「定常型」経済の時代の中で、また、高齢者が多く若者が少ない人口減少の社会の中で、私たちはより生活の質や地域社会の豊かさに関心を向けるようになってきました。国や自治体の財政難もあり、NPOをはじめとする市民活動を通じて、地域の再生を目指そうという動きも全国的に盛んです。官の論理ではなく市場や企業の論理でもない、もうひとつの社会的経済の担い手としての「社会的企業」という概念は、多くの人びとの実践と研究者の努力の甲斐あって、少しずつ浸透してきていますし、今回のようなフォーラムを通じて、人々の連携がより前進するのではないかと思います。
　日本で今後発展するであろう「社会的企業」が中川先生の定義にどれだけ適合するかは、私たちの実践によるところですが、なかでも「人びとの労働（・・）労働の質」の問題がひとつのカギになると考えています。公共サービスの委託化・外部化の進展にともない、ますます役割が期待される「社会的企業」において労働の質がどのようなものになるのか。「安上がりの委託先」という批判がある一方で、これまでの公務労働ではつくり得なかったような、地域のニーズに寄り添い、市民の目線に立った新しい公共事業が市民の中から生み出されてきています。その事業が継続的にコミュニティの質と人びとの生活の質の向上に資するものとなるためには、やはりそこに働く人々の労働の質について考えねばなりません。労働の質とは、単なる労働条件の問題にとどまらず、中川先生の定義でいう「自発的に参加する人たちの意思決定によるステークホルダー型の民主的管理に基づいて実践され」るという"働き方"や、生み出した成果やサービスについての"評価"も含めたものです。
　我田引水になりますが、私は社会的協同組合も含めたワーカーズコープ（協同労働の協同組合）こそ、このような「社会的企業」の中心的な担い手だと自負しています。残念ながら日本においてはワーカーズコープの法制化はまだ実現していません。このフォーラムを機会に、さらに多くの方々に呼びかけ、運動を広げていきたいと思っています。

研究所間の協働から
コミュニティづくりへの実践者の協働へ

柏井　宏之（市民セクター政策機構／共同事務局）

　ジャンテ氏招請の市民国際フォーラムが、東京・大阪・熊本と連続して開かれることになったことを喜びたい。東京の場合は3月から研究所間の協働で始まった社会的企業研究会の企画であるが、東京・熊本はジャンテ氏の来日が確定した8月末から動き出した。
　大阪フォーラムは、阪神・淡路大震災後のボランティア活動によってNPO法を生んだ地にふさわしく、ヨーロッパの連帯経済／社会的企業が社会的排除に対する社会的包摂のテーマを押し出したように、環境・障害者・ホームレス・事業資金の自立支援の実践と課題を探る企画で、28日午後から北浜のエルおおさかで開かれる。パネラーは藤井絢子（滋賀県環境生協理事長）、斉藤縣三（NPO・共同連事務局長）、山田實（NPO・釜ケ崎支援機構理事長）、法橋聡（近畿労金地域共生推進センター長）、コーディネーターは津田直則（桃山学院大学教授）の各氏である。協力団体も後援も多彩である。
　熊本講演は、29日、熊本学園大学水俣学研究センターの主催で同大学図書館ホールにて開かれる。司会進行は、宮北隆志水俣学現地研究センター長。コーディネイター兼通訳の花田昌宣教授はジャンテ氏の講演を「水俣病事件で疲弊したと言われる地域を、水俣病という負の遺産を将来に生かして、地域づくりをいかに展開するのかという問題」につなげたいとメッセージを送り、参加者は研究者、大学院生、学生、近隣の研究機関とくに制度経済学関係の研究者、それに熊本なかんずく水俣芦北地域の市民運動家たちに呼びかけをすすめている。
　かくしてジャンテ氏連続講演は、それぞれがおかれたさまざまな業種の壁を越え、地域社会におこっている個人化と差別化のなかで、呼びかけ人の一人、田中夏子さんがいう「生きにくさ」に直面する当事者を主体として問題をどのように解決するか、異なる立場からの目線が交差する共同議論のきっかけをつかもうとしている。
　日本のサードセクターは、明治以来、官の特別法という業種ごとに縦割りの呪縛の中にあって、地域社会に協働して連帯経済を創りにくい構造にならされてきた。この枠組みの脱構築を、それぞれの中間団体とアソシエーションがもつ自発的運動理念と組織構成原理を外に拓くことによって、なしえないと思っていることをなしえるようにする「社会化」の時代に入ろうとしている。それなしに閉塞感の漂う状況の変革はない。
　今回、EMESとISTRが協同組合セクターと非営利セクターを越えて、市場セクターとも公的セクターとも違う新しい「社会的企業」論で、市民が担う自助・共助を踏まえた公助の連帯経済、なかでも就労に軸足をおいた社会の造り替えの呼びかけを発信してきたことは、日本の市場セクター一辺倒の流れに、パラダイム転換を迫る大きな刺激を与えるものと確信している。都市と地方、格差の開く状況の中に、「社会的連帯経済」をさまざまに具体的に描くことで、研究所間の協働に始まった一粒の麦をコミュニティ再生への実践者の目の高さに応じた自主的で多様な協働の試みに各地で実らせたいものである。

VI

資料編

1 ・「社会的企業」研究会のあゆみ
　・社会的企業研究会《呼びかけ人・賛同人》－順不同－
　・《協賛金協力の団体・個人一覧》－順不同－

2 ・T・ジャンテ氏招聘フォーラムin大阪実行委員会のあゆみ
　・「共生型経済」
　・今後の予定
　・地域共生型経済促進フォーラム〈会則〉

1 「社会的企業」研究会のあゆみ

＊「社会的企業」研究会の結成（05.3.11）法政大学市ヶ谷学舎
＊第1回研究会（4.9）法政大学市ヶ谷学舎
　「EUのソーシャルエンタープライズを鳥瞰する」石塚秀雄（非営利・協同総研）
　「《連帯経済》に関する研究報告」佐藤芳久（生活経済研）
＊第2回研究会（5.28）　連合総研事務所
　「EMES／ISTR研究会議の参加報告」山口浩平（生協総研）
　「障害者の就労と社会的企業」花田昌宣（熊本学園大学）
＊第3回研究会（6.23）　生協総研事務所
　「社会的企業論の射程―どんなインパクト？」北島健一（松山大学）
　「出資型非営利協同組合法VS協同労働の協同組合法―法制化運動を語る」
　菅野正純（日本労協連）、藤木千草（WNJ）、島村博（協同総研）、金忠紘子（WNJ）
＊第4回研究会（7.11）　生活クラブ連合会会議室
　テーマ「NPO―制度面と運動面から」
　「〈公益法人改革〉の現状とNPO―制度面から」山岡義典氏（〈特〉日本NPOセンター副代表理事）
　「NPOと日本での社会的企業―運動面から」山岸秀雄氏（〈特〉NPOサポートセンター理事長）
＊第5回研究会（8.22）　中央労働金庫
　テーマ「非営利・協同セクター」を支援するファンドの現状とあり方
　「社会的事業と金融―中央労金のNPO施策」山口郁子（中央労金営業推進部〈NPO推進〉）
　「ヨーロッパにおけるソーシャル・ファイナンス」重頭ユカリ（農林中金総研調査第一部副主任）
＊第6回研究会（9.14）連合本部（総評会館会議室）
　テーマ「連合地域協議会強化の取り組みと労働者自主福祉活動」
　「連合地域協議会強化の取り組みと生涯組合員構想」高橋均（連合副事務局長）
　「労働者自主福祉活動の現状と課題・中間報告書」のポイント」茂呂成夫（連合総研主観研究員）
＊第7回研究会（10.24）JAビル　全中会議室
　テーマ「農業と地方を取りまく情勢と就労」
　「農業をとりまく情勢と農村再生の可能性」桜井勇（地域計画研究センター常務理事）

「イタリア非営利・協同セクターとその社会的役割―〈再規制〉機能」田中夏子（都留文科大学）
＊第8回研究会（11.14）法政大学大学院
「ジャンテ氏の論文を読む」石塚秀雄（非営利・協同総研）
＊11.27 ジャンテ氏招聘市民国際フォーラム（東京・青山ウ・タントホール）
＊第9回研究会（1.23）連合総研会議室
テーマ「サービス経済化とコミュニティ・ビジネス」樋口兼次（中小企業研究所所長・白鴎大学）
＊第10回研究会（2.27）都庁・都議会・談話室
テーマ「ホームレスの就業支援の現状―ホームレス問題は労働者と地続きの課題」田中滋晃（大阪ホームレス就業支援センター運営協議会事務局長）
＊第11回研究会（4.10）労協連・東京労働会館
テーマ「協同労働法制のニュー・バージョンの必要性」石見尚（日本ルネッサンス研究所）
＊第12回研究会（6.12）民医連・全労連会館
テーマ「非営利・協同セクターと民医連の協同―医療市場化に抗して―」
報告者　山田淨二（全日本民医連評議員、全日本民医連共済副理事長）
＊第13回研究会（7.24）全労済協会
テーマ　「協同組合協同における共済の役割と日本の状況」
報告者　鷲尾悦也（全労済協会理事長）

社会的企業研究会《呼びかけ人・賛同人》－順不同－

粕谷信次（法政大学）、北島健一（松山大学）、田中夏子（都留文科大学）、富沢賢治（聖学院大学）、鈴木不二一・茂呂成夫（連合総合生活開発研究所）、佐藤芳久（生活経済政策研究所）、栗本昭・山口浩平（生協総合研究所）、本阿弥早苗（21世紀コープ研究センター）、山岡義典（日本NPOセンター）、石塚秀雄（非営利・協同総合研究所）、多賀俊二・松浦正博（労働金庫協会）、柏井宏之・佐藤紘毅（市民セクター政策機構）、岡安喜三郎・菊池謙（協同総合研究所）、山岸秀雄（NPOサポートセンター）、藤木千草・金忠紘子（WNJ）、菅野正純（日本労働者協同組合連合会）、小林和夫（オルター・トレード・ジャパン）、田中尚輝（市民福祉団体全国協議会）、小塚昭男・丸山茂樹（参加型システム研究所）
後援　国際労働機関（ILO）東京事務所、日本協同組合学会

《協賛金協力の団体・個人一覧》 —順不同—

東京自治研究センター、連合総合生活開発研究所、自治労東京都本部、農協共済総合研究所、非営利・協同総合研究所いのちとくらし、全国労働金庫協会、生活クラブ生協・埼玉、生活クラブ生協・千葉、株式会社　都市構造研究所、現代研究所、NPO 21世紀コープ研究センター、日本労働組合総連合会、参加型システム研究所、NPO神奈川ワーカーズ・コレクティブ、埼玉ワーカーズ・コレクティブ連合会、(社)生活経済政策研究所、首都圏コープ事業連合会、NPOサポートセンター、財団法人生協総合研究所、全国農業協同組合連合会総合企画部、神奈川ワーカーズ・コレクティブ連合会、東京ワーカーズ・コレクティブ協同組合、ワーカーズ・コレクティブ　ネットワーク　ジャパン、ワーカーズコレクティブ千葉県連合会、アビリティクラブたすけあい、生活クラブ連合会、市民セクター政策機構、浜たづ子（ワーカーズ・あい）、杉村和美（ワーカーズコープアスラン）、村上扶實子（生活サポート東京生活協同組合）、富沢賢治、石見尚（日本ルネッサンス研究所）、佐藤慶幸、澤山弘（信金中興金庫総合研究所）

2　T・ジャンテ氏招聘フォーラム in 大阪実行委員会のあゆみ

* 2005.8.25　近畿労金で実行委員会準備会
* 2005.10.3　第1回実行委員会（フォーラム開催の組み立て・企画内容の確認・予算とスケジュールの確認）
* 2005.10.31　第2回実行委員会（パンフ内容の確認・広報・事前作業・当日の進行）
* 2005.11.28　第3回実行委員会（進行内容の最終確認・パネラー間の最終打ち合わせ）
* 2005.12.7　第4回実行委員会（フォーラム総括・報告書・今後の進め方）
* 2006.1.30　第5回実行委員会（諸経過報告・報告書・今後の進め方）
* 2006.3.6　第6回実行委員会（諸報告・報告書・今後の進め方）
* 2006.4.6　第7回実行委員会（情勢と諸報告・次回シンポ内容）兼　第1回共生型経済推進フォーラム
* 2006.5.12　第8回実行委員会（情勢と諸報告・次回シンポ内容）兼　第2回共生型経済推進フォーラム
* 2006.6.8　第9回実行委員会（情勢と諸報告・次回シンポの進め方）兼　第3回共生型経済推進フォーラム

* 2006.6.17 　共生型経済推進フォーラム設立総会／シンポジウム
* 2006.7.24 　第5回共生型経済推進フォーラム（シンポ総括・12月ボルザガ来日の件・当面の活動）

〈しおり〉より 　　　　　　「共生型経済」

　関西　という　土地に　根づき始めた、時代を　先導する　新しい　パラダイム。
2005年11月、私達はヨーロッパにおける「社会的経済」の最も主要な推進者でもあるT・ジャンテ氏をお招きし、フォーラムを開催しました。

　大阪で開催されたこのフォーラムでは、新しい社会の担い手として大きな期待を集めている非営利・協同セクターが一同に会しました。NPO・協同組合・共済組織・市民組織・労働組合等に代表される日本の非営利・協同セクターは、これまで必ずしも相互の連携と協同が十分ではありませんでした。しかし、昨年の大阪フォーラムをきっかけに課題の共有が着実に図られ、緩やかなネットワークが構成されています。

　こうした流れの中、私たちは、これらの成果をさらにつなげながら、「非営利の価値」を基盤にした21世紀の社会デザインを模索していきたいと考え、「共生型経済推進フォーラム」を結成いたしました。他者への共感が主導する、「市場主義に対峙する人間主体の経済のあり方」を考え、またそれぞれの地平における実践へとつなげてゆきたいと考えています。

〈しおり〉より 　　　　　　今後の予定

　近年この日本でも社会的経済・共生型経済をベースにした社会の構築への機運が高まっています。

　こうした情勢を受けて、昨年のジャンテ氏に引き続き、今秋（11/30～12/6）には、欧州の社会的企業に詳しいイタリア・トレント大学経済学部のカルロ・ボルサガ教授が来日されます。

　当フォーラムでは、関西で根付きつつある共生型経済の実践を広くアナウンスし、確固たる潮流とするため、彼の来日を記念した集まりを企画する予定です。この他、定期的な勉強会や交流会なども随時企画してゆく予定です。また、昨年のジャンテ氏来日の際の講演の記録をまとめた出版物も準備が進んでおります。

地域共生型経済促進フォーラム〈会則〉

(名称)
第1条 本会の名称は「共生型経済推進フォーラム」とする。

(目的)
第2条 本会は、21世紀の共生型経済を展望し、非営利・協同セクターの連携と協同のあり方を議論する機会を作り、以って、より実践的に共生型経済の促進に資することを目的とする。

(事業)
第3条 上記の目的を達成するため、都度「共生型経済推進フォーラム・シンポジウム」「研究会」等を開催実施し、研究発表、及び、非営利・協同セクターの活動報告を中心に行う。

(本会の構成)
第4条 本会は目的に賛同する個人を中心に構成する。また、賛同する団体等を含めて幅広く緩やかなネットワークを形成し、取組みの裾野を広げる。

(運営委員会)
第5条 運営委員会は事業実施の機会等に応じて適宜開催する。また、本会の事業実施に係る機関として、シンポジウム開催などの際にはその立案・運営・広報等を行なう。

　　　本会発足時の運営委員会は、別紙のメンバーで構成する。

　　　運営委員の選任は、運営委員会において互選により行なう。

　　　なお、シンポジウム開催など個別の事業実施にあたっては、必要に応じて、趣旨に賛同する団体に協力団体等として協力いただくと共に、実行委員会を別途形成して進めることがあるものとする。

(役員)
第6章 代表ほか本会の役員は、運営委員会において運営委員のなかから互選にて決定する。

　　　本会設立時における役員は添付名簿の通りとする。役員会は、本会の事業方針等について立案、計画を行なう。

(総会)
第7条 本会の最高決議機関として総会を行なう。総会は運営委員により構成され、第9条に定める。

　　　毎事業年度終了後、本会の事業報告および決算報告、活動計画および予算計画等について決議承認する。

(会計)
第8条　本会の会計は、各種シンポジウム、研究会等の参加費の他、協力団体等からの賛同金・協賛金・広告協賛金・事業団体助成金等により構成する。
(事業年度)
第9条　本会の事業年度は毎年4月1日に始まり、翌年3月31日に終わる。
　　　　但し、設立初年度は設立日より始まるものとする。
(事務所)
第10条　本会は主たる事務所を大阪府下に置く。
(本会の設立)
第11条　本会は、設立総会での承認を得て、2006年6月17日より発足する。
付　則
1．施行日　この会則は、2006年6月17日から施行する。

〈運営委員〉
代　表　　津田　直則（桃山学院大学経済学部教授）
　　　　　斉藤　縣三（NPO法人共同連・事務局長）
　　　　　山田　　實（NPO法人釜ヶ崎支援機構・理事長）
　　　　　松繁　逸夫（NPO法人釜ヶ崎支援機構・事務局長）
　　　　　境　　　毅（NPO法人日本スローワーク協会）
　　　　　高山　成昭（自治労大阪府本部・自治体政策部長）
　　　　　町田　有三（自治労大阪府本部OB）
　　　　　山口　百合子（大阪交通労組・特別執行委員）
　　　　　要　　宏輝（連合大阪何でも相談室）
　　　　　田中　滋晃（大阪ホームレス就業支援センター）
　　　　　田辺　雅彦（近畿労働金庫労働組合・副委員長）
　　　　　森下　省吾（近畿労働金庫労働組合・書記長）
　　　　　柏井　宏之（市民セクター政策機構）
　　　　　土井　正三（近畿勤労者互助会・事務局長）
　　　　　法橋　　聡（近畿労働金庫 地域共生推進センター・センター長）
　　　　　中須　雅治（近畿労働金庫 地域共生推進センター）

《あとがき》

　2005年、小泉の「構造改革」の名の下での市場万能主義を謳歌する総選挙大勝直後に、もう一つの改革プラン「サードセクターから社会的企業へ」の東京・大阪・熊本での「T・ジャンテ氏招聘市民国際フォーラム」の3連続企画が実現した。その報告集が刊行されることになったこと、そして大変発行が遅れたことをおわびしながらこの企画を支えてくださった方々に感謝したい。

　年度途中から始まったこの企画は、さまざまな場の研究者と実践者が個人の自覚の元に、運動の縦割りを越えて、協力・協働によって実現したが、記録にとどめる作業は協力者のかなり孤独な努力によって、あわただしい一過性の中で埋もれた発言と対話の記録を復元していただいて刊行にこぎ着けた。

　東京でのテープ起こしには、編集ワーカーズ・生活工房まちまちの奥山陽子さん、藤木千草さん、写真は市民セクター政策機構の河本美智子さん、大阪のテープ起こしは共同連の藤田綾子さん、山野久恵さん（写真も）、藤本誠志さん、ハン・ジョンコウさん、写真では近畿労金の仲みどりさん、記録では中須雅治さん、熊本でのテープ起こしには池田悠子さんらの尽力に負うものだ。

　ハイライトのジャンテ氏の発言翻訳については、パワーポイントと東京発言では栗本昭さん、大阪・熊本では花田昌宣さんの協力によって臨場感ある対話が残せることになった。心残りといえば東京での社会的企業研究会における多様な角度からの記録を載せることができなかったことだ。

　今回の刊行は、すでに報告させていただいているが、賛助金の残金で、本来価格から大幅に値下げして、読者に提供できることになったことを記して、改めてお礼の言葉と普及をお願いしたい。

　また、出版については、先に『社会的経済の促進に向けて－もう一つの構造改革〈市民・協同セクター〉の形成へ－』でお世話になった同時代社の川上徹さんに協力願った。とくに編集では細切れ出稿で高井隆さんにはご苦労をおかけした。ブックカバーのデザインではいりすの松坂尚美さんの協力をえて完成したことを謝したい。

（柏井　宏之）

勃興する社会的企業と社会的経済
　　　T．ジャンテ氏招聘市民国際フォーラムの記録

2006年7月15日　初版第1刷発行

共同企画　【東京・大阪・熊本】実行委員会
　　　　　社会的企業研究会
　　　　　T・ジャンテ氏招聘フォーラム in 大阪実行委員会
　　　　　熊本学園大学水俣学研究センター
監　　修　鈴木不二一・斉藤縣三・花田昌宣
語 る 人　ティエリ・ジャンテ
編　　集　柏井宏之
発 行 者　川上　徹
発 行 所　同時代社
　　　　　〒101-0065　東京都千代田区西神田2-7-6
　　　　　電話 03-3261-3149　FAX 03-3261-3237
制　　作　いりす
印　　刷　モリモト印刷（株）

ISBN4-88683-580-5

同時代社◎好評既刊書

社会的経済の促進に向けて
―― もう一つの構造改革〈市民・協同セクター〉の形成へ

A5判並製　192頁　定価［本体2200円＋税］ISBN4-88683-508-2
「社会的経済」促進プロジェクト／編

宮本太郎・町田有三・柴田武男・一色節子・粕谷信次・鷲尾悦也
堀内光子・仙谷由人・宮崎　徹・山岡義典・牧野昌子・桜井　勇
藤木千草・藤岡武義・橋本吉広　他

非営利・協同セクターに属する各界の実践リーダーと学者たちが重ねてきた研究会活動の集大成。
地域社会における共助のシステムはどうしたら構築できるか。
グローバルな、新たな「公共性」を築いていくために、何が必要か。